全球空中力量：

欧洲·亚洲·大洋洲

〔英〕戴维·雷格（David Wragg）著

雷小兵　卿小明　马东敏　译

张国良　校

中国市场出版社
China Market Press

图书在版编目（CIP）数据

全球空中力量：欧洲·亚洲·大洋洲／（英）雷格著；雷小兵，卿小明，马东敏译. —北京：中国市场出版社，2014.1

书名原文：The world air power guide

ISBN 978-7-5092-1115-1

I.①全… II.①雷… ②雷… ③卿… ④马… III.①空军—概况—欧洲 ②空军—概况—亚洲 ③空军—概况—大洋洲 IV.①E154

中国版本图书馆CIP数据核字（2013）第154169号

著作权合同登记号：图字：01-2013-4580

出版发行	中国市场出版社		
社　　址	北京月坛北小街2号院3号楼	**邮政编码**	100837
出版发行	编 辑 部（010）68034190	**读者服务部**（010）68022950	
	发 行 部（010）68021338　68020340　68053489		
	68024335　68033577　68033539		
	总 编 室（010）68020336		
	盗版举报（010）68020336		
邮　　箱	1252625925@qq.com		
经　　销	新华书店		
印　　刷	北京九歌天成彩色印刷有限公司		
规　　格	170毫米×230毫米　16开本	**版　　次**	2014年1月第1版
印　　张	14	**印　　次**	2014年1月第1次印刷
字　　数	202千字	**定　　价**	58.00元

版权所有　侵权必究　　印装差错　负责调换

目 录

目 录

大洋洲

Europe

欧 洲

阿尔巴尼亚

阿尔巴尼亚联合部队空军部

成立时间：1947年。

阿尔巴尼亚空军兵团于1914年成立，但其飞机在第一次世界大战爆发时被奥地利陆军缴获。在战争期间，由于财政困难，阿尔巴尼亚想成立一支空军武装力量的凤愿总是未能实现。1939年，意大利军队占领该国。二战末，前苏联占领阿尔巴尼亚，促成了阿尔巴尼亚人民陆军航空部队在1947年成立。前苏联向阿尔巴尼亚输送了教练员和重要技术人员，并随行送上12架老旧的雅克–3战机和一些Po–3双翼教练机。1955年，作为华沙组织创始国之一，阿尔巴尼亚得到前苏联米格–15战机和米格–15UTI教练机的援助。由于与中国关系密切，导致与前苏联的关系趋于冷淡。20世纪70年代，阿尔巴尼亚从中国引进沈飞集团生产的F–6和F–4战机，但前苏联的安–2和伊尔–14运输机、米–1和米–4直升机仍持续使用很长时间，直到中国为其提供了相应的替代机型。近年

- 人口：360万人
- 面积：28748平方千米
- GDP：134亿美元，人均收入3694美元
- 国防经费：2.54亿美元
- 服役人员：现役14295人

来，尤其在1999年，当北约联军在阿尔巴尼亚行动时，一些西方装备被逐渐引进。2008年，阿尔巴尼亚签署协议打算加入北约，但这些协议仍在批准之中。作为欧洲一个最穷的国家，由于飞机和燃料价格过于昂贵，阿尔巴尼亚空军每年仅仅飞行15个小时，根本形不成战斗力。尽管有时会提及阿尔巴尼亚空军，但它只是联合部队司令部的一个组成部分。

目前，该部队只使用直升机进行军事训练，共有7架贝尔AB206和3架AB205、1架AW109和5架Bo–105。据说还有少量的SA–2导弹。

爱尔兰

- 人口：420万人
- 面积：68894平方千米
- GDP：2660亿美元，人均64044美元
- 国防经费：1530000美元
- 服役人员：现役10460人，预备役 14875人

爱尔兰陆军航空团

成立时间：1922年。

爱尔兰岛的大部分地区1922年脱离英国独立，爱尔兰陆军航空团于同年组建，主要执行地面部队的空中掩护任务。其早期飞机包括阿弗洛公司504K训练机、布里斯托尔公司F2B型战斗机、马丁公司F4"秃鹰"战斗机以及DH9轰炸机。爱尔兰陆军航空团接管了前英国皇家空军基地，购买了德·哈维兰公司"虎蛾"用于训练，到1929年时拥有160人。二战爆发前，各型飞机相继引进，包括阿弗洛621型、626型和631型，格罗斯特公司"角斗士"，费尔雷公司IIIF型，迈尔斯"教师"以及德·哈维兰公司"龙客车"，但数量

都很小。尽管爱尔兰在二战期间保持中立，其航空团仍然扩张为3个中队，1个为格罗斯特"角斗士"战斗机中队，1个为阿弗洛"安森"巡逻机中队，1个为"超级海象"水陆两用飞机中队，以及少量协同陆军作战的维克斯"黄蜂"飞机中队。二战期间，"角斗士"被霍克"飓风"取代，"黄蜂"被韦斯兰"利桑德"取代，这两型飞机都由英国援助，用来防范德国可能的入侵。

战后，爱尔兰在整个冷战期间保持中立，其陆军航空团的更新换代工作进展缓慢。20世纪50年代，航空团拥有"超级海上喷火"战斗机及其双座训练机、德·哈维兰"鸽"式轻型运输机和"吸血鬼"喷气式训练机，以及DHC-1"花栗鼠"基础训练机和大量的"宪兵司令"训练机。直到1966年，首

批"云雀"III型直升机才获得引进。后来，少量的SF260WE型武装训练机进入爱尔兰，用于执行训练和反恐任务。随着渔业保护工作的日渐重要，爱尔兰购置了2架西班牙飞机制造公司的CN235MP型机。此外，还购买了4架SA365F"海豚"直升机，用于执行海军联络和搜救任务，同时还租用民用直升机以提升搜救能力。

爱尔兰陆军航空团拥有850人。

海上侦察任务由2架CN235MPA型机承担，运输任务则由1架"湾流"GIV型要员机、1架"利尔喷气45"和1架"比奇200"承担，另有1架"防御者"4000型和1架AS355N型用于支援警察。直升机包括3架EC135P2/T2、6架AW139和3架SA316B"云雀"III。训练使用5架赛斯纳公司FR-172H和8架PC-9M。另外，爱尔兰的1艘海军巡逻艇拥有一个直升机起降台。

爱沙尼亚

- 人口：130万人
- 面积：45610平方千米
- GDP：202亿美元，人均15528美元
- 国防经费：3.82亿美元
- 服役人员：现役4750人，预备役2.5万

爱沙尼亚陆军航空兵

成立时间：1991年。

和其他波罗的海沿岸小国一样，爱沙尼亚1940年被前苏联占领，1941—1945年被德军占领，后来成为前苏联的一部分，直到1991年才获得独立。这支小型军队也有一支小型空中力量，共有300人，拥有2架安-2运输机。2000年，又从美国引进了4架"罗宾逊"R44训练直升机。此外，爱沙尼亚还有一支边境卫队，相当于一支海岸警卫队，装备有2架L-410UVP轻型运输机、1架赛斯纳172、2架米-8直升机、2架AW-139和1架"瑞士人"300C教练直升机。

奥地利

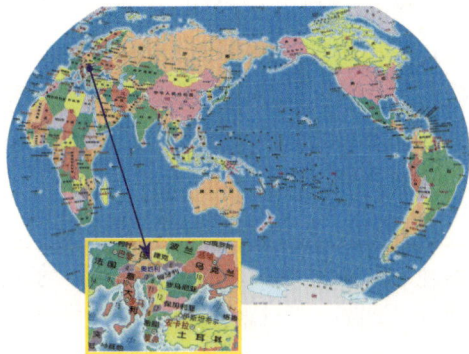

- 人口：820万人
- 面积：83898平方千米
- GDP：4190亿美元，人均51083美元
- 国防经费：31亿美元
- 服役人员：现役27300人，预备役195000人

奥地利空军

成立时间：1955年。

1918年，随着奥匈帝国的瓦解，一支短命的德意志–奥地利飞行队成立了。第一次世界大战后，它在1919年成功打击了南斯拉夫军队，却被协约国管制委员会解散了。该委员会禁止奥地利保留空军，还禁止这个国家使用"奥地利空军"这个称谓。

1936年，奥地利恢复独立，酝酿组建一支有10个作战中队的空军部队，包括战斗机中队、轰炸机中队以及飞行训练中队，并很快购买了菲亚特公司生产的CR20、CR30和CR32战斗机，容克公司生产的Ju86D轰炸机和Ju52/3M运输机，德国梅塞施米特公司生产的Bf108B"台风"战斗机以及福克–沃尔夫公司生产的Fw58"鹞"通信中继机、Fw44"金翅雀"教练机。到1938年，战斗机中队已完全具备作战能力，此时的奥地利也已经并入纳粹德国。因此，奥地利空军也被迫成为德国空军的一部分，其"猎杀大队"的战斗机部队非常出名。战后，奥地利被盟国分成4个占领区，并被再次禁止保留空军力量。

奥地利1955年重建国家，根据战后协议保持中立。奥地利立即在陆军中成立了航空兵，第一批飞机包括8

架由前苏联捐赠的雅克夫列夫设计局设计的雅克-11和雅克-18教练机，之后不久又购买一些"齐林"教练机。1957年，奥地利购买了德·哈维兰公司生产的"吸血鬼"喷气式教练机，又引进了菲亚特公司G46-5B战斗机和3架贝尔47G"苏安人"直升机，购买了6架派珀飞机公司"超级小熊"和2架赛斯纳182飞机用于联络和通信。到1960年，又有6架维斯特兰公司生产的S-55"旋风"和6架"云雀"II型直升机加入其中。1961年，萨博公司生产的J-29F"圆桶"战斗机加入奥地利航空兵序列，于1962年成立了第二支中队，同时引进了30架波泰公司"教师"教练机。接下来的10年，40架"萨博"式105OE攻击机取代了J-29F战斗机。奥地利空军同时组建了运输机中队，拥有6架DHC"海狸"、2架肖特公司"空中货车"、2架西科尔斯基公司的S-65、

14架"云雀"III型、9架"云雀"II型运输直升机，还有22架贝尔204B和12架206型直升机。此后，又引进了更多效能更强的飞机，1988年从瑞典购买了24架已退役的J-35OE"龙"式战斗机，它可携带AIM-9P3空对空导弹，还购买了105OE教练机。为了提高训练水平，保留有经验的飞行员，很多训练工作在瑞典境内进行。

现在，奥地利空军有2700人，是奥地利武装力量"联合司令部"的一部分，拥有1个装备15架"台风"战斗机的中队和1个有22架105OE训练飞机的中队，此外，还有3架英国皇家空军退役的C-130K运输机，8架担任侦察和联络任务的PC-6型飞机。直升机占多数，包括9架UH-60、23架AB212、11架OH-58以及24架AS316B。飞行训练主要依靠16架PC-7、16架105OE以及11架OH-58B"卡俄瓦人"飞机。

白俄罗斯

- 人口：960万人
- 面积：209790平方千米
- GDP：600亿美元，人均6227美元
- 国防经费：6.11亿美元
- 服役人员：现役72940人，预备役289500人

白俄罗斯空军

成立时间：1990年。

白俄罗斯曾是前苏联的一部分，1990年独立。白俄罗斯空军的机型单一，都是前苏联时期配备给地方预备役部队的飞机。重组军队时，白俄罗斯将陆军航空兵编入空军。白俄罗斯空军尽管封存和出售了部分的伊尔-76运输机，但还是因为运输机太多而显得结构不合理，因此必须对其进行标准化配置。为了提高财政收入，很多运输机改作民用。由于经济问题，导致白俄罗斯空军的飞行时数很少，每年只有28个小时，战斗力极低。

白俄罗斯空军现有18170人。近年来，白俄罗斯国内对于飞机采购矛盾重重，在将自己的米格-29卖给阿尔及利亚和秘鲁之后，又订购了一些米格-29型战斗机。其战斗机和轰炸机包括40架米格-29、22架苏-27、70架苏-25以及35架苏-24攻击机，直升机包括52架米-24/K/R型机、108架米-8/-17、13架米-26和2架米-6直升机，运输机包括6架伊尔-76和6架安-26。另有1个要员专机服务中队，机型有图-134、图-154和雅克-40各1架。训练飞机包括各类战斗飞机和5架捷克阿罗公司生产的L-39型教练机。

保加利亚

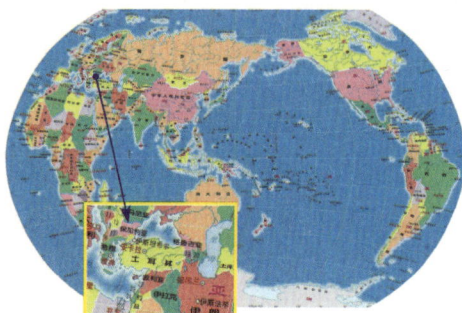

- 人口：720万人
- 面积：11091平方千米
- GDP：512亿美元，人均7108美元
- 国防经费：11.1亿美元
- 服役人员：现役40747人，预备役302500人

保加利亚空防部队

建立于1948年。

保加利亚的空中力量最早可以追溯到1912至1913年保加利亚组建陆军航空兵参加巴尔干战争。当时，由国外飞行员驾驶着12架布雷利奥飞机公司和布里斯托公司生产的单翼飞机抗击土耳其部队。这支临时组建的部队随着战事结束而解散。在第一次世界大战期间，保加利亚与德国和奥匈帝国结盟，1915年在德奥的帮助下重建陆军航空兵部队。德奥空军为保加利亚提供了飞机和飞行员。1918年，协约国取得了战争胜利，保加利亚陆军航空兵再次遭解散，《纳伊条约》禁止保加利亚拥有

空军。

1937年，保加利亚公开宣布废除条约，并在其陆军内部再次组建保加利亚航空兵。它从波兰购买飞机，包括24架PZLP-24-G战斗机、43架PZLP-43侦察轰炸机，还购置了捷克阿维亚公司生产的B534战斗机以及捷克莱托夫公司生产的S328侦察机。同时，保加利亚获得福克-沃尔夫公司的授权，开始自产Fw44"金翅雀"教练机。1941年，保加利亚加入"轴心国"集团，允许德国军队使用保加利亚军事基地入侵希腊。纳粹德国也向保加利亚派遣空军教练员和顾问，对它提供军事援助，包括提供"梅塞施米特"Bf109E战斗机，容克Ju86D与Ju87B型轰炸机，道尼尔Do17

轰炸机、Fw58"鹞"通信中继机以及阿拉道公司Ar96教练机。1943年，纳粹空军为保加利亚提供了100架德沃提尼公司生产的D520型机和150架Bf109E战斗机，保加利亚空军从而代替纳粹空军调往苏联前线。尽管保加利亚从未对苏联宣战，努力奉行中立原则，但在1944年底仍然被苏军占领。

战后，保加利亚成为前苏联的势力范围。起初，保加利亚空军规模被限制，人员限制在5000人，战机不多于90架。之后，在前苏联的帮助下，保加利亚空军开始崛起。保加利亚获得的援助有：雅科夫列夫设计局设计的雅克-9战斗机和伊留申设计局设计的伊尔-2支援飞机，包括数架轰炸机、运输机和教练机，其中就有雅科夫列夫设计局生产的雅克-18。1953年，引进了喷气式战机，包括24架雅克-23和60架米格-15，还包括伊尔-10对地攻击机。

保加利亚加入华沙组织后，保空军连续不断地接到前苏联的援助，其空军实力到1970年达到了1.2万人。更多的现代化装备列装了保空军，先是米格-17，然后是米格-19，最后是米格-21战斗机。伊留申设计局生产的伊尔-28侦察轰炸机、伊尔-12和伊尔-14运输机以及米-4直升机也加入保加利亚空军的序列中。飞行训练使用机型

包括雅克-18、捷克阿罗公司生产的L-29"幻境"以及米格-15UTI。冷战期间，保加利亚空军继续增强，人数达到2万人，老旧飞机逐步被淘汰，取而代之的是米格-23、米格-25、米格-29战斗机以及苏霍伊设计局生产的苏-22、苏-25攻击机。

随着前苏联解体，华沙条约组织解散，保加利亚不得不为维持一支日益老旧的空军而努力。由于廉价的前苏联装备和燃料来源被切断，导致保空军每年飞行时数只有30～40小时，战斗力急剧下滑。作战基地由原来十几个减少到5个，过去6年里的空军人数也已减半，仅剩下9344人。战斗机中队有2个，一个配备20架米格-29A，另一个配备26架米格-21。地面攻击中队也有2个，共有34架苏-25K/UBK型战斗机，其中一些经过升级能与北约组织战机兼容（保加利亚后来加入北约）。运输中队由3架安-26、5架C-27J、3架L-410以及1架PC-12组成。直升机包括7架米-24攻击直升机、13架米-8和米-17型直升机以及12架AS532型机。飞行训练使用6架贝尔206型和6架PC-9型教练机。

与前华约国家一样，保加利亚没有组建陆军航空兵，而是组建了一支规模很小的海军航空兵，有4架米-14海上预警直升机和6架AS565型直升机。

北约

北约空中预警和运输部队

成立时间：1980年。

1980年，北约成立1支空中预警机部队。这支部队理论上部署在卢森堡，其飞机也在该国注册，但实际部署基地却在德国。该部队拥有17架波音公司E-3A"哨兵"预警机，分属3个中队和1个训练小队，机组成员来自比利时、加拿大、丹麦、德国、希腊、卢森堡、荷兰、挪威、葡萄牙、土耳其和美国。

必要时，北约预警机部队也可以征用英国皇家空军的预警机，因为后者也是北约成员国之一。美国空军和法国空军也有自己的预警机部队，前者除了为本国服务外，还要为北约服务，但后者只为本国服役。

卢森堡已经订购了1架A400M"空中客车"准备装备比利时运输中队。北约购买了3架C-17运输机，用于由12国组成的"北约伙伴国"和平组织。

比利时

- 人口：1040万人
- 面积：30445平方千米
- GDP：4790亿美元，人均4.6万美元
- 国防经费：42.3亿美元
- 服役人员：现役39420人，预备役100500人

比利时航空队

成立时间：2002年。

比利时航空队成立于2002年，取代了1946年成立的比利时航空部队，其最早可追溯到1911年的陆军飞行队，当

时使用比利时自产的HF3和F20战机。1912年，该部队试验在其中一架飞机上安装美国"刘易斯"机枪。在最初两年，飞行队只是陆军气球联队的一部分，但到了1913年成为飞行连队，有了16架飞机，编成4个侦察中队。

第一次世界大战爆发时，比利时强征私人飞机加入军队，使其空军实力迅速增长。1915年，该航空队才被冠以"军事航空"的美名，但由于当时的比利时空军缺少飞行员，且缺乏训练，因此发展缓慢，致使比利时大部分地方被德军控制，只有奥斯坦德附近一小片土地没被占领。飞行员经常自掏腰包在英国受训，主要飞机有：皇家飞机制造厂生产的BE2a型和RE8型，索普维斯公司研制的"斯塔特"多用途飞机、"幼犬"式和"骆驼"式战斗机，德·哈维兰公司生产的DH9型轰炸机、"农夫"战斗机、"斯巴德"双翼飞机、昂里奥HD1战斗机，高德隆公司生产的GIII型与GIV型教练机以及布雷盖公司的Br14型轰炸机。

战后，比利时重组空军，发展成为8个中队，共计26架飞机：第1中队操控气球；第2中队是观测组，操控"安萨尔多"A300型飞机和DH4型飞机；第3中队与陆军协作，操控DH4型机和F2B型机；第4和第5中队是战斗机中队，操控"纽波特"27C和"斯巴德"13双翼战机；第6中队是侦察机中队，操控DH4型和DH9型飞机、布雷盖公司的Br14飞机；第7中队负责技术维护，第8中队是飞行学校，他们各自拥有一些飞机，其中包括爱芙罗公司的504K型和福克DVII型飞机。上述很多飞机是在比利时生产的。1925年，比利时空军再次重组，编成3个联队26个中队，到1927年飞行联队改成飞行团。很多新型战机加入比利时空军行列，包括捷克阿维亚公司的BH21战斗机、布雷盖公司生产的Br19侦察轰炸机、比利时斯坦姆辟·维唐根公司生产的RSV32/100和RS26/180轻型飞机以及莫拉纳-索尼埃飞机公司出品的MS230教练机。1931年，费尔雷公司开设一家工厂，生产"萤火虫"和"狐狸"战斗机。与此同时，比利时制造商勒纳尔德生产了R31型侦察机。

20世纪30年代中期，格罗斯特公司"角斗士"战机、福克FVII运输机、斯坦姆辟SU-5通用双翼飞机以及FK56型教练机也加入到了比利时空军行列。到1939年二战爆发时，比利时还拥有了霍克公司出品的"飓风"战斗机、菲亚特公司的CR42战斗机以及费尔雷公司的"战斗"轻型轰炸机。然而，当比利时在1940年5月10日遭到德军入侵时，

绝大部分飞机还没有起飞就被摧毁。确有少数飞机起飞与德机作战，但最终寡不敌众。当比利时最终溃败时，飞行学校的一些中队逃往法属摩洛哥，还有一些人想方设法从比利时和非洲进入英国，在那里参加了英国皇家空军，总人数达到了1200人。驻比属刚果的空军人员加入南非空军，他们中的很多人曾前往北非战场作战。后来，在英国皇家空军之中，总共组建了2个比利时战斗机中队，并取得了辉煌的战绩：能够确认击落的敌机数量为161架，可能击中的敌机为37架，重伤敌机61架。

1946年，随着比利时航空兵的成立，一支独立自主的空军部队应运而生了。其最初的编制包括：4个昼间战斗机联队，拥有海上飞机公司的"喷火"战斗机；1个夜间战斗机联队，装备了德·哈维兰公司"蚊"式轰炸机；1个运输机联队，装备有道格拉斯生产的C-47、爱芙罗公司的"安森"飞机、空速公司的"牛津"以及德·哈维兰公司的"牧师"（也称"速龙"）战斗机。与此同时，陆军协同联队配备有"珀西瓦尔·代理人"飞机。1949年，"喷火"战斗机代替了格罗斯特公司的"流星"战斗机。1951年，比利时加入北约，开始向美国寻求援助，"喷火"战斗机被共和飞机公司的F-84"雷电

"喷气"飞机替换，并在爱芙罗公司公司的CF-100全天候战斗机替换之前，用"流星"战斗机替换了"蚊"式轰炸机。在远程运输机方面，道格拉斯公司的C-54运输机和费尔柴德公司的C-119F"邮船"运输机，将比利时与刚果联系在一起。此外，还购买了"流星"战斗教练机、洛克希德公司产的T-33A教练机以及布里斯托公司的"大枫树"直升机。1955年之前，很多比利时飞行员在美国受训，同时，在刚果也成立了飞行训练中心，以便飞行员充分使用训练设备，提高飞行水平。

20世纪60年代，在刚果内战期间，比利时用"邮船"运输机降下伞兵，解救了很多平民人质。

20世纪60年代末期，比利时空军拥有共和飞机公司的F-84F"雷电"战斗轰炸机和RF-84F"雷闪"侦察机，以及在比利时生产的霍克公司"猎人"战斗机。20世纪60年代末70年代初，这些飞机陆续被50架洛克希德公司产的F-104G"星"式战斗机替换，另有几架F-104G战机用于攻击。超过60架达索公司生产的"幻影"5-BR分别编在2个侦察机中队，27架"幻影"5—BA型机编入战斗轰炸机中队。1973年，法德联合生产的"协同"运输机替换了"邮船"，同年，12架洛克希德生产

的C-130H"大力神"运输机加入战斗序列。比利时空军训练使用的是36架SIAI-马歇蒂SF260轻型战斗机、40架波泰公司"教师"和17架"幻影"5-BD战斗教练机。其直升机有10架西科尔斯基公司生产的S-58直升机，有一半是法国生产。

在冷战结束前，比利时空军又经历了一次裁减，飞行时数相应减少，人数从1972年的2.05万人减少到了2001年的8600人，后又减到7203人。目前的人员数量尚不清楚，但在未来，空军很可能成为陆军和海军的一部分。

比利时陆军航空兵可追溯到二战后重建陆军时，起初它只有"奥斯特"6型空中观察机，之后购买了"云雀"II型和III型直升机，最终，陆军航空兵有了4个中队，共有38架"云雀"II型和42架III型机，以及12架尼尔Do27战机。后来，Do27被10架BN2A"岛民"代替。此外，还有28架阿古斯塔公司生产的A109HA武装直升机。

20世纪60年代初，比利时海军购得第一批直升机，其中包括2架西科尔斯基公司生产的S-58C。此后不久，又购买了3架SA316武装直升机，现在这3架直升机隶属于比利时空军。

早先，比利时与欧洲几个北约国家一起加入一项联合项目，采办了麦道公司F-16A战斗机。起初，比利时空军有6个截击和攻击中队，共有72架F-16AM战斗机，目前裁至4个中队，拥有56架战斗机。这些战机能携带"响尾蛇"、"阿姆拉姆"空对空导弹以及"小牛"空对地导弹。每个中队装备13架F-16BM战斗机。运输机中队有11架C-130H"大力神"，另一个运输机中队有1架空客A310-200、1架空客A330、2架巴西航空工业公司生产的ERJ-135和2架ERJ-145。目前，比利时正在购买7架空客A400M来替代"大力神"。其1个直升机搜救中队，共有3架"海王"48型直升机。25架AW109武装直升机负责为地面部队提供战术支援，NH90直升机将逐步加入比利时空军。训练使用29架法德联合的"阿尔发喷气"攻击/教练机、32架SF-260初级教练机以及6架SA219训练直升机。有18架"猎人"B型无人机。

比利时空军的每一次现代化进程都伴随着人员裁剪，而且目前又有了再次削减军队规模的计划。国防预算的不断削减，意味着比利时已对洛马公司的F-35战斗机失去兴趣，其F-16战斗机将一直服役至2015年。比利时空军现有24套西北风"萨姆"导弹发射架。

冰岛

冰岛海岸警卫队

　　冰岛是北约成员国，由于人口太少，加之有美国驻军的存在，冰岛没有维持一支常备的武装部队。冰岛海岸警卫队拥有3艘护渔船、1架F-27-200"友谊"海上侦察机、1架欧洲直升机公司的AS332L"超级美洲豹"以及1架SA365N"海豚"II直升机。这些

- 人口：306694人
- 面积：102846平方千米
- GDP：128亿美元，人均41704美元
- 国防经费：0.445亿美元
- 服役人员：现役130人

直升机的基地设在雷克雅未克国际机场，它们都可以作为舰载机部署到护渔船上。

波兰

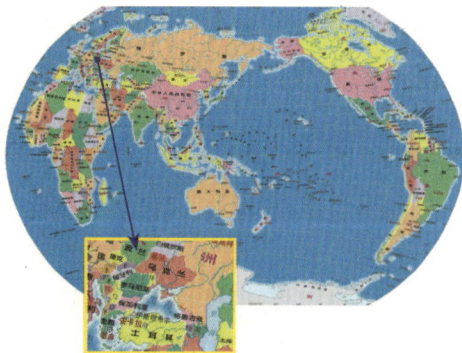

- 人口：3850万人
- 面积：311700平方千米
- GNP：4650亿美元，人均12072美元
- 国防经费：86.3亿美元
- 服役人员：现役100000人，预备役223003人

波兰防空和航空军

重建时间：1944年

1918年，趁着沙皇俄国发生内战的混乱时机，波兰取得独立。波兰人曾在沙俄、德国和奥地利军队里当过飞行员，1919年，波兰陆军成立了一支由7个中队组成的航空部队，拥有约100架

飞机，包括斯帕德公司的S7C战斗机、布雷盖公司的Br14A侦察机和Br14B2轰炸机、萨尔牟逊公司的SAL2-A2侦察轰炸机。波兰还吸收了许多志愿者团体的飞机和人员，接收了大批各种型号的军用和民用飞机。此外，还从英国购买了布里斯托尔公司的F2B战斗机、索普维斯公司的"海豚"和马丁西德公司的F4战斗机，英国还向其捐赠了战后剩余的DH9轰炸机和索普维斯公司的"骆驼"战斗机。波兰又从德国和意大利获取了一些飞机，旨在做好与苏联的战争准备，从而确保独立。这场战争于1919年底开始，持续了一年，空军帮助波兰免遭失败。

在两次世界大战期间，波兰决定建立本国飞机制造业，通过私营或国营企业生产自己设计的飞机，同时也制造国外设计的飞机。根据授权制造的飞机有福克公司的F7运输机和阿维亚公司的BH33教练机。波兰自产的具有代表性的飞机包括PZL公司30年代产的P-1、P-6、P-7、P-11战斗机及P-23B侦察轰炸机，在二战爆发前夕，PZL公司还研制出了P-37轰炸机。其他飞机包括RWD-8、RWD-14和卢布林公司产的R-13监视飞机、PWS-2教练机等。1938年，波兰陆军进行重组，空军成为一个独立军种。当时，波兰空军拥有55架战斗机和76架轰炸机，还有运输机、联络机、教练机等。另有250多架飞机归属陆军，负责侦察和联络任务。波兰空军计划大幅扩充实力，它意识到现有的许多飞机已经老旧，必须淘汰。尽管许多现代化飞机已在计划之中，但当德国空军1939年9月1日入侵时，波兰仅有PZL公司的P-37轰炸机在服役。

拥有先进战机的德国空军势不可挡，占据了绝对的空中优势，再加上装甲部队的快速推进和9月17日苏军的入侵，波兰军队虽然奋勇抵抗，一直坚持到了9月27日，才不得不投降。波兰人驾驶为数不多的幸存飞机逃到罗马尼亚，却没被接纳，随后去了法国，及时给法国空军提供了一批有经验的飞行员。德国军队继续向西侵略，波兰人驾驶着莫拉纳-索尼埃公司的MS40C和高德隆公司的C714战斗机赶在法国沦陷前逃到了英国。波兰飞行中队又加入到英国皇家空军，他们最初装备的是霍克公司的"飓风"战斗机和费尔利公司的"战斗"轰炸机，后来分别被替换为超马林公司的"喷火"战斗机和维克斯公司的"惠灵顿"轰炸机。有1个中队驾驶英国博尔顿·保罗公司的"挑战者"夜间战斗机，后来该型机被布里斯托尔公司的"英俊战士"战斗机替换，再后来被德·哈维兰公司的"蚊"式战斗

机替换。截至战争结束，波兰飞行员还驾驶过北美公司的F-51D"野马"战斗机和B-25"米切尔"轰炸机、亨德里·佩奇公司的"哈利法克斯"和联合公司的B-24"解放者"轰炸机。同时，当德国入侵苏联时，一些波兰飞行员还同苏军并肩作战。1944年，波兰被苏联军队解放，但在英国皇家空军服役的波兰人很少返回家乡，即使回来的飞行员也很少回到新成立的波兰空军，而被送往拘留营。

战后的波兰空军继续使用战时用过的苏联飞机，包括波利卡尔波夫公司的波-2，雅克夫列夫公司的雅克-1、雅克-3和雅克-9战斗机，伊留申公司的伊尔-2轰炸机和佩特利亚可夫公司的Pe-2教练机。战斗机以雅克-9为主力，后来又加入了伊尔-10对地攻击机和图波列夫的图-2轰炸机。此后，又引进了里舒诺夫公司的里-2运输机和雅克-11、雅克-18教练机。1950年，波兰引进了首批喷气式飞机——雅克-23战斗机。在接下来的几年，又引进了米格-15战斗机，其中一部分在波兰制造并被命名为LIM-2。波兰还自行设计了Junak-3教练机，引进了雅克-17喷气式教练机、伊尔-28喷气式轰炸机和米里公司的米-1直升机，米-1机在波兰生产并被命名为SM-1。1957年，

雅克-23和米格-15开始被米格-17喷气式战斗机替换，接下来又依次升级为米格-19、米格-21，对地攻击机则被替换为苏霍伊公司的苏-7。这些飞机都有着相应的教练机版，米格-15UTI成为最先进的喷气式教练机。波兰空军还发展一支庞大的运输机队伍，拥有近50架运输机，包括：安东诺夫公司的安-2和安-12，伊留申公司的伊尔-14和伊尔-18，还有里-2、米-4、米-6重型运输直升机也加入了米-1和SM-1的行列。波兰空军成为华约成员国中规模最大、装备最先进的空军之一，仅次于苏联空军，不仅因为该国的面积和人口，还因为后来波兰的政治观点与其他东欧国家的分歧越来越大。此时，波兰战斗机中队装备有先进的米格-23、苏-20和苏-22，还有米-8和米-17运输直升机及米-24攻击直升机。

20世纪80年代末，东欧剧变迫使波兰重新评估自己的武装力量。1989年，波兰从苏联引进的最后一批新型飞机是12架米格-29，之后该型机的订单被取消。1990年，苏联第37陆军航空兵将其350架飞机从波兰领空撤出。1991年4月1日，华约组织解散。1990年，波兰空军与波兰防空军合并，成立了现在的波兰防空军和空军。新的部队有近400架作战飞机、超过250架运输机和教

练机。最初沿用苏式结构，1个防空团有2个中队含12～16架飞机，其他航空团有3个中队含9～12架飞机。它们有6个防空战斗机团、3个战斗机团和3个战斗轰炸机团、1个侦察轰炸机团和1个战术侦察机团。1995年，许多支援陆军的直升机被转隶至陆军控制，从而成立了陆军航空兵。

由于经济原因，波兰空军购买西方先进装备的计划被搁浅。但是，1999年4月，波兰加入了北约。1999年9月，波兰在比较过F/A-18、"幻影"2000、"鹰狮"和"台风"战斗机后，决定将其米格-23轮换为F-16。2002年，波兰空军还引进了23架原德意志民主共和国空军的米格-29，这些飞机已在原德意志民主共和国升级过从而符合北约的标准和通讯要求，另外其苏-22战斗机也在以色列得到升级。

波兰空军实力已从2002年的43000多人精减到现在的17500人，每年飞行时数从60小时增加到120小时，仍低于完全作战能力所要求的160~200小时。波兰空军分为2个防空军——北方军和南方军。其战斗机包括2个中队含24架米格-29A/UB"支点"，还有3个多用途战斗机中队含48架F-16C/D"战隼"、3个对地攻击机中队含48架苏-22M4"装配匠"。4个运输机中队含5架C-130E，后来被替换为5架安-26、8架C-295M、23架M-28、2架图-154要员专机和4架雅克-40"幼鳕"。其拥有的直升机包括11架米-8和38架米-2、17架W-3"索科尔"和1架贝尔公司412HP；教练机包括54架TS-11"火花"、6架PZL公司的SW-4和36架W-3"索科尔"；空对空导弹包括"蚜虫"、"阿纳布"、"射手"、"响尾蛇"和"阿姆拉姆"；空对地导弹则包括"克里牛"和"幼畜"。

波兰海军航空兵

波兰海军航空兵一直以来都是以陆地为基础，原来仅有一个飞行团使用直升机和固定翼飞机。随着从美国海军手中购买了2艘"佩里"级护卫舰，这一状况发生了变化，它们又开始操作SH-2G"超级海妖"直升机。目前，波兰海军有10864人，其中海军航空兵1560人。岸基的米格-21已经被收回。执行海上巡逻、专属经济区和污染监控的是8架M-28E，运输机则包括1架安-2和2架安-28。有4架SH-2G和10架米-14PL执行反潜任务，另有3架米-14PS和7架W-3RM执行搜救任务。教练机包括8架W-3。

波兰陆军航空兵

成立时间：1995年。

为了给波兰空军多余的战术直升机寻找出路，波兰政府1995年决定组建陆军航空兵。在最初的米–24攻击直升机部队又增加了18架飞机，这些原属德意志民主共和国的飞机在德国统一后被赠予波兰。如今，波兰陆军航空兵拥有32架米–24"雌鹿"和22架米–2攻击直升机、30架米–8和米–17、37架W–3A"索科尔"运输直升机，其中一部分也用于训练。

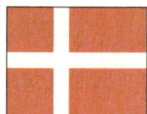

丹麦

- 人口：550万人
- 面积：42192平方千米
- GDP：3370亿美元，人均61286美元
- 国防经费：45.8亿美元
- 服役人员：现役17514人，包括文职人员在内的联合人员9017人，国民警卫队和预备役部队约100000人

丹麦皇家空军

建立时间：1950年。

丹麦皇家空军在1950年由陆军和海军航空兵合并组建，其军事航空历史最早可追溯至1912年，当时陆军和海军航空兵各购买了第一批战机，丹麦皇家海军接收了1架法尔曼公司"亨利"战机，皇家陆军购买了1架丹麦自己设计的B&S单翼飞机。1913年，丹麦皇家海军接收了2架唐内特·雷维克水上飞机，而陆军航空兵在1914年获得了1架亨利·法尔曼公司的战机和1架法尔曼公司"摩利斯"战机。第一次世界大战

期间，丹麦保持中立，陆军和海军航空兵都只能依靠皇家陆军兵工厂生产的飞机。一战后，丹麦皇家海军获得了德国退役的飞机，并在1920年购买了一些爱芙罗公司504型教练机。陆军购买了一些LVGBIII、福克C1和波泰公司XV型战机。

1923年，丹麦皇家军队进行了重组，组建了海军飞行队和陆军飞行队。海军飞行队1926年进行再次重组，编成2个中队，第1中队配备了"汉莎-布兰登堡"水上侦察机，该机于1928年被亨克尔He8侦察机所代替；第2中队配备了霍克"丹麦公鸡"（原"鸟鹬"）侦察机,1935年被霍克公司"猎迷"预警机所取代。两次大战期间，皇家海军飞行队的飞机包括霍克公司"丹麦鱼雷"鱼雷轰炸机、德·哈维兰公司"吉卜赛蛾"式和爱芙罗公司621型教练机。1架德国空军退役的"鲸"式水上飞机加入到3架在格陵兰岛进行测量作业的He8侦察机，在一战期间大量使用，当协约国在大西洋两岸建立一系列基地后，该机帮助协约国在大西洋上摆渡。1932年，皇家军队再次进行重组，创建了陆军航空兵部队，编成5个中队。第1中队配备布里斯托公司"斗牛犬"战斗机，后于1935年换成格罗斯特公司"角斗士"战斗机；

第2和第3中队装备了福克公司CV型侦察机，后于1934年替代成福克CI型侦察机。第5中队在1935年才成立。事实上，由于国防经费削减，第4中队从来没有建起来。

丹麦本想在第二次世界大战中保持中立，但整个国家却在1940年春被德军占领，惨遭蹂躏。绝大部分飞机在地面上就被击毁，很多飞行员想尽办法逃往英国，加入英国皇家空军。

战后，这两支空中力量得以重建，最初共同使用6架"珀西瓦尔·代理人"教练机和一些通信飞机。1946年创建了联合飞行学校，1947年联合空中参谋部为创建自主空军部队做准备。与此同时，很多新的战机交付使用，包括海上飞机公司"喷火"IX喷气式战斗机和"海獭"水陆两用飞机、北美AT-6"哈佛"教练机。1949年，购买了第一批喷气式战机，即格罗斯特公司"流星"战斗机。1950年10月，丹麦皇家空军正式成立，装备5个中队：第721中队配备联合公司PBY-5A、"海獭"和空速公司"牛津"飞机；第722中队配备"喷火"战斗机；第723中队配备F4"流星"战斗机，后在1952年被NF11"流星"夜间战斗机取代；第724中队配备F8"流星"战斗机；第725中队配备了"喷火"喷气式战斗机。1950

年，丹麦引进27架DHC-1"花栗鼠"新型教练机。自丹麦加入北约后不久，丹麦空军迅速增加到8个中队。1951—1953年，美国向丹麦提供了200架共和飞机公司的F-84E/G"雷电喷气"和大量洛克希德的T-33A喷气式教练机，丹麦先是用这些飞机替换了第725中队老旧的"喷火"战斗机，剩下的装备到新成立的第726至第730中队。此外，丹麦还购买了道格拉斯公司的C-47型运输机和贝尔公司的47D型直升机。

丹麦这支加强型的空军力量，在20世纪50年代末进行了换装升级，购买了30架霍克公司的"猎人"Mk51战斗机和10架共和飞机公司的RF-84F"雷闪"侦察战斗机，之后购买了北美公司的F-100D"超级佩刀"战斗机，在20世纪60年代初又购买了洛克希德公司的F-104G"星"式战斗机。随之，采购了加拿大空军退役的费尔雷公司研制的"萤火虫"作为目标引导机，还购买彭布罗克公司C52通信中继机和西科斯基公司S-19直升机。"卡塔利娜"机一直在坚持战斗，直到1970年被西科斯基公司S-61A型直升机所轮换。此时，丹麦皇家空军有1.1万人、7个中队，其中F-14G截击机中队2个、F-100D"超级佩刀"战斗机中队2个、萨博F-35战斗轰炸机中队1个、RF-35"龙"式侦察战斗机中队1个和"猎人"对地攻击机中队1个。大部分中队有16架飞机，但每个"龙"式中队有23架飞机。运输机包括8架道格拉斯C-47型和5架C-54型，此外，搜救中队有8架S-61A型直升机。飞行训练使用"花栗鼠"初级教练机和T-33型教练机，用于快速喷气式战斗机的转型训练。20世纪70年代，海军和陆军航空队重新组建，这是由于直升机用途越来越重要。但是，在这个阶段，丹麦皇家空军仍然管理着12架陆军飞行队的"休伊"500M型直升机和"云雀"KZVII型直升机、8架海军飞行队的"云雀"III型直升机。

丹麦扼守着从波罗的海通往北大西洋的咽喉要道，管辖着遥远的法罗群岛和格陵兰岛的广袤领土，即便如此，丹麦早在冷战结束前就开始着手削减国防费用。通过与其他北约伙伴联合采购，使得丹麦能够购买麦道公司生产的F-16"战隼"战斗机，用来取代老旧的"星"式和"龙"式战斗机。其战斗机中队后压缩到了3个，不过，这些战机目前已进行了服役期延长升级改进。丹麦虽然加入了多国联合发展"北欧标准直升机项目"，却打乱了这项计划，选择购买EH101型直升机，替换已服役多年的S-61型直升机。与其他北约成员国一样，丹麦在1999年宣布其防务态势从"冷战状态"调整为"在国际行动中筹备并支援一支远征部队",正是这项决定,换来了4架C-130J"大力神"II型运输机的采购。

目前,丹麦皇家空军只有3466人,在过去7年里人员削减了1/4,飞行时数也由每年180小时减少至165小时。2个战斗机中队共有48架F-16战斗机,并配备了AIM-9"响尾蛇"、AIM-120A"阿姆拉姆"空对空导弹和AGM-12"小斗犬"空对地导弹。此外,丹麦计划采购48架F-35A型联合攻击机,用来替换F-16战斗机。1个运输机中队现有4架"大力神"和3架CL604"挑战者"运输机(其中2架用于海上侦察,1架作为要员专机),淘汰了美制"湾流"III型运输机。搜救中队有14架EH101型直升机,其中至少有5架用来运送兵员。飞行训练使用28架萨博T-17初级教练机。其地空导弹防御系统有"鹰"式导弹。

丹麦皇家海军飞行队

丹麦皇家海军飞行队重建时只有8架"云雀"III型直升机,后来购买了8架"山猫"直升机,替换了此前的老旧过时的直升机。丹麦皇家海军飞行队负责保卫丹麦海岸以及法罗群岛与格陵兰岛的渔业资源,至少有4架以上的直升机具备在任何时候上载舰上作战的能力,但目前丹麦皇家海军的护卫舰却不具备搭载舰载直升机的能力。20世纪90年代初,丹麦"山猫"直升机进行了升级,希望能够服役到2015年退役。

丹麦皇家陆军飞行队

丹麦皇家陆军飞行队在重建时,使用了由空军提供的12架MD500M型直升机,之后又自行增购了12架AS550"大耳狐"直升机。

德国

- 人口：8230万人
- 面积：356726平方千米
- GDP：3.4万亿美元，人均41352美元
- 国防经费：465亿美元
- 服役人员：现役250613人，预备役161812人

二战后的很多年，德国数次差点成为欧洲战争的最前线，但当时德国本身的军队并非是欧洲最强大的。一旦冷战演变为热战，德国国防恐怕还得严重依赖美英两军在德国的基地，以及加拿大和法国的驻德军队。一些经济学家盛赞德国将发展经济摆在巩固国防之前的政策，但另一派观点则认为，如果没有过硬的军事实力作保障，再成功的经济也是脆弱的。威慑力不仅体现在核武器上，强大的常规部队也是重要的威慑，而后者常常被政治家和广大民众所轻视。

毫无疑问，作为两次世界大战的始作俑者，身背历史重负的德国一度极不情愿在北约以外地区从事任何活动。另一方面，其他西欧国家在苏联和华沙组织解体后，依然反对东西德重归统一，也是出于同样的心态，尽管这种反对的声音注定成不了气候，而且也不具备任何道义上的正当性。担心德国东山再起的情绪，比起东西德渴望统一的愿望，显得微不足道。

德国统一后，军事实力大幅改观。德国目前拥有欧洲最强大的军队，尽管也有人不同意这样的说法，因为欧洲各主要国家军队都有"欧洲最强"的说法。德国军队参与了多次联合国的军事行动，虽然也有批评声音指出，德国在阿富汗的军队坐享其成，他们待在安全太平的喀布尔，而美英两军却不得不面对塔利班的全部武装。

真正的危险是，在德国已经参加欧洲所有的多国军事行动的情况下，欧洲本身军事实力的扩张正在蚕食北约的作用，而后者是有史以来持续时间最长且最成功的军事联盟，也是把美国和加拿大同欧洲紧密联系在一起的重要手段。美加两国可以不需要欧洲，欧洲却离不开美加两国，至少离不开美国。从长远角度来看，美国的军事参与可以帮助欧洲抵御威胁，而二战的历史显示，加拿大也是欧洲的重要盟友。俄罗斯对待邻国的态度不应助长其他欧洲国家的自满情绪，盲目自信将是危险的，别忘了，正是俄国的军事扩张导致了十月革命的爆发。可能出现的危险是，未来某个时刻，德国再次成为夹在东西欧洲之间的战争前线，即便不是最前线，也比波兰好不到哪里去。

德国空军

重组时间：1955年

德军空中力量始于1907年，从其购买第一架"齐柏林"飞艇算起。在不断引进飞艇的同时，1910年，德国陆军得到了第一批飞机：5架"亨利·法尔曼"、5架"莱特"和1架"安托瓦内特"。1911年，一支海军空中勤务队在2架"柯蒂斯"水上飞机的基础上成立。1912年，陆军航空兵部队组建了军事航空勤务队。这两支空中部队在随后几年发展迅速，一直持续到一战爆发，德国与奥匈帝国和土耳其结盟，组成同盟国。德国海军飞行勤务队采购兰普勒-爱特立克"鸽"式单翼机、"欧拉"双翼飞机以及授权制造的"法尔曼"飞机，到1914年拥有了36架飞机。陆军军事航空勤务队则热衷于"鸽"式单翼机，其各种型号分别由阿尔巴斯特罗斯公司、阿维亚蒂克公司、德国通用电气公司、德意志飞机工厂、欧拉公司、哥达公司、LVG公司和奥托公司制造，到1914年，各型"鸽"式单翼机占据了军事航空勤务队总共250架飞机中的半壁江山。其中"铁鸽"式单一飞机由杰宁公司制造。

早在1914年8月，德军就开始在巴黎空投小型炸弹。不过，德军飞机最初的用途仍然是执行侦察任务。后来，德军发现"齐柏林"飞艇在执行侦察任务时容易受到攻击，遂将其改造为攻击飞艇，前往伦敦和英格兰东海岸港口空投炸弹，迫使英国人不得不把飞机从法国转移回本土。德国海军空中勤务队还拥有技术上的优势，他们采用了荷兰人安东尼·福克的发明，在飞机螺旋桨上安装同步机枪，1915年7月，这项发明首先应用到福克公司"艾因德尔克"单翼飞机上。德军飞机使用航空机枪几年后，协约国军队的飞机才陆续跟进这项技术。德军飞机的战术也很先进，1916年创造了战机大型编队飞行模式，人称"空中马戏团"，其中最著名的编队是由"红男爵"冯·里希特霍芬率领的编

队。德国海军空中勤务队在整个一战期间活动频繁，参与了袭击英格兰东部的军事行动。在海上，德国海军商船袭击舰"狼"号专门搭载一架水上飞机执行侦察任务。

战争期间，由于需求量的飙升，德国飞机制造业迅猛发展，产量从1914年的1350架攀升到1917年的19750架，直到协约国对德国实行封锁政策，才使得德国飞机制造业因原料短缺出现产量下滑，并最终导致了德国的失败。德国军事航空勤务队使用的战斗机包括"福克EI"、"福克EII"、"福克EIII"、"福克DIII"、"普法尔茨DIII"和"罗兰DII"，侦察轰炸机包括"信天翁CIII"（也称"阿尔巴特罗斯CIII"）、"阿维亚蒂克"CII和LVGCIII，轰炸机有AEGGIV和"弗里德里希港CIII"，以及双引擎轰炸机"哥达GIV"。海军空中勤务队使用的是"哥达"、"萨博拉特尼格"、"柏林勃兰登堡"和"弗里德里希港"水上飞机。除满足本国需求外，德军还向其他同盟国输出飞机和飞行人员。一战最后几年，同盟国更是将空中力量作为最优先发展的选项，同时还不断地在新飞机上进行新技术改进。战争结束时，德国军事航空勤务队拥有4000架服役的飞机，还有15000架正在制造，飞行人员达到8万人。从1915年9月到停战前的两个月——1918年9月，德国军事航空勤务队共损失2000架飞机，伤亡人数达到11000人。

1919年6月，《凡尔赛条约》签订，规定于1920年解散德国军事航空勤务队和海军空中勤务队，禁止德国在1926年之前制造军用飞机，并限制其民用飞机的制造规模。德国人想方设法绕过《凡尔赛条约》的限制，在所谓的民用滑翔学校训练飞行员，1928年还在苏联建立一个中心，目的也是训练飞行员。同时，德国还在苏联、瑞典和土耳其境内兴建飞机制造厂。德国战时最核心的飞行员队伍被秘密保留下来。

20世纪30年代初，阿道夫·希特勒上台。1935年3月，纳粹德国空军成立，这是一个独立的军种，有权控制德国所有的飞行队伍。最初，还有一个海军航空兵部队存在，但二战开始后也被并入德国空军。新纳粹空军最初的机组人员和其他核心人员主要来自一战老兵，以及由这些老兵训练出来的飞行学校毕业生。飞机设计和开发取得长足进步，其中，轰炸机的开发打着德国国有航空公司——汉莎航空的幌子得以完成。德国空军很快装备上了"亨克尔"He51战斗机、He45和He46侦察机，"容克"Ju52/3M运输机，"道尼尔"Do11和Do23轰炸机，以及"福克"Fw44和"阿拉多"Ar66训练机。

纳粹空军还建立了一家研究中心，用以检验各种新型飞机的性能，它们之中的很多机型在二战中发挥了重要作用。德国向飞机制造商发放贷款，扩大生产规模，颁布激励机制，鼓励工程公司也投身航空工业，从而在很短时间内，新组建的纳粹德国空军拥有了2000架飞机。

新设计出的飞机很快进入德国空军作战序列，其中，战斗机包括"梅塞施米特"Bf109和Me110，俯冲轰炸机为Ju87"斯图卡"，轰炸机有"道尼尔"Do17和"亨克尔"He111。西班牙内战的爆发成为纳粹空军最好的武器实验场和练兵场，德国人与西班牙民族主义者站在一起，支持佛朗哥叛军。德军向佛朗哥的军队提供20架Ju52轰炸机以及Ju3Mg运输机、6架"亨克尔"He51战斗机，以及由所谓的"志愿者"组成的德国"秃鹰军团"驾驶的He70侦察机、He59和He60水上飞机。在西班牙内战初期，德国空军运输机把驻外国的西班牙军团的部队从北非运送回西班牙。随后，更多的新型飞机陆续飞往西班牙，对抗与共和派站在一起的苏联新飞机。1937年，"梅塞施米特"Bf109B/C战斗机代替了He51。第二年，He111B和Do17E轰炸机替代了Ju52和Ju3Mg在德国空军轰炸机中的地位。1939年，西班牙内战结束，"秃鹰

军团"返回德国。这场战争考验了德国的飞机和战术，也让飞行人员积累了宝贵的战斗经验。

1938年，德国兼并奥地利，同年吞并捷克的苏台德区，1939年占领波希米亚和摩尔达维亚，这些行动由于有了德国空军的全面参与，使得任何反抗行动都显得软弱无力。随着奥地利空军被并入德国空军，德国空军进行了改组，重新划分了此前的航空战区，代之以各航空司令部，其中一个航空司令部司令官由一名奥地利军官担任。空中舰队又分为空中联队，进而划分为飞行大队，然后是中队，最后是小队。1939年9月，二战全面爆发，德国空军一线部队拥有近4000架飞机，包括1300架Bf109系列战斗机、350架Ju87"斯图卡"俯冲轰炸机以及1300架Do17和He111轰炸机。

1939年9月1日，德国军队入侵波兰，第二次世界大战全面爆发。德军的空中优势在波兰空军面前尽显无遗。波兰空军虽然英勇反抗，但无论是飞机数量还是飞机技术的先进程度，都和德国空军相差太远。随后，德国空军对英国苏格兰东部的海军基地实施了"打了就跑"的轰炸，但并没有引起太大反应。直到次年春天，德军入侵丹麦和挪威，英法军队才积极行动起来。丹麦很快沦陷，但德国空军在挪威遭到了猛烈反

击，英国皇家空军、法国空军以及英法海军舰队的航空兵部队也参与其中。还没到挪威战事结束，德国空军就开始支援陆军穿过荷兰和比利时突入法国，6月底，法国大部分领土被德军侵占。到了1942年下半年，法国全境沦陷。在荷兰，德国空军轰炸了没有设防的鹿特丹港和其他城市，然后又在敦刻尔克袭击紧急撤退的英法军队，但空袭未能成功阻止这次大撤退，大批英法军队最终得以撤回英国本土。不过，这些战役凸显出了德国空军"闪电战"战术的行之有效，他们利用俯冲轰炸机和中型轰炸机，密切协助地面部队进攻，这与美英空军所秉持的"战略轰炸"概念完全不同。

此后，德国空军企图在"不列颠空战"中一举摧毁英国皇家空军，但未能得逞。一是因为英国雷达网络发挥了重大作用，二是德军飞机的续航能力较弱，轰炸机即使从法国出发，前往英国城市执行轰炸任务，也只能快去快回，这种不断的往返给了英国皇家空军喘息的机会。同时，德军这种"空中闪电战"，因为缺乏重型轰炸机而显得火力不足。1941年，德国空军对于英国的轰炸行动提前结束，将注意力转移到了苏联前线，因为在这一年，德军发动"巴巴罗萨行动"入侵苏联。此时，德国空军的任务非常繁重，既包括在巴尔干半

岛的空中打击，又包括袭击希腊和此后的克里特岛之战，以及在马耳他岛的争夺战，同时还必须支援德军在北非的作战。即便如此，德空军在入侵苏联时，还是集结了近2000架飞机，又获了盟友罗马尼亚、匈牙利、意大利和芬兰等国1000架飞机的支援，全力以赴对抗苏军的9000架飞机。6月22日，德国空军开始实施"巴巴罗萨行动"，对苏联66个机场发起突然袭击，企图瘫痪苏联红军空军。不过，在苏联，德国空军遭遇到了和德军地面部队同样的困境：漫长的战线和对苏联冬季严寒的准备不足。

新型飞机不断进入德国空军服役，技术上的进步使得德国空军受益匪浅。早在战争之初，德国空军对英国城市发动的"闪电战"，就展示了德国飞机出众的导航和炸弹定位性能。新加入德国空军的飞机包括福克-沃尔夫Fw190战斗机、道尼尔Do217轰炸机、"布洛姆-福斯"侦察飞艇、福克-沃尔夫Fw200"秃鹰"反舰水上飞机、容克Ju290反舰水上飞机以及亨克尔He115水上飞机。亨克尔He177重型轰炸机进入德国空军时间太晚，没来得及发挥真正的作用，且该型机还存在稳定性差的危险。直到战争末期，德国空军还在引进新的飞机和武器，包括FX无线电遥控导弹和Hs293滑翔炸弹，都是从Do217轰炸机上进行发射的。V1和

V2导弹作为报复性武器，从德军占领下的欧洲地区发射，攻击包括伦敦在内的英国城市。后来，这两种导弹被认为是巡航导弹和弹道导弹的前身。1944年，"梅塞施米特"Me262喷气式战斗机开始进入德国空军服役，但却为时已晚，对于此时业已获得全面制空权的盟军已无法形成威胁，何况希特勒坚持将其作为轰炸机使用。此外，还有"阿拉多"234型喷气式侦察机和"梅塞施米特"Me163战斗机（采用了"彗星"火箭发动机），以及设计上标新立异的双座双发He219双引擎战斗机。但是，这些飞机问世都太晚，没能在战争中发挥作用，且制造出的数量也太少。

1945年4月，德国空军由于燃料短缺，其人员纷纷转隶地面部队。二战结束后，德国空军立即被解散。

德国被划分为4个盟军占领区，首都柏林也被切割。1949年，西方国家占领的三个地区合并组成德意志联邦共和国（简称"联邦德国"），也就是西德，苏联占领区变成德意志民主共和国（简称"民主德国"），即东德。

民主德国首先恢复了空中力量。1950年，民主德国人民警察部队的航空兵部队成立，使用的飞机包括雅克-18、"波利卡波夫"波-2和菲尔泽勒Fi156C"鹳"式轻型飞机，飞行人员来源于前德国空军。1955年，民主德国

人民警察部队航空兵部队成为民主德国空军，"飞行俱乐部"开始再次为空军输送飞行人员。民主德国作为"华沙"组织成员国，得到苏联的军事援助，包括米格-15战斗机、米格-15UTI、雅克-11和雅克-18训练机。到1960年，苏联还向东德提供米格-17、伊尔-14M和图-104运输机，此后还提供了米-1和米-4直升机。

联邦德国空军重建于1955年。联邦德国成为北约成员国，有资格获取美国的军事援助。联邦德国空军第一批飞机是"派珀"和"小熊"训练机，1956年抵达联邦德国。随后抵达的还有30架北美公司T-6"哈佛"训练机和一些洛克希德公司T-33A喷气式训练机。美国的援助包括450架共和公司F-84F"雷电"战斗轰炸机和100架RF-84F"雷闪"侦察战斗机，以及加拿大和意大利生产的"佩刀"战斗机。德·哈维兰公司"苍鹭"、道格拉斯公司C-47以及授权制造的北方公司"诺拉特拉斯"组成了联邦德国空军的运输机队伍。波特兹公司"教师"喷气式训练机、比亚乔公司P149D训练机、贝尔47"苏族人"直升机、H-21H和H-25直升机、西科斯基H-34直升机、桑罗"飞靶射击者"直升机、布里斯托尔"西卡莫"直升机、UH-12C直升机，以及联邦德国本土制造的Do27联络机，构成了联

邦德国空军的支援队伍。

两个德国拥有两支空军，在整个冷战期间，东西德边界一直处于对峙状态，民主德国空军不得进入西柏林，只能在东德境内活动。

20世纪60年代，联邦德国空军不断发展，洛克希德公司F-104G"星"式战斗机和菲亚特公司G91对地攻击机替代了F/RF-84和"佩刀"。德国版的"星"式战斗机是一型多用途飞机，飞行员操作起来十分繁琐，在发生多次事故后，该型飞机被戏称为"寡妇制造者"。另一款主要飞机是麦道公司RF-4"幽灵"，它取代了RF-104"星"式战斗机。1973年，F-4战斗机也进入联邦德国空军服役。德国和法国合资研制的飞机包括"阿尔法"喷气式高级训练机和C-160运输机。道尼尔公司根据联邦德国空军的订单，制造了大量的贝尔UH-1H直升机。70年代中期，由英国、德国和意大利合资研制的多功能战斗型飞机"狂风"进入联邦德国空军服役，代替"星"式战斗机，而菲亚特"G91"在更早之前就被卖给了葡萄牙。

民主德国空军也取得了同样的进展，一系列印有"米格"标志的飞机不断引入，包括米格-19、米格-21、米格-23，一直到米格-29。

1990年，东西德统一。统一后的第一步就是把民主德国空军并入联邦德国空军。前苏联时期的飞机很快纷纷退役，原民主德国空军的很多飞行员也已退休，新的德国空军仅留下少量的米格-29，并按照北约标准进行了改装。在过去30年，两支空军合并后留下的125000名飞行人员已减少到目前的50270名，自2001年以来，又减少了1/3，每年的平均飞行时间只有150小时，很有可能是为了维持飞行水平的最低标准。

如今，德国空军人数在北约国家中位列第三，在西欧国家位列第二，其组织序列分为空军司令部和运输司令部。现在的德国空军已经没有一架原民主德国空军的飞机。空军司令部组建了一支拥有102架欧洲"台风"2000战斗机的队伍，由8个中队构成4个飞行联队，替代F-4F"鬼怪"II型战斗机组成的队伍。此外，还有36架"台风"2000型机也会在适当时候加入现役。空军司令部的打击能力有赖于156架"狂风IDS"，共有6个中队，组成3个飞行联队，此外，还有1个侦察机联队，下辖2个中队，共拥有33架"狂风ECR"侦察机。运输司令部有4个飞行联队，包括1个由7架A310MRT型和MRTT型、6架CL01"挑战者"和3架AS532U2"美洲豹"II型要员机组成的特别飞行任务联队。另外3个飞行联队下辖11个中队，它们分别是：7个拥有83架C-160运输机的中队，不过，这些C-160飞机将被60架A400M飞机所替代，3个拥有76架UH-1D直升机的中队；以及1个拥有4架UH-1D要员直升机的中队，不过，这些UH-1D直升机也将被42架NH90直升机所替代。改装训练机包括27架"狂风"和大量"台风"飞机。除此之外，德国空军还有35架T-37B和40架T-38A"禽爪"飞机。导弹包括AIM-9"响尾蛇"空对空导弹、AIM-120A/B型空对空导弹、"阿姆拉姆"中程空对空导弹、AGM-65"幼畜"空对地导弹、AGM-88A"哈姆"空对地导弹，以及GBU-24"宝石路"III型导弹，另外还有"霍克"、"罗兰德"和"爱国者"地对空导弹。

德国海军航空兵

成立时间：1957年。

德国海军航空部队在一战期间存在过，战后随即被解散。20世纪30年代，德国海军维持着一支小规模的航空兵队伍，拥有岸基的He59和He60飞机、"道尼尔"Do18飞艇、"亨克尔"海上飞机以及战列舰和商船袭击舰上的舰载机。二战爆发后，海军航空兵被并入德国空军。由于德国空军和海军之间存在对海军航空部队的竞争，延迟了德国首艘航空母舰"齐柏林伯爵"号的建造，"齐柏林伯爵"号于1938年下水，而第二艘航母"彼得·斯特拉塞"号尽管开工建造，最后也遭到了废弃。这两艘航母原计划搭载"梅塞施米特"Bf109战斗机和容克Ju87"斯图卡"俯冲轰炸机。"齐柏林伯爵"号航母的飞机弹射系统被捐给意大利海军，因为后者也有建造航母的打算。战后，苏军捕获了"齐柏林伯爵"号航母，用拖船将其拖回苏联后，连同掳获的其他德军装备一同沉入海底。

联邦德国海军航空兵部队成立于1957年，主要负责在波罗的海和北海执行岸基飞行任务。这支部队早期的飞机包括"海鹰"强击机、"塘鹅"反潜机、"狩猎"运输机和布里斯托尔公司的"西卡莫"直升机。60年代，"海鹰"被授权制造的洛克希德F-104G"星"式战斗机取代，后者共72架，组成4个中队。同时，"塘鹅"被德法合制的"大西洋"取代，西科斯基公司的CH-34直升机进入航空兵后负责执行搜救任务，后来被22架韦斯兰公司S-61N"海王"直升机所取代。联邦德国海军航空兵的飞机还包括8架格鲁曼HU-16水陆两用飞机、20架道尼尔公司Do28"空中公务员"联络机、一定数量的小型Do27和波特兹公司"教

师"喷气式训练机。

70年代，"星"式战斗机被100多架英国、德国和意大利联合研制的"狂风"战斗机所替代，执行反舰攻击任务。但在1994年，半数以上的"狂风"被移交给德国空军，而现在的海军航空兵部队连一架高速喷气式飞机都没有。

80年代初，随着6艘和荷兰合制的"不莱梅"级122护卫舰的引进，联邦德国海军航空兵部队采购了首批舰载直升机、反潜直升机和韦斯兰"山猫"反舰直升机。

今天，德国海军航空兵部队共有2260人，而德国海军总人数是19162人。东西德国统一时，航空兵部队的军力并没有取得实质性的提升，因为民主德国海军基本上只是一支海岸防卫部队。2架剩下的"大西洋"已经临近退役，主要的海上侦察兵力是8架AP-3C"猎户座"，2架"道尼尔"Do228型机则负责执行环境监控任务。21架"海王"Mk41直升机负责执行搜救任务，22架已升级为Mk88A标准的"海山猫"直升机能搭载"海鸥"反舰导弹。2015年，这两种直升机都将被38架欧洲NH90直升机所替代。此外，"鸬鹚"反舰导弹也已部署到位。

德国陆军航空兵

成立时间：1957年。

联邦德国陆军航空兵部队成立于1957年，负责为联邦德国陆军提供联络、通信和其他勤务保障。此后，战场运输使用的是贝尔UH-1D"易洛魁人"直升机，一度曾有200架该型直升机在陆军服役，此外还有西科斯基CH-53重型直升机。北美公司OV-10Z型机曾一度被用于执行目标拖拽任务。陆军航空兵部队的攻击直升机包括200多架MBBPAH-1型机，以及装备有"霍特"反坦克导弹的Bo105P/M型直升机，另外96架Bo105型直升机负责执行观察联络任务。

今天的德国陆军航空兵部队已经发生了质的变化。欧洲"虎"式攻击直升机已经进入德国陆军航空兵部队服役，另有80架已经完成订购。战斗型直升机使用"霍特"导弹。UH-1H直升机被82架NH90TTH代替，这使得航空兵部队将会保留大量的PAH-1型机继续服役，Bo105型观测和联络机也将保留。91架CH-53G型机中的20架已经升级为具备远程油箱、电子战装备和驾驶舱兼容夜视镜的直升机。训练飞机包括111架Bo105型和14架欧洲直升机公司的EC635型。无人机则有KZO型和"月神"X-2000型，微型无人机有"阿拉丁"和"米卡多"。

俄罗斯

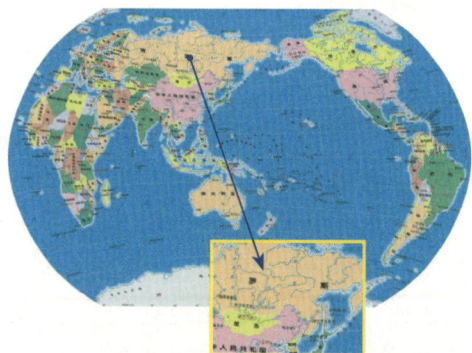

- 人口：1.4亿人
- 面积：16838885平方千米
- GNP：1.37万亿美元，人均9806美元
- 国防经费：410.5亿美元
- 服役人员：现役1027000人，预备役20000000人

　　俄罗斯作为苏维埃社会主义共和国联盟的核心，在苏联解体后试图联系其他加盟共和国组成以其为核心的"独联体"，这种做法取得了不同程度的成功。苏联的解体也给军队带来不少问题，广泛分布的军队需要返回自己的祖国，而祖国又缺少兵营和其他设施安置他们。原来封闭的社会和独裁统治已不再适应更多的自由和资本主义的发展，庞大的军费开支不得不大幅削减。

　　最终导致的结果是俄罗斯武装力量十多年内持续下降，装备可使用率也随之下降，其中大量库存装备和在役武器逐渐被淘汰。近年来，俄罗斯毅然决定重振国防并更新武器装备，这得益于石油和天然气价格的迅速提升。不过，2008—2009年全球经济的衰退使得能源

价格下跌，可能会使俄罗斯武装力量的复兴面临困境，但这只是短期而已。俄罗斯敢于向西方国家及其邻国示威的一个重大原因在于其较高的服役率。俄拥有1.4亿人口，武装力量达102.7万人，服役率占0.73%，大大高于英国的0.33%和美国的0.5%。其他西方国家的服役率比英国还低。由于俄罗斯不再承担对他国的防务义务，兵力远不像在全球扩张的美国那样紧张。

　　俄罗斯有2000万预备役军队，而在西方国家，预备役部队被大幅削减甚至取消，包括英国皇家海军和皇家空军也是如此。

　　很多人质疑俄罗斯为何要保持众多兵力？这是因为它在经历了1941年德国人大举入侵的噩梦后，对他国意图

过于敏感？还是只想起到威慑作用？如今，旧的苏维埃社会主义联盟已经瓦解，与邻国的关系并不稳定，保留一支强大兵力看起来似乎颇有必要。

俄罗斯军事航空兵

成立时间：1924年。

俄罗斯军事航空兵的构成非常独特，它延续了苏联的组成结构，分为远程航空兵、前线航空兵（相对于陆军航空力量）、空防兵和军事航空运输兵。此外，其海军航空兵、陆军航空兵和边防航空兵也有明显的不同。

20世纪初，沙皇俄国陆军曾使用气球进行观测，于1910年成立中央航空学校。沙俄海军也于同年晚些时候建立了飞行学校。1912年，沙俄政府从英国和法国进口了少量飞机装备陆军，为海军购买了柯蒂斯公司的水上飞机。之后，沙俄获得了这些飞机的生产许可证。1914年，第一次世界大战爆发时，沙俄飞行部队拥有244架由布里斯托尔、法尔曼、莫拉纳和纽波特等公司设计的飞机。沙俄海军也拥有一定数量的飞机。沙俄从事飞机制造的公司有着其他利益需求，并不能满足战时需求。例如：俄罗斯-波罗的海汽车公司。1915年，一些本土设计机型开始小规模投产，著名的有伊戈尔·西科斯基的RBVZS-16、RBVZS-17和RBVZS-20单座和双座战斗机。此后，其他型号飞机陆续投入生产，包括Lebed-7和Lebed-10战斗机、Lebed-212、阿纳萨尔和阿纳德侦察机。同时，格利戈罗维奇公司为海军生产了米-5和米-9水上飞机。到1914年底，这些飞机足够组成一个"飞行中队"。1915年，该中队一架飞机向在波兰的德军投掷了1枚600磅的炸弹。沙俄共制造了72架"巨人"轰炸机，有力抵抗了德军的进攻。

1916年，沙俄制造了约1800架飞机和600台引擎，其中，国外设计的占多数，包括莫拉纳公司的MB型和"帕拉索尔"，纽波特公司11型、17型和21型，"斯巴达人"S7、"索普维斯"1型、"斯塔特"、BE2E和RE8战斗机，瓦赞、DH4、DH9轰炸机和"法尔曼"教练机。沙俄飞行部队中的大部分飞机来自法国，但在1916年，从英国获取了250多架飞机。东线战场与西线战场的最大不同在于战斗机的使用率很低，沙俄空军主要执行的是侦察和轰炸任务，以及近距离支援攻击。

在沙俄从帝国主义向临时政府过渡的初期阶段，其飞行部队一直冲锋陷阵，可以说是最忠诚的部队。1917年11月，革命爆发后，形势迅速逆转，许多战机落入革命队伍手中。1917年12月，革命者开始建立自己的空军队伍。1918年5月，苏联工农红色空军成立，初名"工农红军空军总局"。直到1924年，该军种正式并入陆军，成为陆军航空兵。到革命及内战结束时，红军空军已经拥有300架飞机，随后又陆续从国外引进一大批的飞机，其中包括福克公司的DXIII战斗机和CIV侦察机，数架意大利安莎尔多公司的侦察机。此外，苏联红军还模仿DH9A轰炸机生产出本国的R1型轰炸机。由于《凡尔赛条约》禁止德国生产军用飞机，因此，苏联还帮助德国人生产了一些德国设计的飞机。

1924年，苏联成立军事航空兵，将红军空军正式纳编。十月革命后，苏联设计的首批飞机包括波利卡尔波夫设计的I-1、I-2和格利戈罗维奇设计的I-1和I-2战斗机，此刻出现了代号混乱，因为前缀"I"表示战斗机。后来，苏联开始将设计师而非生产商的名字加入飞机名称中。其他飞机还有图波列夫TB-1轰炸机、R-3和R-6侦察机和G-1运输机。后来又制造了波利卡尔波夫I-3和图波列夫I-4、波利卡尔波夫-格利戈罗维奇I-5、格利戈罗维奇I-6和DI-3战斗机、波利卡尔波夫TB-2轰炸机、R-5侦察机和V-2教练机、图波列夫G-2运输机。到了1930年，苏军航空兵已经拥有20个航空团共计1000架飞机，并在1929年参加了中苏东北边境冲突。

20世纪30年代，重型轰炸机的订单不断增加，伞兵部队使用的图波列夫G-2运输机也得到了快速发展。重型轰炸机包括图波列夫TB-2和加里宁K-7。此外，图波列夫还设计了SCh-1和SCh-2对地攻击机、SB-2轻型轰炸机和I-14战斗机，伊留申设计了TB-3轰炸机，波利卡尔波夫设计了I-15、I-15B和I-16战斗机。尽管苏联重点发展重型轰炸机，但其军事准则与德军相似，空中力量用于对地面部队的近距离支援，而不是战略打击。英军和美军也是如此。

1936年，苏联空军派遣人员和战机前往西班牙支持内战中的共和党人。苏联派遣的飞机大约1400架，包括最新的战斗机和轰炸机，其中许多由西班牙飞行员驾驶。尽管共和派最终失败，但他们的这些飞行员却表现出色，毫不逊色于支持弗朗哥叛军的德意军队。在同一时期，由于苏联领导人斯大林搞"大清洗"，安德列·图波列夫被囚禁，其设计的ANT-42重型轰炸机（代号TB-7）后转让给佩特利亚可夫后成为Pe-8型机，其轻型轰炸机SB-2转让后成为Pe-2型机。

1938—1939年，全球战事连连。在与日军对抗并将其赶出蒙古国境的战争中，苏军也遭受了巨大损失。这次战争中，苏联使用的战机型号与派往西班牙的一样。此外，1937年以后，苏联向中国部队提供了大批战机以及许多"志愿"飞行员和地勤人员。此刻，苏联空军已拥有6000架飞机，但与苏军其他军种一样，许多高级军官在政治上被隔离，遭遇牢狱之灾甚至被处死，空军战斗力因此受到极大破坏。不过，在这一时期，苏联获得了一批德国和美国的飞机，为其航空工业的技术革新带来了曙光。1938年，苏联与德国签署一份协议，德国将为苏联提供一批梅赛施密特、道尼尔和亨克尔公司出产的飞机。1939年，二战开始时，苏联空军也拥有少量的波利卡尔波夫I-17战斗机，与之相伴的是对地攻击机和俯冲轰炸机，包括波利卡尔波夫VIT-1和VIT-2、伊留申Il-2、阿尔汉格尔斯克Ar-2和图波列夫R-10侦察轰炸机。

苏德之间的一份协议允许苏军在1939年9月入侵波兰东部，当时，德军已经击溃了波兰的抵抗。同年年底，苏军入侵芬兰，当时后者刚刚经历过革命和内战获得独立。芬兰坚定的抵抗和苏联计划的疏漏，使得1940年战争结束时芬兰在领土上有所让步，但还是保持了主权独立。当时，苏联派遣2000架战机进攻并不强大的芬兰部队。新型飞机继续进入苏军服役，包括拉沃契金I-22和雅克夫列夫I-26（其代号很快就变成雅克-1，因为此时苏联的机型代号已变为反映设计局名称而不是飞机的作用）、亚岑科I-28、米格I-61(米格-1)和I-200(米格-3)战斗机、苏霍伊公司的苏-1打击机、伊留申的DB-3(Il-4)、佩特利亚可夫公司的Pe-2和Pe-8、耶莫雷耶夫公司的Yer-2和Yer-6轰炸机、安东诺夫公司安-7运输机和SS-2联络机。

真正服役的新型飞机数量稀少。到了1941年，苏联军队拥有18000架飞机，其中只有20%是新式飞机。飞机无法大量生产的原因有二：一是当时苏联制度的制约；二是一些重要兵工厂被迫东迁，撤出德军中程轰炸机的攻击范围，避免在未来对德作战中遭受重创。1941年6月，德国对苏联发动"巴巴罗萨"行动，德军沿用之前在西欧大获全胜的"闪电"战术，联合轴心国的空中力量，横扫了大半个东欧平原。当时，苏联有一半的飞机部署在西部地区来对付德军的攻击，这些飞机大约9000架。相比之下，纳粹空军有1945架飞机，加上其盟友的1000架，主要来自意大利、匈牙利和罗马尼亚，少数来自芬兰和克罗地亚。即便如此，纳粹空军还是出人意料地攻下了苏联的大部分机场，空袭了66个机场，占到苏联西部空军力量的70%。另外，当时的苏联飞机大约有一半早就失去作战能力。一位苏军指挥官在损失600架飞机却未对入侵德军造成任何影响的战况下羞愧自杀。在战斗中，一些苏军飞行员想尽各种办法攻击德军飞机，甚至直接撞击德军的轰炸机。

大型的战略轰炸机要有强大的部署到位的战斗机支援，再加上俯冲轰炸机、加油机这类的战术飞机配合，才有可能阻击敌军的侵略。事实上，俄罗斯严寒的冬天，加上德军后勤补给的匮乏，成为苏军最好的防御手段。与此同时，美英盟军还提供了大量的军事援助，希望能够重振苏军士气。然而，苏联空军由于缺乏有效的管理，途经海况恶劣的北极海域运来的盟军战斗机却在机场上闲置着，而没有快速部署到作战部队。美国提供的飞机包括贝尔公司的P-39N"空中飞蛇"和P-63C"眼镜王蛇"、柯蒂斯公司的P-40和共和公司的F-47"雷电"战斗轰炸机、道格拉斯公司的A-20对地攻击机、北美航空公司的B-25"米切尔"轰炸机和AT-6教练机、联合公司的PBY-5"卡特琳娜"两栖飞机、道格拉斯公司的C-47运输机，后者也在苏联制造并重新命名为里舒诺夫Li-2型机。英国提供的飞机有霍克公司的"飓风"和超马林公司的"喷火"战斗机、德·哈维兰公司的"蚊"式战斗轰炸机、阿姆斯特朗·惠特沃斯的"阿尔伯马尔"侦察飞机。美英两个盟国提供了约15000架飞机，这些武器发挥了重要作用，协助苏联军队转入反攻，并于1945年向柏林发起进攻。

直到二战后期，苏联的新式飞机才进入现役。这些飞机有雅克夫列夫公司的雅克-3和雅克-9、拉沃契金公司的拉-7和拉-9、米高扬公司的米格-5战斗机、图波列夫公司的图-2轰炸机和伊留申公司的Il-10对地攻击机。苏联空军在战争中虽然遭受了巨大损失，但到战争结束时仍有20000架飞机。苏联和日本在蒙古的矛盾由来已久，但直到1945年8月苏联才向日本宣战。不过，在击败日本这件事上，苏联空军并没有发挥太大的作用。

战后，苏军将缴获的德国飞机机身和引擎空运到苏联，雅克夫列夫公司很快设计出了雅克-15和雅克-17，米高扬公司也设计出了米格-9喷气式战斗机，著名的米格-15战斗机就是在缴获的德国战机基础上设计而成。苏联还从英国引进一批劳斯莱斯公司的"尼

恩"和"德温特"涡轮喷气发动机，在本国进行研究和复制。一架波音公司的B-29"超级堡垒"轰炸机曾经迫降至苏联领土，最初还以为对方仍是友好国家，结果该架飞机被苏联人缴获并遭到复制，苏联的图波列夫公司将其命名为图-4，进行了大批生产。另外，这一时期，苏联还有一些飞机不是很出名，也不怎么成功，例如雅克夫列夫公司的雅克-23、拉沃契金公司的拉-15喷气式战斗机、图波列夫公司的图-77双引擎攻击机，其中，图-12、图-14和伊留申公司的伊尔-28喷气式轰炸机得以继续发展。1947年，著名的安东诺夫公司研制的安-2双翼通用运输机进行了首飞。

1950年，随着朝鲜战争的爆发，苏联获得了验证其新型飞机的绝佳机会。在苏联秘密和中国公开的支持下，朝鲜军队一度攻入韩国纵深地带。当时，苏联抵制联合国安理会派遣国际部队的决议。但是，由于美国派遣了大量军队支援韩国，迫使朝鲜军队不得不退回本国。苏联增援的米格-15战斗机可与英国格罗斯特公司的"流星"和北美公司的F-86"佩刀"喷气式战斗机相媲美，与北美公司的F-51D"野马"、费尔利公司的"萤火虫"和霍克公司的"海怒"战斗机性能不相上下。后

来，苏联生产出米格-15的教练机版米格-15UTI，这是一款高级喷气式教练机，1952年，该型机被米格-17替换。苏联将飞机出售给那些在二战快要结束时曾得到苏军支援的"卫星国"，苏联航空业因此蓬勃发展，大量生产各型战机。一些国家，尤其是波兰和中国，还获得生产苏式飞机的许可证。那些不太重要的客户，例如一些非洲国家，则接收一些苏军退役的飞机。

彻底冲破这一障碍的首先是苏霍伊公司的1架试验飞机。1955年，米格-19超音速战斗机服役，后来相继加入苏联军事航空兵的机型有雅克夫列夫设计局的雅克-25战斗机、图波列夫设计局的图-16远程涡轮螺旋桨重型轰炸机和图-20喷气式轰炸机、伊留申设计局的伊尔-12和14运输机。苏军早期服役了多款直升机，包括米里设计局1950年生产的米-1直升机、1951年生产的米-4直升机、1954年的雅克-4双旋翼直升机、1958年的米-6重型运输机，后来又引进了米-8和米-10直升机。重型轰炸机包括1955年服役的米亚西舍夫设计局研制的米亚-4型战略轰炸机。安东诺夫设计局研制了安-12运输机。1958年，米格-21截击机首次服役，同时服役的还有苏霍伊公司生产的苏-7对地攻击机，这两款战机很快成为华

约国家空军的标志性装备，苏-9则是苏-7的拦截机版本。

随着新式战机源源不断地服役，许多飞机经常是名不见经传的，其真正代称并非人们耳熟能详，这也迫使北约重新启用代号系统。最初这套系统是用来识别太平洋战场上的日军飞机的。根据这一规划，战斗机和战斗轰炸机的以"F"开头，轰炸机以"B"开头，海上侦察机以"M"开头，运输机代号以"C"开头，直升机以"H"开头。子系列则要在代号后面加一个后缀，通常表示是原型机的改进版。一些飞机的改进版和特别版仍保留原来的名称，如米-8和米-17、米24和米-35。

也许有人会怀疑苏联飞机的实用性，尤其是其运输机，将巨额资源投入到国防生产，使得这种质疑成为可能。1968年，米格-23超音速截击机开始服役，同年服役的还有图-22超音速轰炸机（后置发动机）。苏联政权确保了这架最大型运输机的成功服役，同时米-24"雌鹿"武装直升机也为后来效仿的国家确定了标准，它在飞机设计和操作上都有许多特性。许多苏式飞机，包括运输机，都在机尾保留有炮手的位置，这在西方轰炸机上已经消失很久。苏联对水上飞机和两栖飞机仍有兴趣，而这些飞机很久以前就被西方摒弃。

米-24不同于其他武装直升机的地方在于，它拥有供乘客和货物使用的大型空间，不过，这却使得该型机更大更沉，增强了雷达信号反射，并降低了机动性能。在操作使用上，军事航空运输队的作用和国营的民用航空总局经常重合，定期航班由军事航空来组织。这一结构与其他国家大不相同，因为苏联空中力量分为空军、远程航空兵、前线航空兵、空防兵和军事运输航空兵，还有海军、陆军和准军事的边境航空兵。这些分支在苏联解体后仍存在，不过到了1998年，空防部队合并至空军。

在过去大部分时间里，苏联很少动用空中力量来对付那些欧洲"卫星国"，它更倾向于使用坦克和步兵，用空军主要是运送部队。1968年，苏联干预捷克斯洛伐克的"布拉格之春"是一个转折点。当时，苏联派遣空中力量包括空降部队到布拉克，骗过了当地的空中交通控制员，以为这些是民用运输飞机。冷战期间，苏联在民主德国和捷克斯洛伐克前沿部署了许多空军，在俄罗斯北部边疆部署了远征轰炸机，用于刺探西方国家的空防部署，并监控北约的海上演习。当早期的战后同盟国中国与之分道扬镳时，保护苏联边境的重担又落在苏联空军身上。与此同时，空军又出现在西伯利亚上空，旨在与驻日美军

抗衡。苏联对非洲、亚洲和拉丁美洲国家的利用，以及对游击队的支持，避免了这些卫星国与西方国家的直接对峙，其中对北约的影响可以说是最大、最有组织也是最成功的。

这一政策的特例发生在1979年底的阿富汗。当时，阿富汗内战已经威胁到了苏联的穆斯林加盟共和国的稳定。1979年12月24日，苏联第105边防空降师一支先遣部队空降至喀布尔，此后两天，大约5000名军人乘坐安-12和安-22、伊尔-76运输机陆续抵达。接下来就是紧张的战斗，米格-21和米格-23战斗轰炸机从苏联基地出发对他们进行近距离支援，后来，米-24武装直升机首次成为这场空战的主力。直升机的价值无法估量，不仅及时提供了重型火力，还减少了伤员的伤亡数量。不过，虽然使用了现代化武器，但要想控制阿富汗仍是困难重重、代价高昂，最终苏联被迫撤军，这也加速了苏联的崩溃。

期间，苏联航空业仍在不断取得进步。装备有AS-15巡航导弹的图-95轰炸机服役，后来加入的还有图-160"海盗旗"轰炸机。伊尔-16运输机也推进了苏联航空业的发展，还有巨型运输机安-124，能够携带150吨以上的有效载荷，据称最初设计是为了挂载弹道导弹。能够携带弹道或巡航导弹的核潜艇并没有影响苏联在战略轰炸机上的发展规模。在此期间，苏联展示了各种攻击性武器平台，与之相比，其他国家则受经济制约不得不在战略竞争中作出抉择。

1990年苏联解体，对苏联空军来说是致命打击。随着各个加盟共和国的分裂并宣布独立，它失去了大部分兵力和基地，许多飞机也被废弃在新独立的国家的机场上。接下来，在从苏联模式的计划经济向资本主义市场经济的转型过程中，俄罗斯爆发了许多经济问题，大量预算被削减。从此，对新型飞机的稳定供应被突然打断，飞机的服役期限开始增加，零部件供应变得困难，这对俄罗斯空军来说简直是雪上加霜。此后10年里，只有1/5的飞机可以称得上是现代化飞机，整个飞行时间下降了90%，从每年大约200万小时下降到约20万小时。在此期间，一个少有的亮点是俄罗斯与乌克兰签署协议，使后者在1999年至2000年间归还了8架图-160轰炸机，从而使俄罗斯该型机的数量增加到了15架。另外，乌克兰还归还了几架图-95。

最近几年，俄罗斯空军与其他军种一样，经历了一段低迷的战备时期，士兵服役期也大幅削减，现在已降为12

个月。典型的战例是俄罗斯1999年对科索沃战争的干预，部队投送工作得到了空军的帮助，但到达战区后，后勤保障却跟不上，再次需要空中支援。主力作战飞机是苏–24，据称在1999—2001年用于打击车臣叛乱分子。直到最近，随着全球对天然气和石油的需求和价格的上涨，俄罗斯的经济实力得到增强，其部队作战能力也得到提高。

俄罗斯空军总人数约16万，比2002年下降了10%，但不包括海军和陆军航空兵。飞行员的年度平均飞行时数也从远程航空兵和空防兵的20小时、军事运输兵的44小时提高到能够确保安全的80~100小时。

远程航空司令部，也就是第37航空集团军，由2个重型轰炸机师、4个非战略团和4个战略团组成。受《战略武器削减条约》限制，该集团军拥有116架图–22M–3/MR"逆火"C轰炸机，20架伊尔–78/78M"迈达斯"加油机提供支援，还有30架图–134"硬壳"运输机用于训练。该集团军拥有最多的飞行时数，平均每年飞行80~100小时。

空防兵从战术航空兵分离出来，经历过了改革。战术航空兵下属1个轰炸机师和13个对地攻击团，共有550架苏–24/–24M2"击剑手"战斗轰炸机，还有7个对地攻击团拥有240架苏–25A/SM"蛙足"攻击机，1个攻击团配备16架苏–34P"后卫"攻击机。9个战斗机团拥有188架米格–31"捕狐犬"，另有9个团装备226架米格–29"支点"战斗机，其中有许多目前正在升级。还有6个团装备281架苏–27、苏–27SM"侧卫"战斗机，部分战机也在升级。执行侦察任务的有：4个团共计40架米格–25R"狐蝠"，5个团共计79架苏–24MR"击剑手"。教练机队伍包括30架米格–25"狐蝠"。此外，俄罗斯空军还包括20架A–50"支柱"预警机和60架米–8"河马"通用直升机。无人机包括"蜜蜂"、"信天翁"和"专家"。令人惊奇的是，它们每年飞行时数只在25~40小时之间。

俄罗斯有35个地对空导弹部队，有大约2000枚SA–10"雷声"导弹，还有SA–20"凯旋"新型防空导弹系统，首批部署在莫斯科周边。空空导弹包括"杨树"、"蚜虫"和"弓箭手"。空对地导弹包括"小锚"、"克里牛"、"反冲"、"撑杆"和"厨房"。

军事运输航空兵，也就是第61空军集团军，近年来进行了现代化改装，其下属的250架安–12运输机中已有许多被替换。必要时，它们还使用民航飞机。它拥有9个团共50架安–12和210架伊尔–76M/MD/MF"耿直"运输机，

1个重型运输机师配备12架安-124"秃鹰"和21架安-22"雄鸡"运输机。

教练机大约有1000架，包括L-39和前线机型的教练机版。

俄罗斯海军航空兵

早在1910年，沙皇俄国海军就开始发展航空力量。1912年，沙俄从美国柯蒂斯公司购买了水上飞机，到1914年已经拥有约60架水上飞机。一战期间，格利戈罗维奇公司的M-5和M-9型机开始服役，但并未参战。1917年，沙俄海军成为首批参加十月革命的部队之一。

十月革命后，沙俄海军和陆军航空兵并入空军。20世纪20年代初期，图波列夫设计局的TB-1P水上轰炸机服役，接下来服役的有图波列夫设计局的MDR-2远程水上飞机和别里也夫设计局的MBR-2短程水上飞机。第二次世界大战爆发前夕，图波列夫设计局的6引擎MK-1水上飞机服役。一支独立的海军航空兵部队也在战争爆发前夕成立。虽然苏联海军没有航空母舰，但其岸基战斗机和轰炸机中队一直保存到1960年，并于当年转隶至空军。苏联海军历史上曾是一支被遗忘的部队，直到20世纪50年代末和60年代初才得到世界的认可。两艘"莫斯科"级直升机巡洋舰分别在1968年和1969年服役，每艘可上载18架反潜直升机。1976年，首批3艘"基辅"级航母服役，每艘可上载最多35架直升机、垂直短距起降飞机或新型雅克-25"手电筒"攻击机。后来又服役了"基辅"级航母的改进型"戈尔什尼科夫海军上将"号。1992年，雅克-25攻击机被收回，使得该航母上只能上载直升机。俄罗斯首艘带倾角甲板的航母"库兹涅佐夫"号服役了，可上载最多18架俄罗斯最先进的苏-33战斗机和1架海军版的苏-27K，以及苏-25对地攻击机、15架卡莫夫制造的卡-27反潜直升机和卡-31空中预警直升机。由于航母飞行甲板有一定角度，舰载机使用滑跳式起飞。

如今，俄罗斯共有14.2万名海军，海军航空兵大约有3.5万人。2002年以来，俄海军总人数下降约1/5，但海军航空兵力量保持没变。现在仅有2艘航母服役，不过其巡洋舰和驱逐舰都能上载直升机，许多岸基飞机也可支援舰队。俄罗斯还从法国订购了1艘直升机航母，其姊妹舰将在俄罗斯生产。

现在，海军航空兵被分配到太平洋舰队、北方舰队、黑海舰队、波罗的海舰队和里海分舰队。

北方舰队拥有1艘航母，其大部分飞机都是岸基型，包括38架图-22M"逆火"C超音速轰炸机、20架苏-27"侧卫"和10架苏-25"蛙足"战斗机、17架伊尔-38"山楂花"反潜机和14架图-142反潜巡逻机,还有2架安-12"幼狐"空中预警机、25架安-12、安-24和安-26运输机。舰载机包括42架卡-27"蜗牛A"和16架卡-29"蜗牛B",还有15架米-8"河马"直升机可在岸上执行支援任务。

太平洋舰队也有14架图-22和30架米格-31"捕狐犬A",其海上巡逻机包括24架伊尔-38和12架图-12,还有安-12预警机和安-26运输机。舰载机包括31架卡-27和6架卡-29直升机,有

26架米-8直升机执行岸上支援任务。

黑海舰队有些非同寻常,其主基地实际是在乌克兰,这也是俄罗斯与乌克兰摩擦不断的重要原因。黑海舰队海军航空兵规模不大,包括18架苏-24战斗机和14架别-12巡逻机、4架安-12和安-26运输机,还有33架卡-27直升机和9架米-8,其中有1架米-8是运输机,另外8架用于搜索和救援。

波罗的海舰队拥有23架苏-27和26架苏-24,运输机则包括12架安-12、安-24和安-26,另有2架安-12用于执行海上巡逻任务。直升机包括11架米-24"雌鹿"战斗直升机、19架

上图:俄罗斯空军A-50"支柱"预警机是伊尔-76型运输机的改型机。

卡–27和8架卡–29舰载直升机，还有17架米–8运输直升机。

奇怪的是，里海区舰队拥有另外一艘航母，上载18架苏–33"侧卫"和4架苏–25，还有15架卡–27反潜直升机和2架卡–31"蜗牛"空中预警直升机。此外，还有驱逐舰和护卫舰上载的直升机。

俄罗斯陆军航空兵

俄罗斯陆军航空兵发展于二战结束后，其直升机装备与地面部队协同发展。陆军航空兵大约有1300架直升机可供使用，据说还有许多飞机贮存在机库之内。有20个攻击直升机团，其中最先进的是300架米–28N"浩劫"直升机，另有大约600架米–24"雌鹿"和8架卡–50"黑鲨"攻击直升机。另外，还有许多直升机执行运输、通用和支援作用，包括600架米–8/–17"河马"、35架米–26"光环"和8架米–6"吊钩"机。

独立于陆军的边防军也有自己的航空兵，拥有大约200架卡–27、米–8、米–17和米–24直升机，还有SM92监视飞机。此外，其70架运输机包括安–24、安–26、安–72、伊尔–76、图–134和雅克–40型机。

上图：一架A–50预警机正在接受一架伊尔–76加油机的空中加油。

法国

- 人口：6440万人
- 面积：550634平方千米
- GDP：2.87万亿美元，人均44669美元
- 国防经费：478亿美元
- 服役人员：现役235595人（与其他国家不同，不包括宪兵队伍103376人），预备役30000人

随着苏联和华沙条约组织的解体，法国和其他很多欧洲国家一样，开始削减兵力。但与英国大刀阔斧的削减不同，法国的力度并不大。可以作一个对比，冷战后各大国纷纷从殖民地撤军，但法国却与这些前领地保持着相当密切的军事联系。法国在苏伊士东部保留了军事存在，2009年还在苏伊士湾建立了一个新的海军基地。在所有欧洲国家当中，法国是目前唯一拥有全球军事存在的国家，并且，法国海军实力也是欧洲最强大的。

相比之下，法国还保留了国防工业基地这一事实，就显得不足为奇了。由于对欧洲"台风"战斗机项目进程的不耐烦，法国转而催促"阵风"系列的进一步研制。"阵风"战斗机的出口订单迟迟没有收到。但截至本书出版发行，据可靠消息，法国终于收到第一份"阵风"战斗机的出口订单。这意味着，"没有出口订单，空军就不存在"的说法也已名不符实——这是一位法国空军将领在"幻影"战斗机还是主要出口对象时宣称的，但是，装备法国军队将不会影响国家财政的收支平衡，国防工业缴纳的赋税足够填补投资这些武器的负担。这种自给自足还意味着，法国外交政策在是否向别国出售武器的问题上不再受制于人。

法国的核威慑能力也许不如英国，却可以把兵力控制的主动权掌握在自己手里，而不像英国，必须亦步亦趋地为了美国的利益履行其作为盟友的职责，而美国的利益是常常变化

的。法国需要维持的战力水平是：不一定要彻底消灭一个敌人，如前苏联，但至少可以"断其一手一脚"，这难道还不够吗？

当然，只有超级大国才能拥有一切或几乎拥有一切。法国的地位并不稳固。首先，法国没有第二艘航空母舰，一旦"戴高乐"号核动力航母出现意外，法国海军就将没有攻击型航母可用。当然，两栖攻击舰船的威力也很强大，法国将订购第三艘"西北风"级两栖攻击舰。其次，随着"超黄蜂"直升机逐渐淡出现役，法国将面临无重型直升机可用的窘境，甚至也不得不从美国购买预警机。这在很大程度上还要看"空客A400M"的进展情况，"空客A400M"作为一个多国联合项目，还是难以摆脱工期延迟、预算超支的老问题。因此，订购C-17运输机可能是更好的选择，尤其是如果考虑到同时订购C-17和C-130J。此外，显而易见的是，"大西洋"海上侦察机也已过了它的黄金时期，需要被更换。

总体而言，法国的军力强劲，只要政治上有意愿，其军力还有进取空间。法国军队具备真正的全球活动能力。2009年，法国在阿联酋建立了一个新的军事基地。

法国空军

重组时间：1943年

1794年，法国军队曾在弗勒侣斯战役中使用气球定位，但今天意义上的法国空军最早出现在1910年。这一年，法国陆军成立航空勤务队，总共拥有1架"布莱里奥"、2架"法尔曼"和2架"莱特"飞机，部分飞行员由海军军官担任。同年晚些时候，法国海军筹备成立一支海军航空兵部队。第二年，法军就拥有了30架飞机和气球执行任务。1912年，法国进一步划分飞行部队，成立诸多中队。随后，法国飞行部队的圆形标志首次亮相。

1914年一战爆发时，法国陆军航空勤务队在法国境内拥有21个中队：5个中队使用"莫里斯·法尔曼"飞机，4个中队使用"亨利·法尔曼"飞机，4个中队使用"布莱里奥"飞机，2个中队使用"伏瓦辛"飞机，2个中队使用"德培杜辛"飞机，1个中队使用"布雷盖"飞机，1个中队使用"高德隆"飞机，1个中队使用"纽波特"飞机，1个中队使用"埃斯诺-贝尔特利"飞机。另外，在殖民地还有4个中队。空中部队最初主要用于侦察，后来开始在飞机两翼悬挂90毫米炮弹用于投掷，空战则出现在1915年。"莫拉那·索尔尼埃C型"战斗机组成了法国陆军航空勤务队的第一个战斗机中队。战争期间，空中部队迅速扩张，导致法国陆军航空勤务队高达60%的人员伤亡率，是协约国集团中损失最惨重的，如此高的伤亡也是空中部队以外的其他部队所不可想象的。战争结束时，法国已经拥有255个中队、3480架战斗型飞机，其中，1600架侦察机构成140个中队，480架轰炸机构成32个中队，1400架战斗机构成83个中队。侦察机有高德隆公司GⅢ型和GⅣ型、"莫里斯·法尔曼"、多兰公司AR-1型和"伏瓦辛"，轰炸机有布雷盖公司"米其林"Ⅳ型、三引擎"卡普罗尼"和布雷盖公司Br14型，战斗机则有"莫拉那·索尔尼埃"、斯帕德公司S7C型和S13C型、纽波特公司17C-1型Bebe和高德隆公司RXI型。

和平时期，法国飞行部队缩减到180个中队，其驻地横跨法国、德国以及阿尔及利亚和突尼斯等法属非洲殖民地。1920年，一个由"布雷盖Br14"轰炸机组成的中队在法属印度支那成立。新型飞机不断亮相，包括"布雷盖Br16"轰炸机和"纽波特29C"战斗机。和平时期的飞行任务主要是在殖民地维持治安，1925年摩洛哥人阿卜杜勒·克里姆发动起义，促使法国不断加强驻摩洛哥的兵力，这种状况一直持续到1934年。新型飞机不断

涌现，20世纪20年代，新型战斗机有"利奥雷-古尔杜-莱舍尔32"、"纽波特-德拉热"62C、"斯帕德81"、"威博特"、"利奥雷奥利维尔利奥20"、"阿米奥122"和"布莱利奥特127M"，新型侦察机有"波特兹25"，新型训练机有"莫拉那·索尔尼埃MS35"、"莫拉那·索尔尼埃130"、"莫拉那·索尔尼埃138"、"昂里奥-都彭32"和"高德隆C59"。30年代出现的新型战斗机有"纽波特-德拉热"629C和"莫拉那·索尔尼埃MS225C-1"，新型轰炸机有四引擎"利奥雷奥利维尔利奥206"，以及"波特兹39"新型侦察机。

一战后，法国陆军航空勤务队扩编为法国陆军的"第五支部队"，位列步兵、骑兵、炮兵和工程兵部队之后。1928年，飞行部队成为一支拥有独立建制的部队，即法国空军。法国空军统辖6个岸基海上中队，其中2个中队使用"德瓦蒂纳"D500型战斗机。但很快，作为独立军种的空军遭到冷遇，法国不稳定的政治环境加剧了大萧条带来的经济和社会问题，而和平时期，空军地位显然低于其他兵种，导致空军经费大受掣肘。1935年，由于邻国德国和意大利军事实力的膨胀，法国空军迅速跟进，实施扩张和更新换代的计划，当年交付空军的有："德瓦蒂纳"D501

和D520战斗机，"莫拉那·索尔尼埃"MS406型和"布洛克"MB151型战斗机，"法尔曼"F221型、"布洛克"MB210型和"利奥雷奥利维尔利奥"45型轰炸机，以及"波特兹"和"布洛克"多用途飞机。但这项计划很快又落后于人，原因在于1936年和1937年法国决定将飞机工业国有化，飞机生产效率降低。法国开始从美国订购飞机，但往往来不及交付。

二战爆发后，法国大部分报废飞机重新用于执行一些低风险的任务，例如投放传单等。法国一度不愿意过分开罪德国，因为害怕后者的报复。但是，随着德国入侵法国，法国也在空战中取得了一些胜利。1940年5月，德国迂回到法国马其诺防线的背后，入侵荷兰、比利时等低地国家。德国空军压倒性的空中优势逼迫英法两国军队不断后撤，6月法国被迫投降。德国原计划立即解散法国空军，但英国在米尔斯克比尔和达喀尔发动对法国海军舰队的攻击，德国人又寄希望于法国的维希傀儡政府能够在军事上支持轴心国。1942年，法国各飞行分队最终被解散。不过，此前在盟军成功登陆阿尔及利亚和摩洛哥后，法国在北非的一些飞行分队纷纷投靠盟军。

稍早之前，很多法国飞行员成功逃亡英国，数月之内"自由法国空军"得以成立。也有飞机成功飞离法国，但数量并不多，"自由法国空军"主要使用的是霍克公司"飓风"和"超级海上喷火"战斗机、布里斯托尔公司"布伦海姆"和马丁公司"马里兰"轰炸机，以及韦斯兰公司"莱桑德"支援陆军作战飞机。"自由法国空军"从1942年开始行动，1943年，部分前维希政府的飞行分队加入进来，法国空军得以重建。二战最后几年，法国空军的新型飞机还包括北美F-51"野马"、共和公司F-47"霹雳"、贝尔公司"空中眼镜蛇"、洛克希德公司"闪电"和德·哈维兰"蚊"式等战斗机和战斗轰炸机，道格拉斯公司"无畏"、洛克希德公司"北极星"和亨德利·佩奇公司"哈利法克斯"轰炸机，以及道格拉斯公司C-47运输机。

战后的法国军队忙于镇压法属印度支那地区的暴动和起义，当地的民族主义势力试图在法国殖民者重新掌权之前赢得民族独立。很多飞行人员在新型飞机到达印度支那之前，就已派驻该地，只好驾驶日本人留下的"中岛"战斗机。

此后，法国空军从本国开始着手空军现代化和装备更新，减少机型种类，简化维修和训练程序。德·哈维兰公司"吸血鬼"F1喷气式战斗机获准生产，同时，达索公司MD450"暴风雨"也开始投产。法国作为北大西洋条约组织即北约创始成员国，有获得美国军事援助的资格，其最初所获援助为F-84F/G"雷电"喷气式战斗轰炸机和洛克希德T-33A喷气式训练机。40年代末50年代初，新加入法国空军的机型有格鲁曼公司"熊猫"、格罗斯特公司"流星NF11"夜间战斗机、莫拉那·索尔尼埃公司MS500型、北方公司1100型（"梅塞施密特"Bf108改进型）、比奇公司C-45、贝尔47"苏族人"和西科斯基S-55直升机。此时的法国空军拥有75个中队共计123000名飞行人员。随着法国飞机产业的逐步复苏，法国本土制造的飞机成为法国空军的主流，例如达索"幻影"战斗机、南方"瓦图尔"战斗轰炸机、"北方诺拉特拉斯"运输机和"莫拉那·索尔尼埃"MS733型训练机。1956年，英法联军入侵苏伊士运河期间，"幻影"和"雷电"喷气式飞机成为执行任务次数最多的主力战斗机。

50年代末60年代初，伴随着"飞翔法国"的口号，法国空军的飞机进一步更新换代。"莫拉那·索尔尼埃"MS76和波特兹公司"导师"喷气式训练机取代洛克希德公司T-33A训练机。同时，达索公司"军旗IV"战斗轰炸机开始服役，紧接着，此后大获成功的达索公司"幻影"IIIC截击机横空出世。"幻影"IIIC的成功出口保证了"幻影"5研发经费的充足，正如一位法国空军司令所称，成功的出口使得一支现代化的空军不再入不敷出。南方"云雀II"和"云雀III"直升机也在50年代出现。60年代中期，"幻影IVA"轰炸机首次携带法国制造的第一枚原子武器。随着研发成本的飙升，法国开始寻求国际合作项目，法德合造的C-160运输机在60年代末现身，取代了"诺拉斯特拉斯"运输机。70年代初，法国空军仅保留了少量几种外国飞机，包括12架波音KC-135F加油机、2个驻海外的道格拉斯公司"空中袭击者"战斗机中队、3个战术空军北美F-100D"超级佩刀"战斗机中队，以及少量道格拉斯公司C-47和C-54运输机、西科斯基H-34直升机和6架执行特殊任务的"堪培拉"B6喷气式轰炸机。与他国合作的机型有法英合造的200架"美洲虎"强击机（70年代初开始服役）、130架法德合制的"阿尔法"喷气式训练机（70年代中期开始服役）。

60年代中期以后，由于法国拒绝按照北约的指挥体制继续合作，北大西洋理事会从巴黎迁至比利时布鲁塞尔。

经济的逐步紧缩也影响到了法国空军，空军人数从1973年的105000人降至如今的57600人。各殖民地的纷纷独

立意味着法国海外事务的缩减，在法属印度支那和阿尔及利亚发生过严重事件。尽管对北约态度冷淡，法国还是参加了1989年的海湾战争，作为联军的一员击退伊拉克，解放了科威特。法国还参加了1999年北约对前南斯拉夫联盟的军事行动，参加了2000年以后入侵阿富汗的行动。

法国仍旧在其前殖民地保留了实质性的军事存在，通常伴随着法国空军的强力支援，这还不包括参加联合国的维和行动。主要的变化包括军队的完全职业化，以及法国等欧洲国家组建脱胎于法德"欧洲军团"的欧洲快速反应部队，后者有望囊括法国的战术空中力量和空中快速部署运输部队。

"幻影"系列继续其不断研发之路，"幻影"F1型将作为"幻影"家族中首款非三角翼飞机（在此之前主要是"幻影"2000系列，包括专为携带核武器设计的"幻影2000N"）取代"幻影"IVA型。法国近年来主力发展的国产飞机是"阵风"系列，既可作战斗机，也可作战斗轰炸机，取代"美洲虎"和大量的"幻影"飞机，但碍于预算有限，"阵风"的研制计划不断受阻，直到2005年首个"阵风"飞机组成的中队才得以具备战斗力。到底会有多少架"幻影"飞机进入法国空军服役，目前还不得而知，如果依照已订购和预计订购的情况，这个数字将会超过225架，当然，"幻影"2000仍然是其中的主力产品。

今天的法国空军拥有57000人，按照组织编制分为不同的任务部队，包括战斗部队、空中机动部队和空中空间控制、安全和干预部队，后者的任务包括维护基地的安全。此外，还有1个空中训练司令部和1个空中战术部队司令部。作战部队包括2个共拥有35架"阵风"F2-B/C战斗机的战斗机中队，8个共拥有140架"幻影M-2000B/C/5"战斗机和22架"幻影F-1CT"战斗机的战斗机中队，以及2个共拥有39架F-1CR"幻影"侦察机的侦察机中队。空中战术部队司令部下辖3个共拥有多达60架"幻影"M-2000N型机的中队，以及1个负责支援的加油机中队，其拥有14架C/KC-135空中加油机。空中机动部队包括1个拥有3架A310-300和2架A-319要员专机以及租用2架A340-200的中队，6个共拥有14架C-130H和42架C-160的运输机中队，7个负责战术运输的轻型中队，其共拥有20架CN-235M、5架DHC-6、6架"猎鹰50/900"要员专机、数架包括TBM-700在内的小型飞机，以及15架C-160BG加油机。直升机中队有5个，拥有29架SA330"美洲豹"、7架SA332"超级美洲豹"、3架AS532"美洲狮"以及42架AS555"非洲狐"。空中空间控制部队包括1个监视与控制中队,拥有4架E-3F"哨兵"和2架ELINTC-160"加布里埃尔",以及8个"响尾蛇"和"西北风"导弹中队。空中训练司令部拥有91架"阿尔法"喷气式、25架EMB312"啄木鸟"、28架EMB121"兴谷"、25架TB-30,以及18架"格鲁普"飞机,还包括部分可转隶至其他司令部的改装小队。空对空导弹包括"米卡"、"魔术"以及AS-30L空对舰导弹、SCALP海军巡航导弹和"阿帕奇"空对舰导弹。

法国海军航空兵部队

组建时间:1945年

法国海军航空部队的出现稍晚于1910年成立的陆军航空勤务队,1架"亨利·法尔曼"水上飞机和1架"伏瓦辛"水上飞机是被称为"空航勤务队"的最初成员,不久后,"布雷盖"飞机和"纽波特"飞机也加入其中。1913年夏天,法国在海军演习中验证了飞机在侦察方面的价值,从而促使海军把"雷霆"号巡洋舰改装为一艘水上飞机母舰。

一战期间,德国货轮"里克梅斯"号和"拉本菲尔"号被法国海军缴获后,改装为水上飞机母舰。法国海军飞机曾在亚得里亚海侦察到奥地利的海军舰队,并为英国陆军执行针对土耳其军队的飞行侦察任务。二战结束前,法国海军在"巴黎"号战列舰的前炮塔附近修建了一个平台,用于飞机起飞的试验。空航勤务队的飞机在战争期间扩张到了1260架。

1925年,空航勤务队被重新命名为"海上空航队",法国的海岸线被划分为6个海上管区,1929年减少为4个管区,陆军航空勤务队的飞机也按照管区的不同进行了划分。1928年,海军的6个岸基中队被划归空军所有,但总体而言,海军对自己的飞机仍然拥有控制权,并且早在1925年就采购了由"贝亚恩"号战列舰改装而成的第一艘航空母舰。早在1921年,法国海军就在"贝亚恩"号的前炮塔附近修建了一个木制平台,供试验飞机起降之用。1929年,一艘新型水上飞机母舰"塔斯特指挥官"号紧随"贝亚恩"号之后也成为一艘航空母舰。海上空航队曾支援法国地面部队在摩洛哥作战,发挥了重要作用。海上空航队的装备包括从一战就投入使用的岸基"法尔曼·戈利亚"飞机,以及航母上的舰载机——CAMS37和55、"莱瑟姆43"、"古尔杜·莱舍尔GL-32"、"德瓦蒂纳D1"、"勒瓦瑟PL7B"和"勒瓦瑟PL10R",以及水

上飞机母舰上的舰载机——"拉泰科埃尔29"和"古尔杜·莱舍尔GL-810"。此后，在"贝亚恩"号航母上，"威博特74"先是取代了"德瓦蒂纳D1"，后来又被"德瓦蒂纳D373"战斗机取代。"贝亚恩"号上的其他舰载机在二战爆发前并没有变化。后来，"贝亚恩"号从美国将大量的舰载机运回法国，并部署在岸上基地。20世纪30年代，又有新型水上飞机进入法国海军服役，包括"利奥雷奥利维尔利奥257"、"勒瓦瑟PL15"、"拉泰科埃尔298"、"利奥雷210"、"布雷盖·比塞大"和"利奥雷70"。

法国在二战爆发前，已经计划建造2艘专门的（而非战列舰改装的）航空母舰，但当德国入侵法国时，第一艘"霞飞"号才建造完成了1/4，第二艘"伴尔维"号还没来得及开工。"霞飞"号的设计有其独特之处，高度倾斜的飞行甲板保证了大型舰岛的平衡；排水量只有18000吨，却拥有两个机库。不过，如此小的排水量，意味着舰身几乎没有防护装甲。

在法国沦陷之前，法国的岸基飞机曾在对德军和意军的战斗中取得过一些胜利。后来，一些法国飞机和飞行员逃到了英国，另一些在北非的法国飞机则遭到英国皇家海军的攻击，原因是维希政府的指挥官拒绝向英国投降。盟军部队登陆北非后，所有投靠盟军的法国陆军航空勤务队人员均被划归法国空军。

1945年1月，法国海军租用前英国皇家海军"欺骗者"号护航航空母舰，将其作为英国皇家海军"巨人"号轻型航母年底移交前的过渡航母，并将其命名为"阿罗芒什"号。这一年，法国海军航空部队（也称作"法国海航"）得以诞生。1951年，第二艘轻型航空母舰进入法国海军服役，它是从美国租借的"独立"级航母"兰利"号，到法国后被命名为"拉法叶"号。这两艘航母在法属印度支那战争中发挥了十分重要的作用。1953年，第三艘航母进入法国海军服役，但已来不及参加印度支那战争，它也是租借的美国航母，系"独立"级航母"贝劳伍德"号，法国海军沿用了"贝劳伍德"的舰名。随着共产主义国家势力的扩张，岸基飞机的作用越来越小，舰载机的需求越来越大。法国海军这一时期的舰载机主要来自美国，包括道格拉斯公司"无畏"、柯蒂斯公司俯冲轰炸机、格鲁曼公司F6F"地狱猫"和钱斯-沃特公司"海盗"战斗轰炸机，以及格鲁曼公司TBM-3"复仇者"反潜机。法国海航部队的岸基飞机包括康维尔公司P4Y-2"私掠者"和"兰开斯特"海上侦察机，后来被洛克希德公司P2V-

6/7"海王星"巡逻机所代替。此外，岸基飞机还包括"桑德兰"、从德国俘获的道尼尔Do24水上飞机、格鲁曼公司JRF-5"鹅"和PBY-5A"卡塔利娜"水陆两用飞机。法国海航的首批喷气式飞机是"海毒液"战斗机。进入法国海航服役的直升机有贝尔47、维托尔H-22、维托尔HUP-2以及西科斯基S-55。海航的训练机使用的则是北美公司SNJ-5型。

到50年代末期，75架布雷盖Br1050"信风"涡轮螺旋桨反潜机进入法国海航服役，它们和100架达索公司"军旗"强击机一起，主要部署在航空母舰上。60年代初，法国海军再次引进美国制造的航空母舰。同一时期，两艘法国制造的专门（而非改装）航母——"克里蒙梭"号和"福煦"号也加入法国海军舰队。这些航母的倾斜甲板更长，能够起降体型更重的战斗机。随后，2个LTVF-8E"十字军"截击机中队开始在航母上服役。这一时期，"阿罗芒什"号航母仍在服役，但仅供起降直升机和训练之用。1963年，直升机巡洋舰"圣女贞德"号进入法国海军舰队服役。70年代中期，法国海军曾计划使用"美洲虎"攻击机替代"军旗"攻击机，但"美洲虎"体型过于沉重且动力不足，无法适应在航母上的起降，法国海军只得用升级版的"超级军旗"替代。不过，"海王星"还是被40架法德合资建造的布雷盖公司Br1150"大西洋"海上侦察机所替代。70年代，进入法国海军服役的反潜直升机包括12架"超黄蜂"以及军方授权制造的西科斯基S-58型机。负责联络与训练的轻型直升机包括"云雀"II型和"云雀"III型。和其他大多数国家海军一样，能够搭载小型直升机的护卫舰和驱逐舰开始在法国海军中服役。

今天，法国海军航空兵部队拥有6400人，占整个法国海军人员很大的比重。"克里蒙梭"号航母1997年退役后，法国进一步削减兵力，"福煦"号也于2000年出售给了巴西，其位置被"戴高乐"号核动力航母替代。同年，F-8战斗机也退出现役。不过，很多"超级军旗"战斗机仍在服役，它具备携带核武器的能力，通常使用R-550"魔术"空对空导弹。与此同时，首个"阵风"中队于2001年中期具备战斗力，该中队拥有16架"阵风"，另有30架已经订购。2001年的"911事件"爆发后，"阵风"和"超级军旗"作为"戴高乐"航母上的舰载机，参加了2002年初联军打击阿富汗塔利班的军事行动。绝大部分的"阵风"都是双座战斗机，以提高空对地攻击能力。3架格鲁曼E-2C"鹰眼"预警机也作为"戴高乐"航母上的舰载机，参与了联

军对阿富汗的军事行动。法国海军岸基飞机包括25架升级版"大西洋"ATL2型，组成2个中队。此外，法国海军还拥有31架"山猫"HAS4（FN）直升机，可以在28艘护卫舰和4艘驱逐舰上活动，不过该型直升机将很快被27架NH90反潜直升机和反舰直升机所替代。其他直升机包括8架"超黄蜂"直升机、5架搜救直升机和4架"海豚"II运输直升机，以及24架欧洲直升机公司的AS565MA"黑豹"，这些飞机正在替代30架"云雀III"。法国海军还拥有5架北方N262"弗雷格特"用于执行运输任务，11架北方N262"弗雷格特"用于训练，以及用于执行联络任务的6架达索"猎鹰"10MER。要员专机是12架巴西航空工业公司EMB121AN"兴谷"。基本训练使用9架"拉力"MS-880、12架"云雀"I型以及13架"云雀II"。法国海军已放弃对"福煦"号航母进行维护保养以便作为备用航母的计划，同时似乎也没有建造第二艘核动力航母的打算。目前，法国海军拥有2艘"西北风"级直升机母舰，预计将订购第三艘。法国海军的空对舰导弹包括"飞鱼"和法国研制的中程空对地导弹，空对空导弹则有激光制导的"米卡"和"魔术"2型。

法国陆军航空部队

成立时间：1954年。

法国陆军航空部队最初成立时只有轻型飞机和小型直升机，用以支援地面部队，在处理阿尔及利亚危机时，法国陆航部队充分证明了其价值。撤离阿尔及利亚后，法国陆航的规模不断扩张，在成立之初的20年里成功增加到了1000架飞机，其中600架为直升机，这种规模可以为陆军的每个师配置40架飞机。重型直升机不断增加，在"云雀II"和"云雀III"以及少量贝尔47"苏族人"的基础上，维托尔H21、SA321"超黄蜂"和SA330"美洲豹"也加入其中。这一时期的固定翼飞机包括马克斯·霍尔斯特1521M"布劳萨德"（"丛林骑兵"）、派珀和赛斯纳O-1，此外，还包括"北方3200"和"北方3400"训练机。

过去20年，法国陆军的规模一直在缩小。2001年，法国作出废除强制兵役制的决定后，陆军人数从169300人进一步缩减到134000人。陆军的固定翼飞机也所剩无几，2001年后，直升机的数量从500架减少到418架。法国陆军航空部队现有40架与他国合资制造的"虎"式攻击直升机，按计划还将装备215架该型机，此外，法国陆航部队还拥有268架SA341和SA342型。4架AS532UL"美洲狮地平线"直升机为陆军提供电子侦察勤务。法国陆航部队拥有10架SA330B和SA330H型"美洲豹"、64架AS532M"美洲狮"运输攻击直升机，还订购了34架NH90TTH直升机，其中首架已经开始服役。18架AS555"非洲狐"直升机担负陆航的训练工作。其固定翼飞机包括5架PC-6B"涡轮搬运工"、2架赛斯纳"大篷车II"以及12架TBM700，全部用于执行联络任务。

右图：从空中俯瞰的法国海军"戴高乐"号核动力航空母舰，飞行甲板上停放的是"幻影"战斗机。

左图：海军航母协同作战能力测试的一项内容就是，一架飞机能否降落在他国海军航空母舰之上。图中，一架法国海军拉斐尔飞机在一艘美国海军航空母舰上实现了拦阻索降落。甲板上停放的飞机包括A-6攻击机、F/A-18战斗攻击机，以及1架格鲁曼公司"鹰眼"预警机。

左图：法国海军拥有2艘"西北风"级直升机母舰，并有可能订购第三艘。俄罗斯海军已经从法国订购了1艘"西北风"级直升机母舰，下一步有可能以许可证方式在俄罗斯进行建造。图中这架美洲豹正准备在"西北风"级上降落。

芬兰

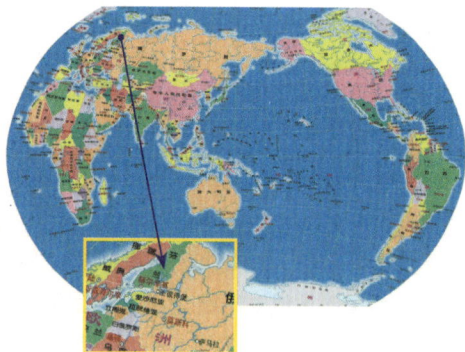

- 人口：530万人
- 面积：330505平方千米
- GDP：2580亿美元，人均4.918万美元
- 国防经费：42.1亿美元
- 服役人员：现役2.26万人，预备役35万人

芬兰空军

建立时间：1920年。

芬兰在俄国十月革命期间摆脱了俄国统治获得独立。在独立战争中，芬兰军队使用了1架瑞典产的"信天翁"侦察轰炸机，很快又有1架同款战斗机投入战斗。另外，还有1架来源不明的德制"腓特烈港"水上飞机、纽波特公司产的12型、17C-1型以及莫拉纳公司的伞式单翼飞机。大部分飞行员是来自瑞典的志愿者。1920年战争结束时，这支新的空中力量——芬兰飞行队从军队中独立出来成为芬兰空军。法国为其提供了援助，包括20架布雷盖公司Br14B-2侦察轰炸机、12架乔治-列

维公司水上飞机以及高德隆公司GIII、C59和C60教练机。与此同时，100多架"汉莎一布兰登堡"A22水上飞机在芬兰境内以许可证方式进行生产。1924年，英国飞行使团访问芬兰，几架C1和F4"秃鹰"战斗机加入芬兰空军。

前苏联拒绝承认芬兰的独立地位，要求使用芬兰的基地。两国之间持续的紧张关系加速了芬兰空军在新式飞机上的采购步伐，包括英国布莱克本公司"利本"II侦察机和鱼雷水上飞机、格罗斯特公司"斗鸡"II战斗机、布里斯托公司"斗牛犬"歼击机、德·哈维兰公司和莱托夫公司的教练机。此外，芬兰根据福克飞机制造公司的授权，生产DXXI战斗机和CX侦察机。芬兰还

自己设计了"领袖"和"暴风雪"教练机。1939年，第二次世界大战爆发前夕，德国扣留了35架出口芬兰的菲亚特G50战斗机。但在此期间，有18架布里斯托公司"布莱尼姆"轰炸机从英国出口芬兰。1939年10月30日，前苏联入侵芬兰，从地面和空中派出大批先遣部队。最初，芬兰用自己的战机对抗大约900架老旧的苏军战机，但苏军继续往芬兰前线输送战斗机，到1940年出动战机数量达到2000架。后来，芬兰购买了"布莱尼姆"轰炸机、格罗斯特公司"角斗士"战斗机、霍克公司"飓风"战斗机、布鲁斯特公司239型战斗机、柯蒂斯公司"鹰"75A和A-4"天鹰"战斗机，以及维斯特兰公司"莱桑德"空中观察机，即便如此，芬兰政府仍然在1940年被迫向前苏联割让领土。1941年，苏德联盟瓦解，芬兰和德国结盟，并从德国那里获得了莫拉纳-索尼埃飞机公司MS206和"梅塞施米特"Bf109G战斗机、容克Ju88、多尼尔Do17轰炸机以及Do22W水上飞机。当战争局势对德军不利时，1944年芬兰再次投降苏联，被迫对德作战。

战后，芬兰空军得到大量的Bf109G战斗机，并且标准配备了4个中队。不过，受1947年《巴黎条约》的制约，芬兰空军的规模被限制在60架战机和3000人，且在冷战中只能保持中立。直到1955年，芬兰空军才从德·哈维兰公司引进1架FB52"吸血鬼"喷气式飞机和2架汉庭-彭布罗克公司C53通信机。1958年，芬兰引进福兰飞机公司"蚊"式轻型战斗机，获得波泰公司"教师"喷气式武装教练机的生产许可，开始自产飞机。随后10年，芬兰空军购买了20架性能较好的米格-21截击机，并装备2个中队，第3个战斗机中队配备了9架"蚊"式战斗机，还有1个飞行训练中队装备了"教师"武装教练机。运输机包括10架道格拉斯公司C-47"达科塔"芬兰空军的运输机以及彭布罗克公司DHC-2"海狸"运输机，此外，还有2架米-8、4架米-4、2架SM-1(波兰产米-1)、1架贝尔"喷火"喷气式运输机和2架"云雀"II直升机。飞行训练使用的教练机包括30架萨博公司"蓝宝石"教练机、55架波泰公司"教师"教练机以及数量不多的米格-15UTI和米格-21UTI教练机。

最终，萨博公司"龙"式战斗机取代了米格-21截击机，航宇公司"鹰"式教练机取代"教师"教练机。芬兰生产的L-70"温卡"教练机用于基础性飞行训练。20世纪90年代末，芬兰引进了F/A-18"大黄蜂"战斗机，2000年8月最终交付使用，"龙"

式战斗机随即退役。1997年，芬兰空军的直升机移交给陆军使用。芬兰空军的实力仍限制在《巴黎条约》的框架内。

现在，芬兰空军有2750人，战时可以扩充到35000人，但大部分人员的职责是空对空作战。芬兰空军有3个F/A-18C"大黄蜂"战斗机中队，共有54架战机，另外有7架F/A-18D训练飞机。飞行训练主要依靠49架51/51A"鹰"式教练机，也使用9架L-90"雷迪戈"和28架芬兰产的L-70"温卡"教练机。1架福克F-27-100运输机负责反潜作战，1架F27-400M和2架C-295负责运输，3架利尔喷气35型用于要员专机服务、电子对抗训练和拖靶训练。9架L-90"雷迪戈"、7架派珀飞机公司"箭"式战机和6架"酋长"战机用于联络和通信，主要支援陆军作战。空对空导弹包括"阿姆拉姆"（高级中程空对空导弹）和"响尾蛇"，空对地导弹包括SA-11、SA-16、SA-18和法制"响尾蛇"。

芬兰陆军航空兵

建立于1997年。

芬兰直升机部队包括7架较老的米-8运输直升机和几架MD500D训练直升机，它们于1997年移交给芬兰陆军使用。此后，米-8直升机部队将该型直升机减少到了3架，芬兰陆军航空兵又补充了14架MD500训练直升机，并按照"北欧标准直升机计划"要求，先期购买了20架NH90直升机投入使用。

荷兰

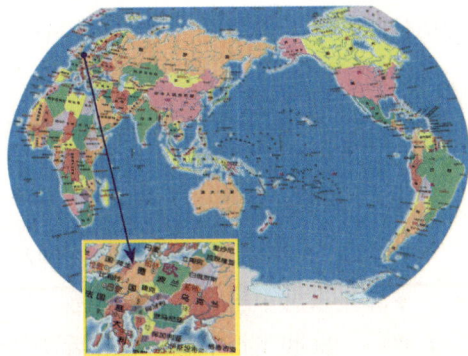

- 人口：1670万人
- 面积：36175平方千米
- GDP：8600亿美元,人均51430美元
- 国防经费：130亿美元
- 服役人员：现役46882人,预备役3339人

荷兰皇家空军（包括荷兰国防直升机司令部）

成立时间：1953年。

荷兰的军事航空事业源于1886年的1个炮兵观测气球连，其真正发展空军是在1911年，购买了一些飞机和气球用于机动作战。两年后即1913年，荷兰皇家陆军航空旅成立，当时仅有2架"冯梅尔"和3架法曼公司的F-22飞机。1914年，荷兰皇家海军获得2架马丁-TT型海上飞机，1917年又增购12架。期间，荷兰皇家陆军又购入一批法曼F-22飞机，1915年该型机达到20架。1917年，陆航部队又增加了20架纽波特公司的17C-1型和10架福克公司的DIII型战斗机，1918年增加了几架纽波特公

司的飞机和德隆公司的GIII侦察机。

荷兰在第一次世界大战期间保持中立，因此不像其他参战国空军那样在恢复和平后就削减兵力。荷兰一直在发展空军，只是速度较慢。一战后，他们购买了前德国空军的飞机，包括40架兰普勒公司CV型和36架特隆朋堡公司的"长钉"教练机。荷兰计划战后大幅更新装备，但由于经济衰退，计划被迫取消。在此期间，新购16架"塔林K"、20架福克公司DVII战斗机和56架CI侦察机。20世纪20年代，新增的飞机包括：15架福克DXVI和10架DXVII战斗机，32架CIV、100架CVI、4架CVIII、5架CIX侦察机，3架FVIIA三引擎运输机和30架SIV教练机。荷兰东印度皇家陆军接收的新型装备更多，战后初期

57

列装了25架DH9轰炸机和25架阿弗罗504K教练机，20世纪20年代引进了10架维克斯公司的"北欧海盗"两栖飞机、6架福克DVII和4架DCI战斗机、20架CIV侦察机，1930年又引进了9架柯蒂斯公司的P-6E"鹰"式战斗机，30年代后期又增加了100多架马丁公司139-W轰炸机。

由于荷兰在一战期间奉行中立政策，在欧洲战场上很难看到荷兰军队的影子，荷兰空军也没有与比利时、英国、法国等最可能的盟国进行合作。

1938年，荷兰陆军重新大幅度加强武备，陆军航空旅被扩编为陆军航空部队，从福克公司和美国飞机制造商那里订购了一些飞机，可惜为时已晚。1940年5月10日，德军伞兵部队突袭荷兰，荷兰陆军航空兵部队规模很小，仅有30架福克DXXI、少数DXVII和20架G1战斗机，16架福克TV轰炸机,11架道格拉斯公司DB-8A攻击机，40架福克CV和CX侦察机以及几架荷兰库尔公司的"库尔哈温"教练机，面对纳粹空军的猛攻，这支队伍浴血奋战5天，最后的幸存者逃到了英国。

荷属东印度皇家陆军从陆军航空部队那里接收了许多飞机。在日本参战前的18个月里，他们接收了24架柯蒂斯公司的"鹰"75-A、24架柯蒂斯-莱特公司的CW-22"猎鹰"和72架布鲁斯特公司339型和439型战斗机，几架道格拉斯公司的DB-7轰炸机，36架联合公司的PBY-5"卡特琳娜"水上飞机，48架西科斯基公司的S-43两栖飞机和20架洛克希德公司的"北极星"运输机。1941年12月，荷兰政府宣布与日本开战，这支部队冲在与日军对抗的最前沿。到了1942年3月，荷属东印度群岛被日军占领，残余部队逃到了澳大利亚。

在欧洲，荷兰飞行中队与英国皇家空军和皇家海军航空兵并肩作战。荷兰解放后，这些飞行中队成为战后荷兰空军和海军航空兵的主力。此时，荷兰空军飞机包括超马林公司的"喷火"战斗机、北美航空公司的B-25米切尔轰炸机、道格拉斯公司的C-47运输机和奥斯特公司的AOP3侦察机。二战后，荷兰于1947年开始更新空中武器装备，优先发展和引进的是教练机，主要有北美公司的T-6"哈佛"、德·哈维兰公司的I"牧师"和"虎蛾"、珀西瓦尔的"普罗特克"、阿弗罗公司的"安森"和空速公司的"牛津"，共计350架。运输机包括洛克希德公司12型和14型。在远东，荷属东印度皇家陆军参与镇压了印度尼西亚的叛乱，旨在重新夺回东印度群岛的控制权，他们使用的飞机包括北美公司的F-51D"野马"、柯蒂斯公司的P-40N"战鹰"战斗机、B-25"米切尔"轰炸机和C-47运输机。

1948年，荷兰接收首批直升机，含200架格罗斯特的"流星"F4和F8战斗机，其中一部分由福克公司授权制造。此外，福克公司还提供了40架S-11教练机。

1952年，荷兰成为北大西洋公约组织成员国之一。1953年，荷兰皇家空军正式成为一个独立军种，并于同年引进了首批200架共和公司的F-84E"雷电喷气"战斗轰炸机（后被F-84F"雷电"所替换），以及霍克公司的"猎鹰"和北美航空公司的F-86F"佩刀"战斗机。接下来，还引进了派珀公司的L-18"超级俱乐部"联络机、DHC-2"海狸"轻型运输机、希勒公司的H-23直升机、福克公司的S14喷气式教练机和洛克希德公司的T-33A教练机。1963年，首批经洛克希德公司许可生产的120架F-104G"星"式战斗轰炸机服役，之后又服役了105架由加拿大制造的洛克希德公司F-5A/B以替代"雷电"。"星"式战斗机队伍里又增加了RF-104G侦察机，成为一个独立中队。运输机有1个中队，含12架福克公司的F-27M"运兵船"。20世纪60年代，荷兰空军首次部署地对空导弹，包括奈基-1型和奈基-大力神型。

作为北约成员国之一，荷兰加入了洛克希德公司的F-16战斗机项目。

1981年初，首批200多架F-16进入荷兰空军服役，以替换"星"式战斗机和F-5A/B。20世纪70年代到90年代中期，荷兰空军还担负了一项不寻常的任务，用2架福克公司的F-27海事飞机在荷属安的列斯群岛周边巡逻，该任务通常由荷兰海军执行。F-27M"运兵船"最终被多款飞机替换，包括经过改装的KDC-10A"增加者"加油机/运输机、洛克希德公司的"大力神"和福克公司60型机。陆军也不断接收新型飞机，包括"阿帕奇"武装直升机、"支奴干人"重型运输机以及一些小型的运输机和联络机。

为了与西方民主国家的空军一致，荷兰空军多次削减国防开支，其兵力从40年前的23000人减少到现在的9586人，下降了60%。几次主要削减在1991年、1993年和1999年，其F-16战斗机中队从7个到减到6个，最近又减到5个。荷兰参与了欧洲F-16战斗机中期升级计划，这些战斗机保持着良好性能，飞行时数达到180小时。现在，荷兰空军有5个多用途中队，下属87架F-16MLUAM战斗机，执行对地攻击和侦察任务；有4个直升机中队，包括30架装备AGM-114K"地狱火"导弹的NAH-64D"阿帕奇"直升机、11架波音公司的CH-47D"支奴干人"重型运输机、17架AS352U2"美洲狮"、9架SA3160"云

雀"和20架NH90型直升机，这些直升机同时也是新成立的荷兰国防直升机司令部的一部分。此外，负责搜救任务的是3架贝尔412SP型直升机。1个运输机混合中队含1架DC-10、4架洛克希德公司的C-130H/H-30"大力神"、2架福克公司50型和1架"湾流"Ⅳ型要员专机。荷兰空军有13架PC-7"涡轮"教练机，由一个承包公司运营。喷气式飞机和"阿帕奇"直升机的训练在美国进行，其他机型训练在荷兰本土实施。地对空导弹包括"霍克"、"爱国者"和"毒刺"，空对空导弹包括"阿姆拉姆"和"响尾蛇"，空对地导弹包括"地狱火"和"幼畜"。

荷兰皇家海军航空兵

重新成立时间：1944年。

荷兰皇家海军航空兵起源于1917年，成立时有6架马丁公司的海上飞机和3架法曼公司的F-22战斗机。荷兰在第一次世界大战中保持中立，但其所属的许多岛屿和东印度群岛的广阔领土为海军航空兵提供了大量的锻炼机会。20世纪20年代，荷兰海军航空兵在荷属东印度群岛运行着大约40架"汉莎-勃兰登堡"W-12水上飞机，后来又列装了道尼尔公司的WAL型水上飞机，这些飞机直到1942年日军入侵时仍在服役。在二战开始前的一段时期，荷属东印度群岛部队曾部署过多-24K水上飞机，但日军的快速入侵迫使这里的海航人员逃往斯里兰卡和澳大利亚。在荷兰本土，皇家海军航空兵使用福克TVⅢW海上飞机，在荷兰沦陷后，有许多飞机被迫飞到法国，在法国1940年6月投降前又飞往英国。

战争后期，在英国的荷兰海军航空兵与英国皇家海军航空兵并肩作战，他们驾驶费尔利公司的"旗鱼"飞机从军事空运司令部的舰船和大型商船上起飞执行反潜任务。这些船只原本是运粮船或油轮，被改装成为带有木制飞行甲板和舰桥的军用船只，在北大西洋执行护航任务，能够上载3~4架"旗鱼"。后来，"旗鱼"被"梭子鱼"飞机替换，后者又被30架费尔利公司的"萤火虫"战斗轰炸机替换。1946年，英国皇家海军将护航航母"奈恩郡"号租借给荷兰皇家海军，被重新命名为"卡雷尔·德鲁曼"号。后来，荷兰海军拥有了自己的轻型航母，也称为"卡雷尔·德鲁曼"号，原来的称为"可敬"号，1948年服役。这两艘舰的命名都是为了纪念在1942年爪哇海战中牺牲的一名荷兰海军上将。最初，新航母上载的是"萤火虫"战斗机，后来替换为霍克公司的"海怒"，之后又更新为阿姆斯壮·惠特沃思公司的"海鹰"喷气式战斗轰炸机。此外，舰上还上载过格鲁曼公司的TBM-3W和TBM-3S"复仇者"反潜机，这些飞机最终被格鲁曼公司的S-2"搜索者"替换，并组成3个中队。

战后，荷兰皇家海军仍保留着岸基巡逻机中队。1951年，联合公司PBY-5A"卡特琳娜"水陆两用飞机中队被洛克希德公司PV-2"鱼叉"陆上飞机替换，1953年又被15架P2V-5"海王星"替换。1970年，9架布雷盖公司Br1150"大西洋"巡逻机替换了"海王星"。在这一时期，"卡雷尔·德鲁曼"号航母退役并在1969年出售给阿根廷海军，同时"海鹰"战机也退役，航母上3个中队共36架"搜索者"转隶到岸基部队。海军航空兵继续执行海上任务，此时，荷兰海军有8艘"范·斯派克"级导弹护卫舰服役，上载12架韦斯特兰公司"黄蜂"直升机。同时服役的还有8架西科斯基SH-34J和6架贝尔公司UH-1"易洛魁人"直升机。

"黄蜂"直升机最终被韦斯特兰公司"山猫"直升机替换，最先上载到8艘与德国联合设计的"科顿艾尔"级护卫舰上。1989年，荷兰对"山猫"进行了现代化改装，不过从2007年开始，它们逐步被欧洲NH90直升机替换。20世纪80年代，"大西洋"和"搜索者"战机被洛克希德公司P-3C-II"猎户

座"取代，但随着这两个中队的解散及其基地在2006年被关闭，海上巡逻任务被迫停止。其余直升机划归荷兰国防直升机司令部。

如今，荷兰海军航空兵部署在4艘"德泽芬省"级、2艘"卡雷尔·德鲁曼"级护卫舰及两栖船坞运输舰"鹿特丹"号上，该舰可上载4架NH90直升机。

上图：荷兰军队紧随当今时代潮流，将其所有的直升机兵力置于同一个司令部的管理之下，其主力机型之一就是图中这款NH90型直升机。

上图：荷兰皇家空军的一架F-16"战隼"战斗机在希腊航展上亮相。

黑山

黑山陆军

成立时间：2006年。

2006年6月，塞尔维亚和黑山共和国分裂，黑山陆军成立。尽管北约组织向黑山发出了邀请信，但黑山迄今还没有加入进去，目前正致力于发展本国军队和国防基础设施。黑山的空中部队隶属于陆军指挥，至少在可预见的将来，黑山的空中部队包括1个由9架G–4"超级海鸥"组成的中队，另外还

- 人口：672180人
- 面积：13812平方千米
- GDP：31亿美元，人均4554美元
- 国防经费：0.61亿美元
- 服役人员：现役4500人

有6架处于闲置状态。1个直升机中队负责运输、公用事业和支援陆军，包括15架SA341/342"瞪羚"，据信仅有一半飞机具备飞行能力。此外，还有3架米–8T处于备而不用的状态。

捷克

捷克空军

建立时间：1995年。

捷克曾是捷克斯洛伐克共和国最

- 人口：1020万人
- 面积：78864平方千米
- GDP：2050亿美元，人均20122美元
- 国防经费：31.9亿美元
- 服役人员：现役17932人

大和最繁荣的地区，1995年捷克斯洛伐克共和国分裂，捷克共和国分离出来。

1918年，捷克摆脱奥匈帝国的统治，与波西米亚、摩拉维亚、斯洛伐克、鲁塞尼亚等地区合并建国，捷克斯洛伐克陆军航空兵随后成立，其空中分

队主要使用第一次世界大战期间在法国和沙俄的捷克"军团"型战机。在法国帮助下,战争中残留下来的战机被暂时征用。捷克得到许可后开始生产法国飞机,但其很快设计出了属于他们自己的机型,包括阿罗公司A-18战斗机、斯摩里克公司的Sm-1和Sm-2型轰炸机以及莱托夫公司S-10教练机。不到十年时间,捷克空军发展到了25个中队,共有400架飞机。主力战机包括阿维亚公司BH21型和莱托夫公司S-20战斗机,阿罗公司A-24和莱托夫公司S-16轰炸机,阿罗公司A-11和A-12空中观察机,阿维亚公司BH10和BH11、莱托夫公司S-10和S-18教练机。

当捷克空军战机迅速老旧遭淘汰的时候,这支空军经历了十年巨变,阿维亚公司BH33和BH34战斗机、波泰公司63型战斗轰炸机、福克公司FVII型和FIX型三引擎轰炸机相继列装捷克空军,而阿罗公司A-30、A-100侦察机和A-32空中观察机也加入捷克空军行列。20世纪30年代末期,捷克获得许可,生产前苏联图波列夫公司SB-2轰炸机和阿罗公司B-17战斗机,同时,捷克空军还购买了阿维亚公司135型战斗机和A-300轰炸机。1938年,《慕尼黑协定》为英法两国赢得一个战前喘息的机会,但却让捷克斯洛伐克向德国割让了1/3的领土。1939年,德国占领捷克斯洛伐克剩余的领土,分解了这个国家。面对敌人的大举入侵,捷克空军几乎未做丝毫的抵抗,迅速逃离本国,加入法国和波兰空军队伍中。接下来,德国人组建了一支斯洛伐克空军,让他们与德国空军共同作战,驾驶德制"梅塞施米特"Bf109G式战斗机。

二战后,捷克斯洛伐克恢复统一,新组建的空军使用德国和斯洛伐克空军遗留下来的装备,还有英国皇家空军使用过的飞机,包括"解放者"轰炸机。不久,德·哈维兰公司"蚊子"战斗轰炸机、拉沃奇金公司La-7战斗机和佩-2轰炸机也相继加入捷克斯洛伐克空军。

1948年,捷克共产党成功夺取政权,致使捷克斯洛伐克成为前苏联势力范围。当前苏联顾问和军队进入这个国家时,捷克斯洛伐克空军很快清理了前英国皇家空军的飞机。1955年,捷克斯洛伐克加入华沙条约组织,但在加入之前,前苏联就向捷克斯洛伐克空军提供了包括伊留申设计局设计的伊尔-10对地攻击机、Li-2运输机(C-47)以及伊留申设计局的伊尔-12运输机。1951年,前苏联向捷克斯洛伐克提供了第一批战机,包括200架米格-15战斗机、安东诺夫设计局设计的安-2运输机以

及"日林"226型教练机。最后，前苏联向捷克斯洛伐克提供了所有米格系列的战斗机和截击机，包括与米格-21型战斗机伴随飞行的苏霍伊设计局设计的苏-7B对地攻击机和伊留申设计局研制的伊尔-28轰炸机。1968年，捷克斯洛伐克空军战机连续不断的升级努力戛然而止，因为在这一年，前苏联认为支持捷克的民主政权是对华约组织的破坏，于是使用武力干涉捷克斯洛伐克内政。此后，捷克斯洛伐克空军经历了数年断档期，才接收到苏霍伊设计局的苏-22M4、苏-25BK战斗机和军用米-24攻击直升机。

战后，捷克斯洛伐克空军曾在20世纪70年代初达到顶峰，拥有1.8万人，共有150架米格-21、100架米格-19和150架苏-7B飞机，此外，还有一些老旧的飞机，包括80架米格-17和80架米格-15。随着前苏联解体，华约组织解散，捷克斯洛伐克回归到西方怀抱。1993年，斯洛伐克进行了独立公投，结束了联邦制，捷克空军随之进行调整。1999年，捷克共和国加入北约，接受北约国家援助，使其战机与北约标准兼容。捷克空军的现代化，主要体现在为1个中队配备了12架JAS39C"雄狮"战斗机，此外，还购买了12架L-159A型武装教练机、2架用于转型训练的"雄狮"教练机和4架L-159型教练机。

捷克空军现有4938人，在过去6年里削减了2/3。运输机中队有2个，飞机包括2架A-319CJ"空客"、4架C-295、5架安-26和6架L-410型运输机。直升机中队有2个，包括24架米-24/-35攻击直升机、32架米-8及米-17运输直升机、8架WZLP-3型直升机。飞行训练使用10架L-29"幻境"教练机、8架Z-142型教练机和一些用于转型训练的教练机。

AS39C"雄狮"战斗机原本应有24架，但政府出于财政考虑，这个数字在可预见的未来将要进行裁减。

左图：一架捷克空军"鹰狮"战斗机正在飞行。与许多前华约国家一样，捷克共和国也正在对其武器系统进行现代化和西方化。

立陶宛

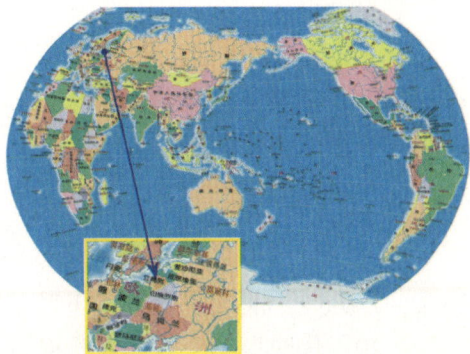

- 人口：360万人
- 面积：65201平方千米
- GDP：425亿美元，人均11951美元
- 国防经费：5.01亿美元
- 服役人员：现役8850人，预备役6700人

立陶宛空军

重组时间：1992年。

立陶宛军事航空业始于1919年，同年，立陶宛建立一所军事航空学校。1920年，诞生不久的立陶宛空军就参加了对波兰军队的作战。大量立陶宛的飞机制造于20世纪20~30年代，最初是3种训练机：ANBO-I型、II型和III型。1932年，ANBO-IV侦察机得以制造，该型机也可作为轻型轰炸机，并于1934年完成一次环欧洲旅行。同时，该型机也是立陶宛数量最多的飞机，共建造了14架。此外还有20架ANBO-41型机。立陶宛空军过于弱小，在1940年遭遇苏联入侵时毫无招架之功，最终，立陶宛被并入苏联版图，立陶宛军队也并入苏联军队。

苏联解体后，立陶宛恢复独立。1992年初，立陶宛组建航空队，1993年改名为立陶宛空军。绝大多数苏联飞机在立陶宛独立前被转移出了立陶宛，仅4架来自吉尔吉斯斯坦训练学校的L-39"信天翁"得以保留下来。1999年，立陶宛开始直接从各家飞机制造厂家购买新飞机。立陶宛空军需要12架战斗机，但在资金方面面临困难。

立陶宛空军有860人，2架L-39ZA型机用于训练和轻型攻击，9架米-8直升机用于运输和搜救。其他运输机包括3架C-27J"斯巴达人"和1架安-26。

罗马尼亚

- 人口：2220万人
- 面积：237428平方千米
- GNP：1800亿，人均8087美元
- 国防经费：33.9亿
- 服役人员：现役73350人，预备役 45000人

罗马尼亚空军

成立时间：1945年。

罗马尼亚陆军于1910年成立一个飞行团。到1911年底，它已拥有4架"布莱里奥"和4架"法尔曼"飞机，之后又增加少量布里斯托尔公司和莫拉纳公司的F型飞机，在第一次世界大战爆发前还增加了一些纽波特公司的飞机。不过，该飞行团很快被轴心国军队制服。

战后，罗马尼亚成立了陆军航空指挥部，下设3个大队，每个大队含3个中队。战斗机大队操作"斯巴达人"S7C1战斗机，轰炸机大队使用德·哈维兰公司的DH9和布雷盖公司的Br14B轰炸机，侦察机大队装备的是布雷盖公司Br14A2和"勃兰登堡"侦

察机，上述3个大队总共有72架飞机。20世纪20年代晚期，罗马尼亚获得了70架英国阿姆斯特朗·惠特沃斯公司"金雀"III轻型轰炸机和60架"斯巴达人"S61C1战斗机，120架"波泰25"战斗机、30架"波泰27"侦察机，还有布雷盖公司的Br19B2轰炸机和萨瓦S59水上飞机、莫拉纳-索尼埃公司的MS35教练机。许多波泰公司和莫拉纳-索尼埃公司的飞机在罗马尼亚组装完成。20世纪30年代初，罗马尼亚设计并制造了"集"15型战斗机、"集"VIIK型侦察机、集VII和集X训练机，拥有50架PZLP-11b战斗机和20架"联合舰队"10G教练机。1936年，装备了迈尔斯公司的"鹰"和"夜鹰"教练机、罗马尼亚IAR公司的IAR37、38和39轻型轰炸机。1939年，罗马尼亚又从英国引进了霍克公司的"飓风"战斗机和布里斯托尔公司的"布莱尼姆"轰炸机。

罗马尼亚在第二次世界大战中支持轴心国集团，因此，纳粹德国为其提供了梅赛施密特公司的Bf109E战斗机和亨克尔公司的He112B战斗机，He111H轰炸机、He114水上侦察机容克公司的容-87D"斯图卡"俯冲轰炸机，和菲泽勒公司的Fi156C联络机。罗马尼亚获得萨伏亚-马切蒂公司的生产许可制造了SM79轰炸机，同时本国的飞机厂还生产出IAP80战斗机。罗马尼亚军队参与了入侵苏联的"巴巴罗萨"行动。在战争后期，德国为其提供了容-88A轰炸机和亨舍尔公司Hs129A-O对地攻击机。但此时的战略态势已经逆转，1944年8月底，罗马尼亚空军遭到苏军重创。

战后，罗马尼亚空军一直使用其战时装备，直到苏联提供了雅克夫列夫公司的雅克-9战斗机。受到1947年《和平条约》的限制，罗马尼亚最多只能拥有150架军用飞机和8000名空军人员。不过，在罗马尼亚加入华约组织并开始接受苏联帮助后，这一限制被打破。1953年，苏联提供了首批米格-15战斗机，还有伊尔Il-10对地攻击机、Li-2运输机、雅克11和雅克18教练机。后来又增加了米格-17战斗机和Il-28喷气式轰炸机，还有首批米尔公司的米-4直升机。60年代，陆续服役的飞机有米格-19、米格-21战斗机和安东诺夫公司的安-2运输机、伊尔Il-12、Il-14运输机，AeroL-29海豚喷气教练机。60年代末，虽然罗马尼亚空军还保持着8000人的上限，但其作战飞机已经上升至250架。

罗马尼亚空军在20世纪80年代末前一直在更新装备，从米格-23到后来的米格-29、安-24、安-26和安-30M运输机以及米-8直升机。罗马尼亚获得布雷顿-诺曼公司的许可生产了BN2A"海岛人"通用直升机，按照特许生产的"云雀III"直升机改称为IAR316。罗马尼亚还引进了一批中国产飞机，包括H-5R轻型轰炸机。

苏联解体和1991年4月华约解散对罗马尼亚空军影响巨大。当时，罗马尼亚空军有12个空防团使用米格-21、米格-23和米格-29等战斗机，2个对地攻击团使用南斯拉夫和罗马尼亚联合研制的IAR-93"秃鹰"攻击机。教练机包括本土制造的IAR-28M教练机。为了提供更先进的训练，罗马尼亚采购了IAR-99"鹰"式教练机来替换L-29"海豚"喷气式教练机。米格-23已经退役，米格-21和米格-29也被升级改造。最近几年交付的运输机包括前美国空军的C-130B大力神"，还定购了一些飞机以替换安-24和安-26运输机。

罗马尼亚空军从2002年的18000多人下降到现在的9700人，其每年平均飞行时数却从40小时增长至120小时。罗马尼亚空军有6个战斗机和对地攻击机中队，共72架米格-21"枪骑兵"A/B/C型机。担负攻击和通用任务的是100架IAR316"云雀III"飞机，其中仅有16架用于攻击。运输机包括5架洛克希德公司的C-130B/H"大力神"和4架安26和安30。战术运输机包括60架罗马尼亚制造的IAR330"美洲狮"直升机和7架IAR316B"云雀III"。要员专用运输机包括3架SA365N"海豚"。教练机有21架IAR99（大部分已经升级）、12架IAK-52和10架安2飞机。罗马尼亚空军还拥有"影子"600型无人机。空对空导弹包括"魔术"、"蟒蛇"、"蚜虫"、"射手"和"环礁"导弹。

罗马尼亚海军航空兵

罗马尼亚海军拥有少量直升机，主要部署在3艘"斐迪南国王"号护卫舰和4艘轻型护卫舰上。其海军直升机包括2架IAR330"美洲狮"反潜直升机和8架IAR316"云雀III"，后者还可作为舰载直升机。

上图：2架米-28武装直升机正在编队飞行。

上图：一架罗马尼亚空军的安-26运输机，由安东诺夫设计局制造。

马耳他

- 人口：405165人
- 面积：316平方千米
- GDP：82亿美元，人均20408美元
- 国防经费：5400万美元
- 服役人员：现役1954人

马耳他军队航空联队

马耳他1964年脱离英国独立，军队主要来自前英国陆军马耳他分队和部分英国皇家海军在马耳他招募的人员。马耳他军队成立后，并没有马上建立航空部队，与航空相关的部队隶属于第二混成团。目前，马耳他航空联队有100人，没有作战飞机和运输机，海上侦察任务由后来加入的1架C-212完成，巡逻和搜救任务由2架BN2B"海岛人"和稍后引进的1架"空中之王"200型机执行。2000年，4架前英国皇家空军"斗牛犬"T1型机代替赛斯纳O-1型机承担训练任务，第5架"斗牛犬"T1于2001年加入。直升机包括1架新的NH500型机和2架EC145型机，它们可能替代的是5架SA316B/3160"云雀"直升机中的一部分，负责执行通讯和搜救任务。另外，2架奥古斯塔贝尔47G"苏族人"执行训练和通讯任务。2架意大利AB212直升机由马耳他和意大利空军人员共同使用。

马其顿

- 人口：210万人
- 面积：27436平方千米
- GDP：91亿美元，人均4387美元
- 国防经费：1.67亿美元
- 服役人员：现役8000人，预备役4850人

马其顿陆军航空联队

组建时间：1998年。

20世纪90年代末，马其顿脱离前南斯拉夫独立，马其顿陆军也成立了一

69

支小型航空联队，最初装备4架Zlin242训练机和1架安-2以及4架米-17直升机。现在，这支航空联队的实力获得提升，装备有数架苏-25K/UB型机，此前曾拒绝引进20架前土耳其空军的诺斯罗普F-5A战斗机，原因是马其顿更熟悉俄罗斯的装备。2000年，德国赠予马其顿2架Bo105和2架贝尔UH-1H直升机，乌克兰也提供了4架米-8、米-17运输直升机和4架米-24攻击直升机。2001年，1架米-8直升机被阿尔巴尼亚族叛乱分子击毁。

马其顿陆军航空联队现有大约1130人，是2002年的2倍多。目前的飞机包括12架米-24V/K型攻击直升机、7架米-8和米-17运输直升机、2架UH-1H直升机，4架苏-25K/UB处于储存状态无法使用。

摩尔多瓦

- 人口：430万人
- 面积：34188平方千米
- GDP：51亿美元，人均1186美元
- 国防经费：0.22亿美元
- 服役人员：现役5998人，预备役66000人。

摩尔多瓦空军

成立时间：1991年

与很多前苏联加盟共和国一样，摩尔多瓦购买大量的苏联飞机，其中最重要的是1个拥有34架米格-29战斗机的海军战斗机联队。这些飞机后来被卖给厄立特里亚和也门。另外，美国在1997年斥资4000万美元购买了其21架米格-29战斗机，旨在防止摩尔多瓦将这些飞机卖给伊朗。此后，摩尔多瓦空军仅剩1个运输和通讯小队，有850人，飞机包括2架安-2、1架安-26、2架安-72以及6架米-8直升机。该国计划未来购买作战直升机。

挪威

- 人口：470万人
- 面积：322600平方千米
- GNP：4350亿美元，人均93335美元
- 国防经费：59.4亿美元
- 服役人员：现役24025人，预备役45250人

挪威皇家空军

成立时间：1944年。

挪威的军事航空事业可以追溯到1912年，当时的挪威皇家海军接收了1架"鸠"式单翼机，皇家陆军接收了1架法国莫利斯公司的"法曼"双翼机。1915年，在官方的支持下，海军航空兵和陆军航空兵正式成立。这两大兵种都有自己的飞机制造商，因此在战争期间，挪威并没有因自己作为中立国而缺乏飞机。厂家根据授权制造的飞机有莫利斯公司的"法曼"型、布里斯托尔公司的F2B战斗机和汉莎公司的布兰登堡W33水上战斗飞机。

战后和平时期，挪威陆军航空兵拥有36架战斗机和36架轰炸机，海军航空兵拥有20架战斗机、20架鱼雷轰炸机

和24架侦察机。挪威产的飞机提供给了这两大军种，包括MF9战斗机、MF11侦察水上飞机、MF8和MF10水上训练飞机。海军航空兵还接收了道格拉斯公司的DT-2B鱼雷双翼飞机和亨克尔公司的He115水上飞机。陆军航空兵接收了30架柯蒂斯公司的"鹰75A"和格罗斯特公司的"格斗者"战斗机、卡普罗尼公司的卡310和卡312轰炸机、道格拉斯公司的DB-8A攻击机和福克公司的CV及CVD侦察轰炸机。由于这两个军种规模较小，飞机比较老旧，当1940年4月德军入侵时，尽管他们进行了英勇抵抗，并得到英国皇家空军和海军航空兵的支援，但终究未能打败德军，许多飞行员和飞机逃到了英国。在英国的挪威陆军航空兵成立了2支战斗机中队，最初操作的是霍克公司的"飓风"战斗机，后

来替换成超马林公司的"喷火"战斗机。其中一个中队成为战争期间最善战的部队，击中敌机数量最多，自身的失事率最低。挪威海军航空兵的部分人员在德军入侵前正在加拿大接受诺斯罗普公司的N-3PB水上飞机训练，后来在英国皇家空军海岸司令部的控制下在英国基地驾驶这些飞机。

1944年，这两大航空兵合并成为挪威皇家空军。成立之初，新的挪威空军拥有3个战斗机中队、2个轰炸机中队、1个侦察机中队和1个运输机中队。飞机包括"喷火"9型、德·哈维兰公司的"蚊"6型、联合公司的PBY-5"卡特琳娜"、空速公司的"牛津"、阿弗罗公司的"安森"、前英国海外航空公司和英国皇家空军的洛克希德公司的"北极星"、仙童公司的PT-26和北美航空公司的T-6"哈佛"教练机。1948年，挪威引进首批喷气式飞机，也即德·哈维兰公司生产的"吸血鬼"Mk3，第二年又引进了25架。1949年，一纸命令改变了皇家空军最初的组成，建议成立8个拦截机中队、2个空中照相侦察机中队、1个轰炸机中队和1个运输机中队，每个中队配备8架飞机。挪威的北约成员国身份确保其得到了美国的军事援助，首先由共和公司向其提供了200架F-84E"雷电"战斗机，组成挪威空军8个战斗轰炸机中队。1956年，其中一个中队的机型改进为RF-84F"雷闪"侦察战斗机。1957年，北美公司的F-86F和F-86K"佩刀"开始替换F-84。在此期间，引进了道格拉斯公司的C-47和仙童公司的C-119F"邮船"运输机，CCF"北欧人"和加拿大德·哈维兰公司的DHC-3"水獭"用作通讯飞机。引进的首批直升机是由贝尔公司生产的贝尔-47D/G"苏族人"，还引进8架格鲁曼公司的HU-16"信天翁"两栖飞机，用来替换了早期的"卡特琳娜"。1963年，他们引进了20架洛克希德公司的F-104G"星"式战斗机。60年代末，又引进了诺斯罗普公司的F-5A战斗轰炸机和RF-5A侦察战斗机。此时，挪威空军中队的力量组成发生了很大变化，1个F-104中队就有20架飞机，4个战斗轰炸机中队和1个侦察战斗机中队各有16架飞机。20世纪60年代，挪威还引进了6架洛克希德公司的P-3B"猎户座"巡逻机、6架C-130H"大力神"运输机，以及萨伯公司的萨伯-91"蓝宝石"和洛克希德公司的T-33A喷气式教练机。直升机队伍也有所扩大，引进了32架贝尔公司的UH-1H"易洛魁人"与陆军合作，还有数架西科斯基公司的UH-19。1971年，他们引进了10架韦斯特兰公司的"海王"MK43（S-61）反潜直升机。陆军也引进了塞斯纳公司的O-1E"捕鸟犬"和派珀公司的L-21通讯飞机。

挪威比其他一些欧洲国家更加重视国防建设。尽管如此，其武装力量近年来却在不断削减，尤其在过去30年里，空军人员从9000人降到了2500人。20世纪80年代，挪威引进了洛克希德公司的F-16战斗机来替换其F-104和许多F-5，90年代升级了F-16及幸存的F-5。1989年，P-3B"猎户座"巡逻机被P-3C替换，旧的P-3B被卖到西班牙，但有2架例外，它们被改进为P-3N版本用于执行海岸警卫队的任务。UH-1H型直升机也被替换为贝尔公司的贝尔412SP用于支援陆军，直到1992年，塞斯纳公司的O-1"捕鸟犬"通讯飞机才被新型直升机替换。尽管如此，冷战后的国防预算削减还是影响到了挪威空军，其F-16战斗机从60架减少到48架，更新计划也一直延期到2012年。C-130H的替换计划也被搁置，现有的运输机队伍或被广泛升级，或将被替换为C-130J。

挪威皇家空军的年平均飞行时数为180小时。有3个中队含47架升级过的F-16AM，在之后的进程中，这些飞机可能会被48架F-35A替换。有1个中队含4架P-3C"猎户座"巡逻机，还有2架P-3N部署在海岸警卫队。1个运输机中队包含4架C-130J"大力神II"，还有3架"猎鹰20C"。1个搜救中队含12架"海王"Mk43B直升机，同时也执行

反潜任务，这些飞机在1989—1995年间得到过升级。他们还有18架贝尔412SP效用直升机，主要用于支援陆军，还有6架韦斯特兰公司产的"山猫"Mk86用于海岸巡逻，同时可部署在3艘"南森"级护卫舰上。挪威参与了"北欧标准直升机项目"，2012年后，将有8架NH90TTH反潜直升机替换"山猫"直升机；未来还将订购一些飞机来替换贝尔412SP。其空对空导弹主要包括"阿姆拉姆"和"响尾蛇"；空对地导弹包括CRV-7和"企鹅"Mk-3。

上图：挪威皇家空军使用6架P-3C"猎户座"海上侦察机巡视其漫长曲折的海岸线。

上图：挪威皇家空军的NH90型飞机从皇家海军的护卫舰上起降作战。

葡萄牙

- 人口：1070万人
- 面积：91945平方千米
- GNP：2400亿美元，人均22441美元
- 国防经费：27.2亿美元
- 服役人员：现役43330人，预备役210900人

葡萄牙空军

建立时间：1952年。

1917年，葡萄牙成立陆军和海军航空兵，其飞行学校多年前就已成立，所培养的军官还曾赴英国和法国接受飞行训练。陆军航空兵使用"斯巴达"S7C战斗机和布雷盖公司的Br14A2轰炸机，海军航空兵则引进了费尔利公司的"坎帕尼亚"海上飞机、肖特公司的F3水上飞机和费尔利公司的III型海上飞机。1924年，陆军航空兵共有25架飞机，包括马丁西德公司的F4"秃鹰"战斗机、高德隆GIII和阿弗罗公司504K教练机，并计划将来成立3个飞行中队，分别是战斗机、轰炸机和侦察机中队。到1927年，海军航空兵有3架福克公司的TIV侦察水上飞机、3架HS2L

和7架CAMS37水上飞机、5架昂里奥公司的H41教练水上飞机。在诸如Br14A2这样的老式飞机服役的同时，越来越多的新式装备也逐步服役，其中包括16架经许可制造的"波泰"25轰炸机、20架维克斯公司的"瓦尔帕莱索"侦察机。30年代末，陆军航空兵还接收了霍克公司的"雌鹿"轰炸机、格罗斯特公司的"角斗士"双翼战斗机、布雷达公司的Ba65对地攻击机和容克公司的容86K轰炸机，它们取代了战时的老式飞机。陆军航空兵有22架德·哈维兰公司的"虎蛾"教练机，陆军和海军航空兵都接收了经莫拉纳-索尼埃公司许可制造的MS233和阿弗罗公司626教练机。

葡萄牙对于盟国非常忠诚，在二战期间却保持中立立场。后来，盟军占领了亚速尔群岛，英国皇家空军并将圣马

尔塔作为海上侦察基地。作为交换，葡萄牙陆军航空兵接收了少数霍克公司的"飓风"和超马林公司的"喷火I"战斗机，另外还有贝尔公司的"空中飞蛇"和柯蒂斯公司的"鹰"75A型战斗机、布里斯托尔公司的"布莱尼姆"和联合公司的B-24"解放者"轰炸机、迈尔斯公司的"大师"、"教师"、"严格者"和空速公司的"牛津"教练机。海军航空兵接收了布里斯托尔公司的"博福特"和"布莱尼姆"轰炸机、肖特公司的"桑德兰"水上飞机、格鲁曼公司的G-21水陆两用飞机、洛克希德公司的"赫德逊"轰炸机。战后，葡萄牙加入北约，武器更新速度却很缓慢，仅在40年代后期接收了20架共和公司的F-47D"雷电"战斗轰炸机，还有几架道格拉斯公司C-47和C-54运输机。

1957年，这两大航空兵合并为独立的葡萄牙空军。1953年，葡萄牙空军接收了首批共和公司的F-84G"雷电"喷气式战斗机，最终取代了"飓风"（葡萄牙是最后一个使用这款飞机进行训练的国家）和"喷火"战斗机。此外，还接收了洛克希德公司的T-33A喷气式教练机和DHC-1"花栗鼠"基础教练机。英国皇家海军还送给葡萄牙空军15架北美公司T-6"哈佛"训练机。葡萄牙空军引进了波音公司的SB-17G"空中堡垒"、道格拉斯公司

的B-26"入侵者"轰炸机、洛克希德公司的PV-2"鱼叉"海上巡逻机、格鲁曼公司的SA-16A"信天翁"水陆两用飞机、"云雀II"和西科斯基公司的H-19A"契卡索"直升机。此后，葡空军还获得了北美公司的F-86F"佩刀"战斗机，并将其加入F-84G编队；引进了洛克希德公司的P-2E"海王星"海上巡逻机，购买了36架菲亚特公司的G91R-4战斗轰炸机和25架道尼尔公司的Do27联络机。

葡萄牙虽然是北约成员国，但在20世纪60~70年代仍面临着军备采购的困难，因为它还保留着非洲殖民地，引起了国际社会的反感。葡萄牙空军一直为驻非地面部队提供空中支援。1975年，安哥拉和莫桑比克获得独立，这种局面才稍微得到缓解。

20世纪90年代，随着殖民地的丧失和国防预算的减少，葡萄牙空军从40年前的17500人下降到7100人。不过，1989年，美国租借亚速尔群岛基地。作为回报，美国开始帮助葡萄牙空军更新装备，向其出售洛克希德公司的F-16以提升其拦截和攻击能力，1988年又出售6架更新过的前美国海军的P-3型"猎户座"反潜巡逻机和A-7"海盗"II攻击机。"猎户座"反潜巡逻机分担了C-130B"大力神"的海上巡逻任务。90年代初期，德国空军转让给葡

空军"阿尔法"教练机，以替换早期的洛克希德公司T-33A和德·哈维兰公司"吸血鬼"喷气式教练机。1994年，首批F-16抵达葡萄牙服役，第二批在2001年交付使用。

如今，葡萄牙空军在"欧洲战斗机中期升级计划"的影响下更新了F-16战斗机，24架F-16A/B战斗机替换了"阿尔法"喷气式飞机。为和北约保持一致，葡萄牙空军升级了6架洛克希德马丁公司P-3"猎户座"反潜巡逻机。此外，葡萄牙空军有12架"灰背隼"和4架SA330"美洲狮"直升机，主要用于搜救和渔业保护。陆军航空兵成立后，空军在轻型飞机和直升机方面与陆航有着许多合作。运输机包括6架洛克希德公司C-130H/-30"大力神"、24架西班牙航空制造有限公司的C-212-100/300"空中小车"通用飞机，它们执行运输、搜救、电子对抗和专属经济区巡逻的任务。1架达索公司的"猎鹰20"用于测量，3架"猎鹰"50型机作为要员专机来使用。教练机包括16架TB-30埃普中隆、25架阿尔法教练机、18架"云雀III"直升机。此外，还有"装甲"X7无人机。

导弹包括高级中程空对空导弹、"响尾蛇"和"麻雀"空对空导弹，还有"铺路"II、"幼畜"和"鱼叉"空对地导弹。

葡萄牙海军航空兵

成立时间：1993年。

葡萄牙于1993年重新建立海军航空兵，同年接收了5架韦斯特兰公司的"山猫"Mk95直升机，并组成一个海军直升机中队。这些直升机可部署在3艘"达·伽马"级和2艘"科顿艾尔"级护卫舰上，另有7艘护卫舰上设有直升机登陆平台。海军航空兵还引进了"超级山猫"直升机，现有的"山猫"也被升级为"超级山猫"。

葡萄牙陆军航空兵

成立时间：2001年。

葡萄牙于2001年恢复陆军航空兵建制，接收了9架欧洲直升机公司的EC635。法国和德国陆军也帮助葡萄牙训练陆军航空兵。后来，陆军航空兵接收了空军的FTB337G型机，还有10架NH90TTH也进入现役。

上图：葡萄牙空军拥有12架AW101运输直升机。

瑞士

瑞士空军

建立时间：1939年

瑞士军事航空始于1914年组建的空中部队，配备的是阿维亚蒂克、布莱理奥特、亨利·法尔曼、莫拉纳和施耐德等公司的8架飞机。一战期间，虽然有瑞士飞行员参与了法国的军事航空事务，但瑞士仍然保持了中立。由于无法从交战国获得飞机，瑞士开始自行设计和生产飞机，主要有哈费里DH1、DH2和DH3型观测机。1919年，空中部队进行重组并改名为军事航空部队，共拥有100架飞机，大部分是瑞士飞机，也有一些外国飞机。不过，20世纪20年代，瑞士生产的飞机主要包括哈费里M7型战斗机、DH5型和M8型轰炸机。20世纪20年代末至30年代初，主要是由外国设计、瑞士按照许可证生产的飞机，包括德沃提尼公司的D9、D26和D27型战斗机，波泰公司25型通用飞机和福克公司的CVE侦察轰炸机。此外，还获得了霍克公司的"雌鹿"轰炸机、德·哈维兰公司的"蛾"和"虎蛾"教练机。

二战前夕，瑞士又获得了波泰63型战斗轰炸机、90架梅塞施密特公司的Bf109E型机以及13架Bf108通讯联络飞机。与此同时，莫拉纳-索尼尔公司MS406C战斗机和布克尔公司Bu131"年轻人"、Bu133"年轻教练"教练机等机型，组成了陆军航空部队的主力机型。1939年，第二次世界大战爆发，瑞士仍然保持中立。不过，仍有一些陆军航空部队的飞机参加了作战行动，至少包括100架战斗机和100架观测机。二战早期，瑞士还从德国购买了一些飞机，包括Bf108E型、Fi156"白鹤"观测机和Bu181型"贝斯曼"教练机。

瑞士空军的第一批二战后飞机是100架北美航空公司F-51D"野马"战

斗轰炸机和40架T-6"哈佛"教练机。1949年和1950年，引进了第一批喷气式飞机——75架德·哈维兰公司的"吸血鬼"FB6战斗轰炸机。接下来，瑞士自行生产了100架FB6战斗轰炸机以取代"野马"。"吸血鬼"战斗轰炸机之后是250架授权生产的德·哈维兰公司"毒液"FB50战斗轰炸机；1958年，又有100架霍克公司"猎人"F58战斗机开始服役。当然，也有很多瑞士自行设计的飞机服役，其中就包括皮拉图斯飞机制造公司的P-2和P-3教练机。20世纪60年代，57架特许生产的达索公司"幻影"IIIS型战斗机进入瑞士空军服役。在"幻影"系列飞机中，后来还加入了新的"幻影"IIISR侦察机。瑞士空军进入20世纪70年代后还在使用"猎人"和"毒液"飞机、30架云雀II型、90架云雀III型和20架贝尔47G"苏族人"直升机。此外，还有从战争中幸存下来的一些"巴克尔"教练机和3架Ju52/3M运输机。

20世纪80年代，"毒液"退役，取而代之的是升级后可携带"小牛"空对地导弹的"猎人"飞机，同时，还有部分未升级的"猎人"飞机被诺斯罗普F-5E/F"虎"II型机取代。"吸血鬼"教练机被BAE系统公司的"鹰"F58和T68取代，这种新型教练机除了用于训练外，还具有对地攻击能力。20世纪90年代，随着15架AS332"超级美洲狮"直升机的交付，瑞士的战术运输能力有所提升。皮拉图斯飞机公司制造的PC-7涡轮发动机教练机也开始引入瑞士，还有一些PC-9型机充当通信飞机。瑞士一直保持中立，不过在冷战结束后，瑞士从1995年也开始裁军，大幅缩减了部队训练时间。新的武器装备陆续开始服役，包括在瑞士组装的F/A-18C/D型大黄蜂战斗机。1995年，"猎人"飞机退出现役。

瑞士空军可动员兵力有33300人，年飞行时数在150~200小时之间，大部分预备役人员的飞行时数不到15小时。瑞士空军拥有7个战斗机中队，其中3个中队共有33架F/A-18C/D"大黄蜂"战斗机，另外4个中队装备了57架F-5E/F"虎"II战斗机；一个空中运输中队，配备有15架皮拉图斯飞机制造公司的PC-6型、1架道尼尔公司的Do27型、1架"猎鹰"50型、1架比奇公司350型和1架1900型飞机；6个直升机中队共有15架AS332M-1"超级美洲狮"、12架AS532"美洲狮"和18架EC635（取代了老式的SA316云雀III）。训练主要使用37架皮拉图斯飞机制造公司的PC-7型、6架PC-21型和11架PC-9型目标牵引飞机。瑞士空军是一支战术部队，没有加油机，也没有战略运输部队。瑞士空军的一些训练活动经常在国外进行，这是因为超音速飞机太快，很快就能飞到的边境线。无人机包括"复仇者"，导弹主要有"阵风"和"阿姆拉姆"空对空导弹。

瑞典

- 人口：910万人
- 面积：449792平方千米
- GDP：4290亿美元，人均47367美元
- 国防经费：56.1亿美元
- 服役人员：现役13050人，外加准军事人员800人，军事志愿组织人员42000人，预备役20万人

瑞典皇家空军

建立时间：1926年。

瑞典的军事航空始于瑞典皇家海军，1911年，一个怀着飞行梦想的瑞典人驾驶一架"布莱理奥特"单翼飞机起飞，拉开了瑞典航空事业的序幕。一年后，瑞典陆军一架纽波特IVG飞机在相同环境下起飞。瑞典在一战中保持中立，期间，瑞典皇家海军增加了2架亨利·法尔曼飞机和1艘"多内特–埃菲尔"飞艇，陆军航空兵则增加了3架飞机，包括1架布雷盖公司飞机。由于战争期间严重缺乏非战斗用飞机，于是开始生产法尔曼F23、"信天翁"CIII和莫拉纳–索尼埃公司"阳伞"飞机。战争结束后，瑞典皇家海军拥有25架飞机，陆军航空兵则有大约50架飞机。战后，飞机生产没有停止，继续制造"不死鸟"122型

战斗机和阿弗罗50K型教练机。与此同时，瑞典自行设计的机型也开始出现，主要有J23和J24战斗机，S18、S21和S25侦察机以及O1型教练机。

1926年，瑞典海军和陆军的飞行部队合并成为一个独立军种——瑞典皇家空军，并且又得到一些新飞机，包括纽波特29C–1型战斗机和福克公司的CV侦察机。但是，空军的发展接下来进入了一个不受重视的时期。不过，正是在这段时期，由于飞机严重缺乏，空军开始获得一些新飞机，包括12架布里斯托尔"斗牛犬"战斗机、霍克公司的"雄鹿"轻型轰炸机和"鱼鹰"侦察机以及40架德·哈维兰公司的"虎蛾"教练机。当然，还有一些瑞典生产的飞机，如瑞典铁路工厂飞机分部生产的J6和RK26型机。后来，随着欧洲局势的发展对于瑞典国家安全造成威胁，瑞典皇家空军

开始进入复兴阶段，总共组建了8个联队，分别是：F1、F4、F6、F7等4个轰炸机联队，F8战斗机联队，F2海军侦察机联队，F3陆军侦察机联队和F5飞行训练联队。瑞典又生产了60架格罗斯特公司"角斗士"战斗机、40架容克Ju86K、100架道格拉斯公司DB-8A轰炸机和40架北美航空公司NA-16-4教练机。1940年，又有60架美国共和公司生产的EP-1战斗机加入瑞典空军。在二战爆发之前，瑞典抓紧时间购买了72架菲亚特公司CR42和CR60型机以及一些雷吉亚内公司Re2000战斗机，用来取代逐渐退役的"角斗士"双翼飞机，还购买了80架卡普罗尼Ca313轰炸机。这样一来，瑞典用很短时间就组建了4个新的飞行联队：F9和F10战斗机联队、F11侦察机联队和F12轰炸机联队。1939年底至1940年初，瑞典皇家空军派出一小股部队支援芬兰人的"冬季战争"，虽然这次战役后紧接着就是苏联的侵略战争，但不管怎样，瑞典在二战中再次保持了中立。二战期间，瑞典自行设计的飞机大约有300架交付空军，包括萨伯-17、萨伯-18轰炸机和萨伯-21战斗机。

最后一批萨伯-21战斗机二战后才完成交付，当时的外部购买渠道也已经恢复，瑞典皇家空军先购买了50架北美航空公司F-51D"野马"战斗机，不久又买了90架。1946年，瑞典皇家空军拥有了第一批喷气式飞机——70架德·哈维兰公司的"吸血鬼"F1战斗机。萨伯-21战斗机是一款双发动机、单螺旋桨飞机，进行重新设计后可以成为一款喷气式飞机，也就是后来的萨伯-21R战斗机。从1949年开始，有60架萨伯-21R战斗机先后交付。大量新飞机开始服役，包括200架"吸血鬼"FB50战斗轰炸机和T55教练机、60架德·哈维兰公司的"蚊"NF-19夜间战斗机、70架超马林公司"喷火"PR19战斗侦察机。这段时期，由于早期喷气式飞机种类的缺乏，瑞典皇家空军仍会选择一些使用活塞发动机的飞机，但在20世纪50年代，"蚊"式夜间战斗机逐渐被60架德·哈维兰公司的"毒液"NF51夜间战斗机取代。这一时期，瑞典自行设计了一款萨伯-29战斗机，因其外形也被称作"圆桶"，以及另一款使用活塞发动机的萨伯-91型教练机。

1956年，瑞典引进了120架霍克公司的"猎人"F4喷气式战斗机、萨伯-32A"矛"式攻击机以及16架汉廷公司"彭布罗克"C52轻型运输机。1957年，首批伏特尔44型直升机开始服役。1959年，萨伯-35"龙"式飞机开始取代"吸血鬼"和萨伯-29飞机。此时，瑞典空军模式开始形成，也即军队坚守中立政策，保持充足的预备役人员，征募更多的专业技术人员，飞机数量也比其他正常国家的空军多得多。还有两个额外因素也导致瑞典皇家空军人数相对于飞机数量显得过少：一是缺少实质性的中程空中力量，当然，这与瑞典地理位置有关；二是无需遂行海外运输任务，空中运输规模也就小得多。此外，就是经常替换老旧飞机，例如，20世纪60年代，萨伯-32"矛"逐渐被萨伯-37"北欧海盗"代替；20世纪70年代，萨伯-35也逐渐被萨伯-37"北欧海盗"取代。这一时期，伏特尔44型也逐渐被波音-伏特尔107型取代，在购买了2架C-130E"大力神"运输机和7架道格拉斯公司C-47型机后，瑞典空军的运输能力大大增强。20世纪70年代，又从国外购买了58架苏格兰航空公司的"斗牛犬"教练机，另一款先进的萨伯105型教练机也开始服役。

最近几年，瑞典皇家空军飞机再次开始升级换代，JAS39"鹰狮"逐渐取代了萨伯-37"北欧海盗"，并于20世纪90年代开始参加军事行动。和"北欧海盗"一样，"鹰狮"也使用了一种标准机身，可以将原型机改装成为攻击机、拦截机和侦察机等不同类型飞机。尽管瑞典如今在国际战斗机市场上要比过去活跃许多，但也需要通过这些措施确保本土飞机制造业的发展以及生产设备的维护。萨伯公司暂时转向客机市场，生产了萨伯340型和萨伯2000型机，同时也生产了低成本的空中预警机——S100"百眼巨人"原型机。1998年，瑞典皇家空军、海军和陆军的直升机部队

进行整合，成为一个直升机联队。瑞典在冷战期间虽然保持中立，但最后也因华约组织的解散而缩减了部队规模。

起初，联合直升机联队的1000名人员是暂时从其他军种借调过来的，如今已全部划归空军。早期装备主要是原属于瑞典皇家空军的"超级美洲狮"搜救直升机（瑞典的HKP10型），原属于海军航空兵的空中预警机波音-伏特尔107（HKP4）"猎犬"和AB206（HKP6A/B）"突击队员"喷气式飞机，以及原属于陆军航空兵的AB204B（HKP3C）和AB206A型、Bo105CB（HKP9）以及休斯300C型（HKP5B）。瑞典海军早在1958年就开始使用直升机，陆军直到1964年才拥有直升机。直升机联队最初下属13个中队，但到1999年被重新分成4个营。根据"欧洲标准直升机项目"挑选的中型运输直升机，标志着直升机联队标准化工作的开始。自2004年起，19架NH90型机逐渐取代107型，20架A109逐渐取代了204B型、206型以及300C型。

瑞典皇家空军现有4300人，包括500名征募人员，在过去40年里，几乎缩减了75%，直升机联队人员实际缩减得更多。大量预备役人员使得年平均飞行时数相对较低，只有110~140小时。2000—2006年，共有204架JAS39"鹰狮"服役，同时还有大量早期的JAS39A/B型机升级为C/D型，执行

拦截、打击、侦察和战斗训练等任务。有4个中队的165架A/B/C/D型"鹰狮"飞机正在服役，占到总数的一半还要多。担当早期预警任务以支持空中拦截的是6架萨伯S100B"百眼巨人"（萨伯340）和2架S102B（湾流IV）电子侦察机，此外，还有1架萨伯S100B"百眼巨人"（萨伯340）充当要员专机、1架S102B（湾流IV）电子侦察机用作轻型运输机。空中运输任务主要使用8架洛克希德公司的C-130E型和H型"大力

神"运输机，瑞典内部称作Tp84（其中1架用于空中加油），以及5架萨伯340型机。1架塞斯纳公司"奖杯"II型机用于通信，训练则使用8架萨伯105（Sk60）喷气式飞机。空对空导弹包括"阵风"和"阿姆拉姆"，此外还有"小牛"地对空导弹。

直升机联队拥有20架QW109攻击直升机和15架Bo105型机；运输工作主要用19架NH90和15架AS332"美洲狮"，AS332型机也用于搜救。

右图：由瑞典萨伯公司340型小型民航客机改装而成的机载早期预警系统物美价廉，很受一些国家海军的追捧。图中为这架340型预警机护航的是2架"鹰狮"战斗机。

左图：瑞典萨伯公司出品的"鹰狮"战斗机属于一款轻型多用途战斗机，也是许多小国空军极为青睐的提高空战能力的一种利器。

左图：瑞典是第一个提出将陆海空三军的所有直升机整合入同一司令部的国家，不过，直升机部队如今划归空军管辖。图中是一架阿古斯塔–韦斯兰公司的AW–109型攻击直升机。

右图：瑞典缺乏重型运输直升机，现役最大的是欧洲直升机公司的"美洲狮"直升机。

塞尔维亚

塞尔维亚空防军

成立时间：2006年。

塞尔维亚空军是在其成为南斯拉夫联盟共和国空军主力之后成立的，它本身就是前南斯拉夫空军的残余力量，一段时期还与邻国黑山共和国组成联合部队。2002年，这支空军队伍被合并至陆军，成为陆军9个中队之一。2006年，塞尔维亚和黑山共和国分离，随即成立了现在的塞尔维亚空防军。

南斯拉夫曾是奥匈帝国成员之一，在第一次世界大战结束后独立。1923年，南斯拉夫陆军航空部成立，吸收了部分塞尔维亚、克罗地亚和斯洛文尼亚的军官，他们来自1912年成立的塞尔维亚军事航空部队。早期的装备包括斯帕德S-7C1、迪瓦丁娜D-1C战斗机、布雷盖Br19A/B2侦察轰炸机和一批按照授权制造的布兰登堡教练机，后来又加入了阿维亚的BH33战斗机、波泰XXV侦察机、昂里奥A32教练机以及一些H41海上飞机。1930年，南斯拉夫陆军航空兵初具规模。

南斯拉夫陆军航空兵继续扩展，到1935年已经拥有44个中队和440架飞机，并对一些飞机进行了现代化改装，

- 人口：740万人
- 面积：88337平方千米
- GNP：474亿美元，人均6426美元
- 国防经费：10.6亿美元
- 服役人员：现役29125人，预备役50171名

包括迪瓦丁娜公司的D500和霍克公司的"狂怒"战斗机、布里斯托尔的"布莱尼姆"I型、道尼尔的Do17K和萨伏亚·马彻蒂公司的SM79轰炸机，还有道尼尔的Do22通用飞机。1939年9月，引进了霍克公司的"飓风"、柯蒂斯公司的P-40B"战斧"和梅塞斯密特公司的Bf109E战斗机、Me108和韦斯特兰·莱桑德的陆军联合飞机。1941年，南斯拉夫被德军占领，之后爆发了推翻君主政权的革命，成立了支持"轴心国"的新政府。一些飞行人员设法逃至英国，在那里成立南斯拉夫飞行中队，驾驶英国皇家空军的"喷火"战斗机作战。轴心国将南斯拉夫分裂，意大利统治克罗地亚地区并成立了克罗地亚空军，装备有卡普罗尼Ca310、菲亚特G50、梅塞斯密特Bf109G战斗机，莫拉纳-索尼埃MS40和道尼尔Do17轰炸机，还有一些AOP侦察飞机。

1945年，第二次世界大战结束，

受苏联的影响，南斯拉夫成为一个共产主义国家。南斯拉夫空军随之成立，最初使用的是前英国皇家空军的装备，很快就引进了苏联飞机，包括：雅克-3和雅克-9战斗机，伊留申公司的伊尔-2和伊尔-10攻击机，佩特利亚可夫公司的Pe-2轰炸机，里舒诺夫公司的里-2(C-47)运输机和UT-2、Po-2教练机。到1950年，南斯拉夫空军大约有400架飞机。1948年，南斯拉夫与苏联关系破裂，尽管仍然是共产主义国家，但被华约排除在外，这也促进了美国对它的支援。20世纪50年代，南斯拉夫空军装备了150架F-47D"共和雷电"和140架德·哈维兰公司的"蚊"式FB6战斗轰炸机，以及几架"蚊"式夜间战斗机。由南斯拉夫本国设计的S-49A战斗机服役后不久就被召回。1953年，南空军引进了首批喷气式飞机——由洛克希德公司生产的T-33S教练机，后来又引进了200架F-84G"共和雷电"战斗轰炸机、韦斯特兰公司的"蜻蜓"S-51直升机、道格拉斯公司的C-47和伊留申公司的伊尔-14运输机、Aero3教练机。50年代末期，又获得了加拿大航空公司的Mk2和北美公司的F-86D"佩刀"战斗机，60年代引进了米格-21F拦截机。这种情况折射出南斯拉夫当时能从"铁幕"两边购买飞机的有利地位。南斯拉夫的飞机制造公司也在教练机和武装教练机市场上寻找商机，不久索科公司的"鹰"式武装教练机和"海鸥"喷气式教练机服役。

20世纪70~80年代，南斯拉夫空军开始操作苏式战斗机和运输机，还有一些西方国家的直升机。这也反映出西方国家将最先进战斗机出售给这个共产主义国家，当然价格要高一些。南空军增购了一些米格-21来替换五六十年代的西式飞机，此后再没有采购新飞机。直到1988年，才引进了首批米格-29A/B战斗机。

1991—1992年，南斯拉夫联盟解体，塞尔维亚保留了前南斯拉夫空军的大部分装备。由于经济状况不断恶化，再加上武器禁运，尤其是1999年遭到北约的轰炸，塞尔维亚和黑山共和国空军力量被大幅削弱。16架米格-29战斗机被摧毁，大部分是在地面上，其中有6架在空中被击落。据称，还有150架其他战斗机被炸毁，现在看来这个数字有点夸大，有一部分还能使用。

塞尔维亚空防军是在继承前南联盟空军的资产下发展起来的，现有兵力4155人，有1个混合战斗机中队，包括5架米格-29和10架米格-21战斗机。主力作战部队由2个中队组成，包括33架J22"鹫"和14架G-4"超级海鸥"飞机。运输机包括8架安-26、2架雅克-40和2架Do28。直升机包括10架米-8/-17、2架米-24攻击直升机。训练使用15架UTVA-75"燕子"教练机。

斯洛文尼亚

斯洛文尼亚陆军航空兵

成立时间：1991年。

作为前南斯拉夫的一个加盟共和国，斯洛文尼亚有幸躲过了那场影响巨大的剧变和战争。斯洛文尼亚武装力量集中在陆军，其陆军设有海上和空中分队。陆军共有7200人，其中航空兵大约530人。1991年斯洛文尼亚宣布独立时，这些飞机主要为地面部队提供通讯和运输支持。之后，又增加了3架前美国陆军的"皮拉图斯"PC-9武装训练机和9架PC-9Mk2型机。斯洛文尼亚曾考虑过采购战斗机，但在1999—2000

- 人口：200万人
- 面积：16229平方千米
- GNP：530亿美元，人均26343美元
- 国防经费：8.79亿美元
- 服役人员：现役7200人，准军事人员4500人，预备役3800人

年，其国防预算削减约1/3，这项昂贵的采购方案无法通过。

现在，斯洛文尼亚的作战飞机仅有12架PC-9/9M，同时也用于训练。此外还拥有4架AS532"美洲狮"和8架贝尔412EP直升机、3架AB206直升机、2架PC-6"涡轮搬运工"通用飞机和1架L-410飞机。

斯洛伐克

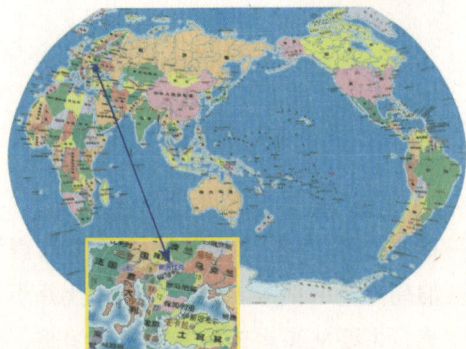

- 人口：550万人
- 面积：49435平方千米
- GNP：910亿美元，人均16666美元
- 国防经费：14.6亿美元
- 服役人员：现役16531人

斯洛伐克共和国空军

成立时间：1993年。

1993年，斯洛伐克再次成为独立主权国家。此前的捷克斯洛伐克被一

分为二，其空军也按2：1分开，人口和面积较大、国力更强的捷克占了多数。大多数的武器装备按2：1划分，但也有轻微差别，例如：米格-29被平均划分，但米格-23全部归捷克。此后，斯洛伐克在1995—1996年间又增添了8架米格-29，退役了一些老旧飞机。加入北约后，斯洛伐克将其米格-29和米格-34进行了升级，加装了西方先进装备，包括敌我识别系统。他们还计划在资金允许的情况下，将苏-25、苏-22、米格-21、L-39和L-29替换成单一的武装教练机，以节约成本，该计划大约需要50架飞机。

如今，斯洛伐克空军已从2002年的10200人下降到4190人，但其年飞行时数已翻倍至人均90小时，尚处于低水平。拥有22架米格-29A/UB和21架米格-21战斗机、3架苏-22M-4/U侦察机、16架米-24攻击直升机、17架米-8、米-17运输直升机和4架米-2联络飞机。运输机包括3架L-410M和2架安-26，即将被2架C-27"斯巴达人"替换。教练机包括7架L-39C"信天翁"，该机由捷克沃多乔迪航空公司研制。

乌克兰

乌克兰空军

- 人口：4570万人
- 面积：582750平方千米
- GDP：1080亿美元
- 国防经费：14.1亿美元
- 服役人员：现役129925人，预备役100万人

建立时间：1991年。

前苏联大部分军用飞机驻扎在乌克兰，在苏联解体后被乌克兰所接管。一些被出售，剩下的被运回俄罗斯以抵消乌克兰的债务。乌克兰工业化并不完善，主要从事运输机的生产和组装，因此没有能力保持强大的武装力量。乌

兰计划分三步来重新构建武装力量，第三步也就是最后一步计划于2015年完成。前两步改革使得乌克兰的兵力自2002年以来减少了几乎2/3。早期用来充实海军航空兵联队的固定翼飞机转交给了乌克兰空军，建制仍然沿用苏联模式。

乌克兰空军人数从2002年的96000人减少到目前的45240人，作战飞机数量也由2002年的900架减少到211架。飞行时数很少，每年只有40~50小时。乌克兰空军建立了西、南、中3个空军司令部以及1个克里米亚特遣部队。空军的7个旅总共装备80架米格-29战斗机、30架苏-24M战斗机和36架苏-27战斗机；2个侦察机中队装备了23架苏-24MR军事侦察机。3个运输机旅装备的3架安-24"焦炭"、21架安-26"卷发"、3架安-30、2架图-134和20架伊尔-76"公正"运输机，但却没有加油机。直升机主要包括4架米-9直升机、31架米-8直升机和3架米-2直升机。训练主要依靠39架L-39"信天翁"教练机，而该型飞机在2002年时还有300架。

导弹主要有"白杨"、"顶点"、"蚜虫"和"阿莫斯"空对空导弹，以及"克伦人"、"基尔特"、"击球手"、"小锚"、"肯特"和"海峡"空对地导弹。

乌克兰海军航空兵

乌克兰海军的前身是前苏联黑海舰队，但其主要舰船都转交给了俄罗斯以抵消债务。与此同时，根据业已签订的条约规定，乌克兰不能保留任何核力量。俄罗斯在塞瓦斯托波尔港口还保留了一处军事基地，这个前苏联遗留下来的问题，导致该基地的归属权成为俄乌两国发生摩擦的一个主要原因。大部分固定翼飞机转交给了乌克兰空军，只有少量的安东诺夫系列运输机和10艘Be-12邮政飞艇。海军飞行人员从原来的13000人中挑选了大约2500人留下来，并且只有1艘护卫舰可以搭载直升机。乌克兰海军航空兵还有拥有28架卡-25"荷尔蒙"和2架卡-27E"螺旋"直升机、42架担当早期空中预警任务的米-14PL"烟雾"直升机以及5架米-6"吊钩"运输直升机。

乌克兰陆军航空兵

乌克兰陆军一度拥有大量的攻击直升机，但长期存放机库中或无法服役，据推测，可能只有139架米-24"雌鹿"和米-8"河马"可以使用。

希腊

- 人口：1070万人
- 面积：132561平方千米
- GDP：3900亿美元，人均36280美元
- 国防经费：64.5亿美元
- 服役人员：现役156000人，预备役237500人

希腊空军

成立时间：1931年。

希腊地处巴尔干半岛和地中海以东，战略位置非常重要，要想实现对这两个地区的控制，空中力量不可或缺。希腊和邻国土耳其长期不和，在塞浦路斯岛和爱琴海一些地区，两国都曾发生过领土争端和冲突，这使得希腊更加认识到空中力量的重要性。实际上，希腊在1829年前一直被土耳其人占领。

希腊皇家陆军于1912年建立了一个中队，有4架"法尔曼"双翼飞机，该中队在1912—1913年的巴尔干战争中发挥过作用。1914年，希腊皇家海军组建了一支航空勤务队，使用"法尔曼"和"索普维斯"水上飞机。1916年，为攻击驻保加利亚境内的德国和土耳其军队，这两支航空兵部队曾合二为一，但在1917年再次分开，分别叫做"希腊皇家海军空中勤务队"和"希腊皇家陆军空军"。一战后，由于装备了英国和法国战争中幸存下来的飞机，这两支部队力量都得到了提升。1924年，希腊成为共和国，各军种前的"皇家"二字不复存在。为应对经济萧条，希腊设立了空军基金，在数个城市募集资金购买飞机，其中，在萨洛尼卡募集的资金就购买了25架飞机。希腊海军空中勤务队的新型飞机包括阿弗罗公司504N训练机、霍克公司"霍斯利"鱼雷轰炸机、希腊自行研制的"标枪"水上侦察飞机以及阿姆斯特朗-惠特沃斯公司"阿特拉斯"通用两翼飞机。法国生产的飞机是希腊两支空中部队的绝对主力,包括布雷盖公司Br19A型和Br19B型侦察轰炸机以及"莫拉那·索尔尼埃"训练机。

1931年,两支航空兵部队合并成为一支新的军种——希腊空军,1935年希腊王室复辟后再次称为"希腊皇家空军"。1939年,二战爆发前夕,希腊的新型飞机包括PZLP-24型和布洛克MB151型战斗机、布里斯托尔公司"布伦海姆"、费尔雷公司"战斗"和"波特兹"63型轰炸机、亨舍尔Hs126型炮兵观测机、阿弗罗公司"安森"侦察轰炸机、道尼尔Do22型和"费尔雷"IIIF型水上飞机。其中,很多飞机——包括"战斗"、"布伦海姆"以及担负进攻职责的"安森"——都没发挥任何实质性的作用。即便如此,希腊皇家空军还是在1940年击退了意大利的入侵。不过,到了1941年,希腊最终被德军攻陷。一些希腊空军人员逃到埃及,在英国皇家空军的支援下,组建了几个战斗机中队,使用的是霍克公司"飓风"战斗机。此外,还组建了一个轰炸机中队,装备"布伦海姆"轰炸机。后来,这些飞机又被"超级海上喷火"战斗机和"巴尔的摩"轰炸机替代。

1944年希腊解放,随后又爆发了希腊共产党和对手之间长达5年的内战。此前在海外组建的中队返回希腊执行防暴任务,带回了SB2C-4型俯冲轰炸机,"安森"、"牛津"和C-47运输机,L-5联络机以及"虎蛾"和"哈佛"训练机,这些内战大大削弱了希腊的实力。1952年,希腊加入北约,按照美国"互助防务援助计划",希腊空军获得了大量的军事援助,空军人员在美国和德国受训。大批飞机被运抵希腊,包括80架F-86D"佩刀"Mk2/4战斗机,250架F-84G"雷电"战斗轰炸机和RF-84F"雷闪"侦察战斗机,以及T-33A型喷气式训练机。此后不久,运抵希腊的还有C-47运输机、T-6G"德克萨斯"训练机以及希腊皇家空军首批直升机——H-19D"契卡索人"。60年代末,希腊和土耳其之间爆发冲突,北约暂时停止对希腊的武器援助,因为土耳其也是北约成员国。1970年,随着一批F-102"三角匕首"截击机抵达希腊,北约恢复对希腊的军援。

希腊1967年爆发军事政变,再次成为共和国,各军种前的"皇家"字样也随即取消。

大量"雷电"和"雷闪"飞机仍然在希腊空军服役,同时服役的还有"三角匕首"飞机。没过多久,希腊

空军规模开始扩充，组建了2个分别拥有8架F-104G"星"式战斗截击机的中队，4个由诺斯罗普F-5A"自由"战斗机组成的中队。此外，还有"诺拉特拉斯"和C-119G"班轮"运输机，以及1个由HU-16"信天翁"水陆两用飞机组成的搜救中队。

只要希腊和土耳其爆发冲突，美国就会中断对希腊的武器供应。鉴于这种情况，希腊决定扩展自身的武器供应来源。70年代，LTVA-7"海盗"飞机加入希腊空军行列，随后还有F-4E"鬼怪"、"幻影"F1G型，以及再后来的"幻影"2000EG型，加入希腊空军的截击机则包括F-16C/D"战隼"。在运输机方面，美国的C-130"大力神"运输机加入希腊空军现役，也有来自其他国家的运输机，例如Do28、YS-11、CL215以及后来的CL415型机。后来，用于救火和海上侦察的水陆两用飞机以及大量的"阿古斯塔贝尔"直升机也加入希腊空军行列。

在塞浦路斯问题上，虽然希腊非常同情希腊族主导下的塞浦路斯政权，但当1973年土耳其入侵塞浦路斯时，希腊空军只能作壁上观，因为希腊飞往塞浦路斯的唯一一条直接航线需要经过土耳其领空。

希腊空军现有31500人，比30年前多出1/3。希腊空军下属空中防御司令部、战术空军司令部、空中支援司令部和空中训练司令部。希腊空军战斗机和对地攻击机力量包括71架F-16CG/DGBlock30组成的4个中队、58架F-16CG/DGBlock52组成的3个中队、45架"幻影"2000EG/BG型或"幻影"2000-5型组战斗机成的3个中队、35架F-4E"鬼怪"II型战斗机组成的2个中队，以及43架A/TA-7EH"海盗"II型机组成的2个中队。侦察力量为1个由19架RF-4E"鬼怪"II型侦察机组成的中队。预警力量也是1个中队，由6架EMB145H型预警机组成。希腊空军使用的导弹包括AIM-7"麻雀"、AIM-9"响尾蛇"、R-550"魔术"2型、"超级530D"、AIM-120空对空导弹以及AGM-65"幼畜"和AGM-88"哈姆"。希腊曾打算购买90架"台风"战斗机，但由于2004年举办奥运会时耗资巨大，推迟了资金支付，因而未能按时得到这批飞机。海上侦察任务由2个中队完成，辖下飞机包括6架P-3B"猎户座"和2架CL-415，人员既包括空军人员，也包括海军人员。

空中支援司令部下辖3个拥有15架C-130B/H和10架C-130H的运输机中队，1个拥有12架阿列尼亚/洛克菲勒-马丁C-27"斯巴达人"运输机的中队，此外还拥有2架C-47"空中列车"、6架Do28型、2架RJ-135型要员专机、1架"湾流"V型和1架YS-11-200型机。直升机力量包括用于执行战斗搜救任务的AS332"超级美洲豹"组成的2个中队，还有4架AB212要员专用直升机和12架AB205通用直升机。训练使用的是各种作战飞机的改装机，以及7架贝尔47G型机。希腊空军有5个固定翼教练机中队，2个拥有45架T-6A/B型的中队，2个拥有40架T-2E"七叶树"的中队，1个拥有19架T-41D型机的中队。希腊空军的导弹包括："大力神"、"爱国者"PAC-3、"天空卫士"、"麻雀"、"响尾蛇"和SA-15型地对空导弹，"阿姆拉姆"、"麻雀"、"响尾蛇"、"米卡"和"魔术"空对空导弹，"幼畜"和SCAPLP空对舰导弹，以及"飞鱼"反舰导弹。

希腊海军航空兵

成立时间：1975年。

希腊海军航空兵部队成立于1975年，最初拥有4架"云雀"III型直升机负责执行联络任务，随着80年代6艘荷兰设计的"科顿艾尔"级护卫舰进入希腊海军服役，16架"阿古斯塔贝尔"AB212直升机担负起了舰上的相关任务。最近，西科斯基公司S-70B"爱琴海之鹰"直升机进入希腊海军服役，配备"企鹅"导弹，也是在希腊现有的14艘护卫舰上执行任务。部分希腊海军人员为希腊空军"猎户座"飞机工作。

目前，希腊海军16000人中，有400人直接从事海军航空工作。11架S-70B"爱琴海之鹰"直升机执行预警和反舰任务，也可执行搜救任务，8架AB212型机也可执行上述任务，2架AB212型负责执行电子战任务。希腊海军还保留了2架"云雀"III型直升机负责执行搜救、联络和训练任务。

希腊陆军航空兵

成立时间：1975年

希腊陆军航空兵部队成立之初是为了执行联络、通讯和运输任务之用，20世纪70年代后期购买了6架南欧制造的波音CH-47"支努干"重型直升机，此时其本身已拥有8架贝尔AH-1S"休伊眼镜蛇"直升机负责执行反坦克任务。当时，希腊陆军航空兵的主要力量包括50架贝尔204型和贝尔205型直升机，以及由贝尔47G型直升机构成的小型联络机和炮观机任务部队。

目前，希腊陆军航空兵的先锋部队是40架波音AH-64A/D"阿帕奇"直升机，还有15架CH-47D直升机、100架UH-1H"易洛魁人"直升机和14架AB206直升机，主要担负运输和公用事业的职能。希腊陆军航空兵的固定翼飞机包括3架C-12A"休伦湖"（"空中之王-200"）和38架U-17A（"赛斯纳180"），训练主要使用26架"休斯"300C型。无人机包括12~18架"麻雀"。

右图：希腊空军最新装备了一批12架由洛克希德-马丁公司生产的C-27J"斯巴达人"战术运输机。

左图：希腊空军有着使用LTV公司A-7E"海盗"II型攻击机的成功经验和完美记录。

上图：使用小型民航客机改装而成的EMB145型预警机造价低廉，为许多国家的空军部队提供了一种可以承受的机载早期预警与控制能力。

下图：希腊海军的11架西科斯基S-70B型直升机主要搭载在护卫舰上进行作战。

西班牙

- 人口：4050万人
- 面积：504747平方千米
- GDP：1.54万亿美元，人均38082美元
- 国防经费：117亿美元
- 服役人员：现役128013人，准军事人员80210人，预备役319000人

西班牙空军

成立时间：1939年。

西班牙空军有着悠久的发展史，最初起源于1896年西班牙陆军的一个气球连。1910年，该气球连参加了镇压摩洛哥里弗族起义的行动。第二年，西班牙引进飞机，随之成立了西班牙空军，当时仅有2架"亨利·法曼"、2架"毛利斯·法曼"、2架"布里斯托"和6架"纽波特"飞机。第一次世界大战爆发前，又引进了1架"毛利斯·法曼"、1架"纽波特"战机以及"莫拉纳·索尼埃"MS14战斗机和"洛纳"水上飞机。作为中立国，西班牙在战争年代很难为其空军和新成立的海军航空部队引进新飞机。为解决这一难题，他们争取到了DH4型轰炸机和"莫拉纳·索尼埃"单翼飞机的生产许可证，并开始生产由西班牙设计的"弓箭"飞机。海军航空兵则争取到了几艘"柯蒂斯"F型飞艇。

随着战争的结束，西班牙的两大航空兵得到了交战国剩余的大批飞机，包括：布里斯托公司F2B型机，马丁西德公司F4A型和SpadS13C1战斗机，法曼公司的F-50、萨姆逊公司的SAL2-A2、布雷盖公司的Br14A-2和DH4轰炸机，马基公司M9和"萨伏伊"S16型水上飞机，还有一些高德隆公司的GIII型教练机。其中，许多飞机曾部署在摩洛哥与里弗族作战，期间进行过翻新，一直使用到1926年。这时，又有新飞机服役，它们分别是道尼尔公司沃尔飞机和马基公司M18型水上飞机，海军航空兵的布莱克本公司的Velos海上飞机和

超级"圣甲虫"水陆两用飞机；经许可生产的布雷盖公司Br19A-2和DH9轰炸机,福克公司产的CIVAOP型机和CIII型教练机，以及阿弗罗公司504K教练机。一部分道尼尔公司的"沃尔"飞机也在西班牙被许可生产，命名为"纽波特"52C1战斗机。西班牙自行研发的"劳林"R-1侦察机也开始生产。但是，20世纪20年代末，服役的新飞机仍是少数，尽管西班牙在1931年获得了一些鱼雷轰炸机，其两大航空部队的飞机总数还是从700架猛降到了300架。

1931年，西班牙的君主政体被共和政体替代，接下来内战不断。1936年，德国和意大利支持的保皇党人和苏联支持的共和主义者之间爆发了西班牙内战。共和党人想方设法得到了西班牙空军的大部分飞机，大约200架，而保皇党得到60架左右。苏联对共和党的支持，刺激德国和意大利公开支持保皇党。法国也出售飞机给共和党，包括100架"德瓦蒂纳"D373、D500和D510、Liore-纽波特LN46和"斯帕德"510C战斗机、Potez56和BlochMB200型轰炸机。捷克斯洛伐克支援了"莱托夫"S231战斗机和Aero100通用飞机。

其中，有些支持国借这场战争测试了飞机的战术性能，其"志愿"飞行员们的作战技能也得到了锻炼。轰炸机在战争中得到了广泛使用。此外，具有重要意义的是德意法西斯使用Ju52/3M将西班牙叛军的海外军团从北非运回西班牙，给保皇党人一次重大转机。1939年，西班牙内战结束，弗朗哥叛军获胜，新政府立即重组了西班牙航空部队，将两大航空兵合并为"西班牙空军"，成为一个独立军种。尽管战争中遭受巨大损失，西班牙空军在成立之初仍然拥有着1000架飞机。

西班牙在第二次世界大战期间仍然保持中立，只是在政治上支持轴心国集团。但是，外国飞机对该国的供应再次被切断，使得西班牙国内的两家飞机制造商——西班牙航空制造公司（西班牙航空制造有限公司）和西班牙-瑞士公司只能根据许可证生产飞机。德国供应了一小部分梅赛施密特公司产的Bf109F战斗机、容克公司的Ju88A轰炸机、亨克尔公司的He114海上飞机和道尼尔公司的Do24水上飞机，还有一些费赛列尔公司产的Fi156"鹳"式轻型联络观测机。西班牙的绝大部分飞机都是由德国许可制造并由意大利设计，包括Bf109F型、He114型、He111H型轰炸机，容克公司Ju52/3M型运输机和菲亚特公司CR32战斗机。此外，西班牙的"志愿兵"飞行员们还驾驶着德国空军飞机飞到苏联前线作战。战后，西班牙空军继续使用大量的战时飞机，并因此闻名于世，其中有些直到1953年还在生产，例如BF109重新安装了罗尔斯-罗伊斯公司的"默林"发动机，与其战时对手"飓风"和"喷火"战斗机的发动机完全一样。

西班牙起初并没有加入北约组织，但在1953年与美国签署了一份单独的防务协议，允许美国使用其空军和海军基地，从而换取美国的军事援助。这样，西班牙空军接收了200架北美公司的F-86D/F"佩刀"战斗机，15架道格拉斯公司生产的C-17运输机，一批格鲁曼公司生产的HU-16"鹈鹕"水陆两用飞机，西科斯基公司产的H-19"契卡索"、贝尔公司的47G"苏族人"直升机，30架洛克希德的T-33A教练机和100架北美公司的"德克萨斯"T-6G教练机。与此同时，西班牙国内的飞机厂商也生产了大量的飞机，例如西班牙航空制造有限公司的201B型、207型和352L型运输机，西班牙飞机制造厂生产的HA-100和HA-200教练机。此后，20世纪60年代，西班牙又引进了20架洛克希德公司生产的F-104G"星"式战斗机，再加上西班牙航空制造有限公司生产的由诺斯罗普公司授权的SF-5A/B战斗轰炸机，足够装备1个拦截机中队。同时，西班牙空军还接收了法国达索公司生产的"幻影"IIIE型战斗机。1970年，西班牙和美国之间的防务

协议进一步拓展，西班牙又接收了麦道公司生产的F-4"鬼怪"战斗轰炸机和另外一些美制飞机，包括洛克希德公司的P-3"猎户座"反潜机和C-130"大力士"运输机。此外，西班牙还接收了DHC-4"驯鹿"战术运输机，其"幻影III"战斗机队伍里又增添了"幻影"F1型机。

1975年，西班牙恢复君主立宪制，其国际地位也随之发生重大变化：加入北约，后又加入欧盟，参加了欧洲伙伴国的飞机制造项目。美国和法国继续为其提供飞机设计，20世纪80年代，西班牙空军引进了72架经许可建造的EF-18A/B"大黄蜂"战斗机，用来替换F-4"鬼怪"战斗轰炸机。不过，西班牙空军仍然保留其中一部分飞机用来侦察。20世纪80年代末至90年代初期，西班牙空军对其SF-5和"幻影III"进行了现代化改造。西班牙曾计划制造一款攻击机，最初命名为AX，但在90年代初期放弃该计划。西班牙还希望参与"欧洲战斗机"项目，与英国、德国和意大利合作以满足未来需求，但这个梦想因该项目的反复延迟而破灭，迫使西班牙空军在1995—1998年间必须从美国采购更多的F/A-18"大黄蜂"战斗机，在1994—1998年间从法国和卡塔尔采购"幻影"F1战斗机，所有的"幻影"F1的服役期延长至2015年。首批欧洲战斗

机"台风2000"至今仍在服役。

西班牙现有2.13万名空军人员，在过去40年里减少了1/3，部分原因在于征兵制的取消。西班牙空军下属4个司令部：中部、东部、直布罗陀海峡与加那利群岛空军司令部和后勤支援司令部。

目前，西班牙空军拥有2个"台风2000"战斗机中队，还有2个"幻影F1M"中队正在改装中，使得"台风"战斗机总数达到59架，另外还计划采购13架。西班牙空军还拥有5个EF-18A/B"大黄蜂"战斗机，总数达90架。西班牙空军负责大部分的岸基海事巡航，拥有一个海上巡逻机中队，下属7架P-3A/B"猎户座"巡逻机。其搜救任务和专属经济区巡逻则由3架"福克"F-27-200海上巡逻机提供，这些巡逻机的基地通常位于加那利岛空军司令部。另外，还有7架C-212也执行类似任务，1架波音707负责搜集电子情报，4架"猎鹰20"负责电子对抗任务。西班牙空军还拥有2架KC-135和5架KC-130H"大力士"加油机，17架"庞巴迪"215/415两栖消防飞机。其运输机包括1个拥有7架C-130H/H-300"大力士"运输机的中对，1个配备12架CN-235运输机、2架要员专机的中队，还有57架C-212小型运输机，其中一部分将被CN295型机

替代。另外还订购了27架A400M。执行西班牙及其岛屿沿岸更广范围搜救任务的是5架SA330H/J"美洲豹"（当地称HD19）和12架"超级美洲豹"（HD21）、3架AS332BM1"超级美洲豹"(HT21A)和8架西科斯基的S-76A直升机，其中一部分还用于训练。有2架塞斯纳飞机公司生产的TR20飞机用于航拍侦察。教练机包括5架比奇公司生产的B55"男爵"和22架F33A"富源"教练机、46架C101B型喷气教练机、37架T-35C"魔鬼"和15架EC120"科利伯"教练机(亦称HE25)。

空对空导弹包括"阿姆拉姆"高级中程空对空导弹、"响尾蛇"和"麻雀"空空导弹；空对地导弹包括"幼畜"、"鱼叉"和"先进反辐射导弹"；地对空导弹包括"西北风"便携式地空导弹和"防空卫士—阿斯派德"防空导弹。

西班牙海军航空兵

西班牙海军航空兵的历史可以追溯到20世纪初期，在西班牙内战快结束时，各军种航空兵合并成立新的西班牙空军。西班牙海军航空兵再次出现是1967年租借美国海军"独立"级航母"卡伯特"号时，当时，西班牙空军特意保留了其岸基的海上侦察机。1973

年，西班牙买下了"卡伯特"号航母，将其重新命名为"迷宫"号，舰载机主要是直升机。20世纪70年代末，西班牙海军从美国海军陆战队引进了5架AV-8A"鹞"式直升机和2架TAV-8A教练直升机，成为首批在海上部署垂直/短距起降飞机的国家之一。这些飞机给"迷宫"号航母提供了打击能力，使其在没有战斗机护航的情况下可以对岸上目标发动攻击。同时，西班牙海军还服役了可上载直升机的"圣玛利亚"级（佩里级）护卫舰，一些老式驱逐舰和护卫舰进行了改装，可以搭载直升机。

"迷宫"号航母后来被西班牙自行建造的新航母"阿斯图里亚斯亲王"号替换，后者可搭载垂直/短距起降飞机，通常部署一个飞行联队，拥有8架EAV-8B"鹞"II型攻击机和10架直升机。新建造的"胡安·卡洛斯一世"级两栖攻击舰必要时也可以搭载"鹞"II攻击机，从而提高打击能力。

如今，西班牙有23200名海军人员，海军航空兵大约814人，自2002年以来已缩减了1/3。拥有16架EAV-8"鹞"II攻击机、12架SH-3/3H"海王"和12架SH-60B"海鹰"直升机，主要上载护卫舰上执行反潜作战，另有10架AB212ASWs(HA18)直升机用于运输和搜救任务。有3架塞斯纳公司"赛泰欣"II型通信飞机。教练机包括1架从美海军陆战队租借的TAV-8B"鹞"式攻击机和10架500MD型机。

西班牙陆军航空兵

西班牙陆军航空兵发展于20世纪50年代末60年代初，最初仅有1架塞斯纳公司造的O-1"猎鸟犬"轻型观测/联络机，之后陆续加入6架贝尔-47G"苏族人"直升机和12架奥古斯塔公司的UH-1D"依洛魁"直升机。在过去40年里，这支队伍不断发展壮大，从最初的运输和联络部队发展成为一支攻击队伍，拥有70架Bo105ATH/CB（西班牙陆航部队称其为HA/HE15）飞机，其中27架装备"霍特"反坦克导弹，其余装备20毫米口径航炮。其运输能力也因配备了CH-47C"支奴干人"（西班牙称HT17）重型直升机而大幅增强。最近几年，随着AS-665"虎"式多用途武装直升机的加入，西班牙陆航部队的攻击能力大幅提升。

目前，西班牙陆军航空兵拥有25架"虎"式直升机用于作战，另有26架Bo105用于训练。运输机包括18架CH-47D"支奴干人"、32架UH-1D"依洛魁"、4架AB212、12架AS332"美洲豹"和16架532UC/UL"美洲狮"直升机，其中AB212型机还可执行搜救任务。另有11架OH-58B"基奥瓦人"直升机作为教练机。

右图一架西科斯基MH-60直升机正在新加坡海军的护卫舰上降落。

左图：西班牙海军的"胡安·卡洛斯"号直升机母舰配备有一条滑跃式甲板，方便AV-8"鹞"式飞机起飞。澳大利亚皇家海军订购了2艘该级直升机母舰，预计将为其提供更加强大的兵力投射能力。

左图：达索公司出品的"幻影"F1M型飞机占到了西班牙空军战斗机的1/3，不过，其中一些预计将被"台风"战斗机所替代。

右图：空客公司出品的A-310型飞机也跻身西班牙空军运输机的行列。

匈牙利

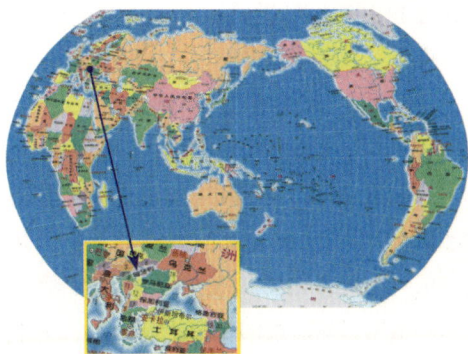

- 人口：990万人
- 面积：93012平方千米
- GDP：1390亿美元，人均14082美元
- 国防经费：18.6亿美元
- 服役人员：现役29450人，预备役 44000人

匈牙利武装部队航空部

成立时间：1949年。

匈牙利曾是奥匈帝国的一部分，后者是一战的中心力量之一。1918年，匈牙利成为独立共和国。作为一战的战败国，依照《凡尔赛条约》，匈牙利不得拥有空中部队。到了1936年，匈牙利还是组建了一支小型的航空兵部队，拥有的飞机包括"菲亚特"CR32战斗机、"子午线"Ro37侦察机和"亨克尔"He46炮兵观测机，以及匈牙利自行设计的"维斯"WM13训练机。1938年，德国向匈牙利提供的军事援助中包括军事顾问、"容克"Ju86D和"亨克尔"He70轰炸机，以及Bu131"荣曼"训练机。随后一年，"菲亚特"CR42战斗机、"卡普罗尼"Ca135和C310轰炸机和"纳迪"训练机加入时，匈牙利

空军已经成立。

1940年，匈牙利站在轴心国的一方加入二战。匈牙利的小队被派往苏联前线，协助德军发起的"巴巴罗萨行动"。德国飞机大批进入匈牙利空军，包括"梅塞施米特"Bf109战斗机、容克Ju87D"斯图卡"俯冲轰炸机和Ju88A轰炸机，此外也有部分意大利雷吉亚内公司Re2000战斗机。很多飞机授权在匈牙利制造，甚至包括德国空军的飞机。在东线战场的泥沼地带，苏联实施了大规模的反击，匈牙利军队损伤惨重，尤其在战争接近结束时更是如此。1945年初，匈牙利投降。

战后，匈牙利只被允许保留少量的战斗机和运输机，直到1949年共产党政府掌权后，情况才有所改观。苏联开始对匈牙利开展军事援助，建立了一支新的匈牙利空军。雅克-9战斗

机、里-2（C-47）运输机和各型训练机陆续作为援助进入匈牙利。第一架喷气式飞机——米格-15战斗机，于20世纪50年代初抵达匈牙利，同期抵达的还有苏联报废的伊尔-10对地攻击机和图-2轰炸机。随后抵达的有米格-17战斗机、伊尔-28喷气式轰炸机、安-2运输机、里-2运输机、米-1和米-4直升机、雅克-11和雅克-18训练机，以及米格15UTI训练机。1955年，匈牙利加入华约组织，但在1956年试图摆脱苏联的影响，两国军队之间爆发了冲突。后来，苏联镇压了匈牙利革命。此后很多年，作为同苏联交恶的后果，匈牙利空军的发展停滞不前。这种状况一直持续到20世纪60年代末，米格-21截击机、米格-19战斗轰炸机和苏-7B对地攻击机的引进为止。这些飞机和剩下的米格-17组成了12个中队，以及1个伊尔-28轰炸机中队。伊尔-14运输机加入到早期的安-2、里-2、米-1和米-4直升机。此后，米格-29截击机、米-24攻击直升机、米-8和米-17运输直升机也相继加入匈牙利空军。训练机则主要是AeroL-39以及部分雅克-52，此外米格-21也得到了升级。

与苏联决裂，以及华约组织崩溃，这些因素导致匈牙利的外交和国防政策出现重大调整。尽管曾经是共产主义集团里除苏联外最具经济实力的国家，高昂的新装备还是严重阻碍了匈牙利空军的现代化。1999年，匈牙利成为北约成员国，希望对米格-29进行升级，以期符合北约的军事标准。米格-21在2000年退役，米-2和雅克-52也遭遇了同样的命运。

今天，匈牙利空军作为统一的武装部队的一个分支，被称为航空部，人员也大大缩减，拥有5664人。1个中队拥有14架"鹰狮"C/D型机，1个中队拥有5架米格-29A/UB型，还有大量这两种型号飞机处于闲置状态。1个攻击直升机联队拥有17架米-24D型机。匈牙利空军还拥有17架米-8和米-17运输直升机，其中有2架米-17处于闲置状态。运输任务由5架安-26运输机担负。训练则使用10架前德国空军的L-39ZO和9架雅克-52型机。西方导弹正在取代华约组织时期的导弹，"响尾蛇"和"阿姆拉姆"空对空导弹正在取代"白杨"和"射手"空对空导弹，"幼畜"空对地导弹也已开始服役。

上图：华约组织解体后，匈牙利空军开始成为萨博公司"鹰狮"战斗机的新客户。

英国

- 人口：6110万人
- 面积：242880平方千米
- GDP：2.26万亿美元，人均37000美元
- 国防经费：624亿美元
- 服役人员：现役175690人，预备役199280人

英国需要承担的防卫任务范围广泛，几乎遍布全球各地，但自20世纪60年代从苏伊士以东地区撤军开始，英国的防卫重心重新回到欧洲和北大西洋。但是，英阿马岛冲突使得英国意识这一决策的短视之处，因此在1982年，英国向南大西洋部署了较为充实的武装力量。最近几年，英国的防卫任务范围又开始扩大，最初是为了满足解放被伊拉克占领的科威特的需要，后来又因为承担在苏伊士以东、阿富汗和伊拉克的部分军事任务。

尽管如此，英国的武装力量仍处于比较危险的低水平，导致英国现役武装力量的压力过大，缺乏武器装备，无法实现有效国防。其国防投入占国民生产总值的百分比只有2.2%，是1990年之前的一半，其实，这一削减过程早在苏联解体之前就开始了，当时是为了追求北约成员国的国防投入占国民生产总值百分比的平均值，尤其随着苏联的解体，紧跟着就决定收获所谓的"和平红利"。1997年，英国工党重新执政，最先做出的举措就包括鼓励恢复大范围的防卫能力，要求武装部队重新关注远征作战，有能力同时参与两场中等规模的战争或冲突。不过，仅靠提交报告并不能使武装力量得以复兴，2000年以来英军战备水平仍在继续下降，虽然参与了两场中等规模的局部战争，第一次是在阿富汗，现在还没结束，第二次是在伊拉克，英国已从伊拉克解脱了，但很可能太早了。当今世界，虽然冷战已经结束，但仍然有着很大的不确定性和危险性，甚至比冷战时期更为严重，一些有远见的领导人物早就预感到了这些危机，并采取了相应的对应措施。例如，海盗活动一直是威胁国际贸易的重要因素，却被人们长期忽略了，这项古老的海上安全威胁现在已不仅仅局限于红海，且日益呈现出发展壮大的趋势。英国皇家海军，这支曾经是世界上规模最大、实力最强的海军，而后的世界两大海军之一，接下来的世界第三大海军，如今已经落到法国后面去了。相比之下，法国海军不但继续推行其"苏伊士以东"政策，最近还在海湾地区建立了一个海军基地。

最近几年，与增强国防力量相比，英国政府更为看重的是削减财政支出。2012年，英国皇家空军和皇家海军舰队航空兵将不再共同承担搜索和救援职能，而是将其转包给民事机构。英国用于搜救的直升机数量将由38架减少到24架，可使用的基地也只有12个，在执行某些救援任务时将不得不增加飞行时间。随着侦察机数量的大幅减少，英国在短时间内不得不面临缺乏岸基军事侦察机的危险，预计这种情况将持续到2012年MR4型侦察机进入现役为止。此外，英国皇家海军失去了"海鹞"战斗机，致使舰队实际上失去了自身的防空能力。

英国皇家空军

建立时间：1918年。

1918年4月1日，世界上第一个独立建制的空军部队成立了，这就是英国陆军皇家飞行团和皇家海军航空兵合并组成的英国皇家空军。这个新部队刚一成立，就参加了当时正在激烈进行的第一次世界大战，执行战斗机和轰炸机作战任务，这一任务前后持续了7个多月。

英国的军事航空史是所有国家中持续时间最长的。皇家工程兵早在1878年就开始在伦敦郊区的伍利奇兵工厂试验热气球，1884年热气球飞到了非洲中南部的博茨瓦纳，第二年飞到苏丹。不过，英国官方的热气球小组直到1890年才组建，在皇家工程兵内单独分离出来一个热气球分队，在南法保罗夫建造了一个热气球工棚。1899年布尔战争爆发后，热气球开始执行空中观测和火炮射击引导任务。1911年，热气球分队成为空中热气球部队。期间，英国皇家海军也于1909年开始飞行测试。英国皇家空军的前身——皇家飞行团于1912正式组建，空中热气球部队、皇家工程兵和皇家海军飞行分部全都并入皇家飞行团。但是，皇家飞行团存在的时间十分短暂，因为皇军海军1914年退出飞行队，自行组建了皇家海军航空兵。1914年8月，第一次世界大战爆发，皇家海军航空兵当时共拥有100架飞机和一些飞艇，事实证明飞机和飞艇在人员运输和护送方面意义重大。一战爆发时，皇家飞行团由休·特伦奇中校指挥，共拥有180架飞机。当时，根据英国第一海务大臣温斯顿·丘吉尔的命令，皇家海军航空兵开始执行本土防空作战任务。

上述两个兵种部队获取飞机的政策也大不相同，皇家飞行团重点发展自己在法保罗夫的飞机制造厂，而皇家海军航空兵则是购买民营飞机厂的飞机。包括英国阿弗罗、布里斯托尔、肖特和索普威斯公司在内的飞机，在设计上均参考了法国布莱理奥特、德培杜辛和"法尔曼"公司的产品。在一战期间，英国皇家海军航空兵的飞机轰炸了德国汉堡、科隆等地的"齐柏林"式飞艇基地，在地中海炸毁了1艘土耳其军舰。在很多情况下，飞机从军舰（包括一些水上飞机母舰）上起飞执行侦察任务，但在1916年5月31日日德兰半岛战役中，飞机侦察能力表现得尤为突出。1915年，战斗机的作战形式开始不断发展。到了1916年，德国人率先在福克公司的飞机上安装了同步机关枪，从而夺取了空中优势。英国起初的应对措施是推出了速度较快的维克斯公司FE2B型螺旋桨飞机和皇家飞机制造厂的DH2飞

机，之后又推出了装载机枪的法国"纽波特"双翼飞机，但直到安装了"维克斯"同步机枪的布里斯托尔公司"侦察兵"和索普威斯公司"炫耀者"出现之后，英国与德国的空战平衡才再次恢复。轰炸机的发展主要是机型的发展，先是DH9系列轰炸机、亨德里·佩奇0/400型和V/1500型，然后是战争后期的维克斯公司"大维梅"飞机。这些飞机用来轰炸德国运输线，包括铁路枢纽。一战期间，飞机所投掷的炸弹是在火炮的炮弹上加装稳定翼，炸药装量最多达750千克，不过，通常使用的是小一号的炸弹。

在战争即将结束的几个月内，英国皇家空军主要执行空战、轰炸和侦察任务。在法国，皇家空军基本作为一个独立的空中部队进行作战。1918年7月，从世界上第一艘航空母舰"暴怒"号上起飞的英军舰载机轰炸了德国汤登地区的"齐柏林"飞艇机库，炸毁了2艘飞艇。1919年，1架维克斯"大维梅"飞机完成了第一次不停歇的跨大西洋飞行。

这种新出现的舰载航空部队引起了很大的争议，因为它能够执行各种各样的军事航空任务。最后，通过了一个折中方案，战列舰和巡洋舰上搭载的舰队飞机由海军军官驾驶，但新增加的航空母舰上的飞机则由皇家空军管理和

驾驶，只是象征性地保留少量的海军人员。战争结束时，皇家空军人数达到36万人，共有200个中队和23000架飞机。为了压制皇家飞行团和皇家海军航空兵之间的过度竞争，英国开始实施严厉的预算缩减，一直压缩到了12个中队，其中1个驻扎德国、2个留守英国本土，剩下9个驻扎在中东和印度。1923年，英国政府分析研究后确定，需要组建15个战斗机中队和37个轰炸机中队用于国土防御，装备和人员主要来自驻海外的部队，最终有74个中队的作战能力在1936年之前得到了加强。英国这一时期的军费也受到"十年定律"的影响，即只有10年的时间为一场大规模冲突做准备。1924年，皇家空军的航空母舰飞行中队被称作舰队航空兵，是新出现的濒海皇家空军的一部分。不过，直到1923年才引进了第一款战后设计的飞机——费尔雷公司"小鹿"战斗机。紧随其后的是连续不同的设计，全部是双翼飞机。不过，购买数量太少，使得单一型号飞机只能够装备一个单一中队。这些飞机主要有：保罗公司的"赛德斯特兰德"、费尔雷公司IIIK型、亨德里·佩奇公司的"欣纳第"和"海德拉巴德"、霍克公司的"雄鹿"和"霍斯利"、布莱克布恩公司"彩虹"、超马林公司的"南安普敦"飞艇、格罗斯特公司的"格利伯"、阿姆斯特朗·威特沃斯公司的

"金雀"和维克斯公司的"弗吉尼亚"飞机。尽管皇家海军飞行员在各种飞行竞赛和飞行表演中屡屡获得成功，但其装备水平改进速度缓慢。

在两次世界大战之间的这段时期，英国皇家空军主要参与了大量的维持稳定行动，尤其是在中东、阿富汗和印度西北边境。例如在伊拉克，"空中控制"被认为是一种经济有效的保持领土和平的方法，但飞机并没有完全取代地面部队的职能。对于英国而言，进行殖民统治并与多个国家结盟，需要建立起设施良好的基地群，这对国家开发新的空中航线具有很大的推动作用，促使帝国航空公司快速扩张。在1924年建立帝国航空公司之前，皇家空军也提供了十分重要的航空邮件服务。

1936年和1937年，皇家空军进行重组，1936年空军分成战斗机司令部、轰炸机司令部、海岸司令部、维修司令部、训练司令部和作战指挥部几部分，1937年海上航空项目重新划归海军司令部。1936年，英国决定将皇家空军常规中队增加到134个，外加138个皇家辅助航空团，主要是预备役中队。20世纪30年代，皇家辅助航空团的13个飞行中队大规模增员。新型飞机的发展和生产制造也开始了，包括阿姆斯特朗·威特沃斯公司"惠特利"、费尔雷公司"战斗"、布里斯托尔公司"布伦海姆"和

维克斯公司"惠灵顿"轰炸机，以及霍克公司的"飓风"和超马林公司"喷火"战斗机。到了1938年，飞机工厂的制造能力而非经费限制成为制约空军装备更新的主要因素。到1939年，英国皇家空军人数只有德国空军的1/8，装备实力也只达到德国的2/7。

1939年9月，第二次世界大战在欧洲爆发，英国皇家空军的轰炸机司令部拥有55个中队。5个轰炸机中队装备阿姆斯特朗·威特沃斯公司III型和IV型轰炸机，6个中队装备亨德里·佩奇"汉普登"飞机，6个中队装备布里斯托尔"布伦海姆"IV型，另外6个中队装备维克斯"惠灵顿"I型，以上中队装备的全是具备实际战斗力的飞机，还有10个中队装备不太实用的费尔雷公司"战斗"轻型轰炸机，剩余中队装备的都是过时的老旧飞机。海岸司令部拥有10个中队的阿弗罗"安森"、1个中队的洛克希德公司"哈德逊"、2个中队的肖特"桑德兰"飞艇以及6个中队废旧的超马林公司"斯特兰瑞尔"、桑德斯-罗公司的"伦敦"飞艇和维克斯"维尔德比斯特"鱼雷轰炸机。战斗机司令部下辖22个装备霍克公司"飓风"和超马林公司"喷火"战斗机的中队，以及13个老旧的格罗斯特公司"角斗士"双翼飞机中队。

最初，共有27个中队在法国进行部署，包括先进空中打击部队的轻型轰炸机和英国远征部队。不过，英国和法国总共只有600架飞机，却要对抗德国的3000架飞机，明显不是对手。另外，由于机场数量的限制，英国皇家空军只能对挪威战役提供象征性的援助，尽管如此，英国还是向挪威提供了一些霍克公司的"飓风"战斗机。1940年春天，德国发起进攻后，英国皇家空军开始从法国撤离，防范德国对英国本土发动空袭，进而入侵英国。即便如此，仍有27个中队驻扎在地中海周边基地，这些中队虽然配备的都是老旧飞机，却能够奋力作战，努力夺取制空权，帮助希腊挫败意大利的进攻。1940年，德国的进攻作战势如破竹，但就在这年夏天，英国皇家空军也进入了最具挑战性的一段时期——"英国战争"爆发了，英国本土机场遭到德国飞机的集中攻击。1940年8月11日至9月30日，是战役主要阶段。在战斗最激烈的时候，不时出现多架飞机宣称同一架敌机是被自己"击毁"的现象，其实，双方宣布的"击毁"敌机数量都言过其实。英国皇家空军宣布击毁敌机2698架，而德国宣布击毁敌机3058架。实际上，大约有1733架德国飞机被击毁，英国皇家空军则失去了1140架飞机。当时，有很多发动机工厂转产飞机，这样一来，空军人员尤其是熟练飞行员的缺乏成为制约战斗力生成的最

主要的障碍，而不是飞机数量。为此，皇家空军不得不从舰队航空兵借调了一些飞行员，并征召来自法国、波兰等国家的流亡飞行员以对抗德国。最后，就连来自美国的志愿飞行员也达到了3个中队。还有大量人员来自英联邦国家。此外，星罗棋布的雷达站作为一种秘密武器，使得英国战斗机在战争期间能够紧急升空拦截德国飞机的进攻。"不列颠空战"爆发后，德国人先是对英国城市进行频繁轰炸，这被称作"闪电战"。德国人认为他们已经消灭了英国皇家空军，然后开始轰炸工厂和通信设施，防止英国皇家空军东山再起。但实际上，如果德国继续轰炸机场的话，说不定英国飞行员将会全部牺牲。德国的闪电战在支援针对波兰、法国等国的地面进攻时十分成功，但在进攻英国时，却因为英国防空力量的猛烈反击而告失败。之后，英国人主要依靠的是最先进的夜战飞机，先是布里斯托尔公司"英俊战士"战斗机，然后是德·哈维兰公司的"蚊"战斗机。当然，德国人也面临缺乏高效轰炸机的问题。英国城市遭受了严重的破坏，并付出了大量的人员伤亡，但人们仍然继续全力支持战争，最终打破了德国的闪电战"神话"，并将雷达瞄准德国轰炸机，从而防备德国轰炸。

1940年，法国和波兰战败后，意大利开始加入德国集团发动进攻。将战火烧向敌人的唯一方法就是出动轰炸机实施夜间空袭，英国皇家空军的空袭始于战争初期，但飞机数量不够充分，战术也相当拙劣。从1942年开始，平衡开始向英国皇家空军倾斜，英国皇家空军先后引进了肖特公司"斯特灵"、阿弗罗公司"兰开斯特"、亨德里·佩奇公司"哈利法克斯"等一系列纯正的重型轰炸机，携弹量高达8000磅，并装备了优良的防御武器。此外，导航和轰炸瞄准系统得到了不断改进，不但可以满足高速飞行的需要，还可以在轰炸之前对目标进行标记。接下来，英国皇家空军发起了著名的"千机轰炸"行动。第一次空袭发生在1942年5月30日到31日晚上，为空袭德国科隆市，英军总共出动了1050架飞机，包括暂时放弃训练任务的"汉普登"和"惠特利"飞机。空袭过程中，英军损失了40架飞机，约占3.8%，远低于以往空袭的战损率（以往有1/3甚至更多的飞机被击毁）。随着新飞机航程的不断增加，英国人甚至可以空袭意大利的目标。1943年5月，英国人对默内大坝和埃德尔大坝的轰炸是最著名的空袭之一，由617中队的"兰开斯特"式轰炸机实施，它们携带的是专门设计的巨型炸弹，包括5400公斤的"高脚橱"和10000公斤的"巨大打击"炸弹，这次空袭轰炸了大量目标，包括战列舰"提尔皮茨"号和铁道枢纽。美国参战后，英国皇家空军的夜间轰炸和美国空军的白天空袭交替进行。很多美国飞机开始在英国皇家空军服役，包括道格拉斯公司的C-47（英国称作达科他）飞机，补充了英国缺乏运输机的空白。1943年3月，英国组建了运输司令部，提供了专门的运输机以支援伞兵部队的行动，例如在荷兰阿纳姆的战斗中，对对地攻击和物资补给进行支援，在诺曼底登陆作战和穿越莱茵河的战斗中也使用了"哈米尔卡尔"和"霍莎"牵引滑翔机。

但是，1941年年底至1942年年初，在远东对抗日本的战争中，英国皇家空军表现平庸。在地中海地区，英国皇家空军在保卫马耳他的战斗中发挥了压倒性优势，有时只留下3架格罗斯特"海上角斗士"双翼飞机就够了。不管怎样，随着战争的推进，"飓风"战斗机开始在北非服役。诺曼底登陆之后，"飓风"的接替者——霍克公司的"台风"在法国也承担了同样的任务。

英国皇家空军在对抗德国潜艇的战斗中发挥了重要作用，由于德国潜艇在英国本岛附近不断袭击盟国舰船，英国空军派遣岸基巡逻机在大西洋开展空中巡逻，最著名的是肖特公司"桑德兰"飞艇和"惠灵顿"轰炸机。后来，美国联合飞机公司的"卡特琳娜"、洛克希德公司的"哈德逊"和联合飞机公司的"解放者"轰炸机也使海岸司令部的作战能力得到加强。在此基础上，英国还组建了一个新的皇家空军小队，即商业勤务战斗机小队，主要执行护航任务，装备了可从商船上弹射起飞的"飓风"战斗机，保护商船免受德国飞机的攻击。随着护航航空母舰的出现，英国人又组建了大批的飞机勤务小队。

战争结束时，英国皇家空军装备的飞机包括霍克公司的"台风"和"暴雨"、洛克希德公司的P-61"闪电"战斗机，北美航空公司的P-47"野马"和阿弗罗公司"林肯"重型轰炸机，以及早期服役的一些飞机。二战期间，德国制造出了梅塞施密特公司的Me262喷气式战斗机，但希特勒坚持将其当做轰炸机使用，英国皇家空军1944年服役的格罗斯特公司"流星"战斗机成为参与实战的第一架喷气式战斗机。

战后，英国皇家空军拥有110万人，487个中队，其中100个来自其他英联邦国家，共有9200架飞机。繁重的战后任务意味着这些部队不能立即裁减至和平时期的30万人。二战中，英国展示出强大的战略空军投送能力以及必要时提供强大战术支援的辅助能力。

战后，鉴于苏联1948年6月开始对西柏林实施封锁，切断了英国和柏林的联系，英国皇家空军投入大量的人力物

力用于柏林空运，对作为西方占领区的联邦德国进行支援。大量英国皇家空军和美国空军的大量运输任务是由得到特许的民用飞机承担的，包括向柏林运送食物、衣服和燃料（包括煤）。超过100架英国皇家空军运输机参与了运输行动。

英国皇家空军接收了很多新型飞机，包括德·哈维兰公司"毒液"战斗机以及1950年定制的世界上第一架喷气式轰炸机——英国电气公司出品的"堪培拉"飞机。英国皇家空军被派往各个殖民地去维持社会治安，先是作为托管地的巴勒斯坦，接下来是面临来自苏联的威胁的马来半岛也需要获得英国支援。朝鲜战争期间，英国皇家空军也派遣部队前往，但为数极少，其中，参与联合国军空军的英国部队主要来自皇家海军航空兵。

作为北约组织的创始国，英国将部署在英国、西德、直布罗陀、马耳他和塞浦路斯的前线部队全都交给北约。英国也加入了很多其他的地区防御性联盟，包括"东南亚条约组织"和"巴格达公约"组织。

20世纪50年代，英国皇家空军接收了相当数量的新型飞机，这些飞机都是当时表现一流的机型，包括德·哈维兰公司的"彗星"C2喷气式运输机和布里斯托尔"大不列颠"涡轮螺旋桨运输机，在此之前，接收了笨重却善于实施短途运输的布莱克布恩公司"贝弗利"重型运输机。韦斯特兰公司的"旋风"直升机很快就被威塞克斯直升机所取代，就像它取代特许生产的西科斯基公司改进型直升机一样。这一时期，英国皇家空军得到了一种重型直升机，即双旋翼的布里斯托尔"瞭望台"直升机。1954年，英国皇家空军的第一架后掠翼战斗机——超马林公司研制的"雨燕"也开始服役，但不久就因技术原因退役。与之相反的是，英国堪培拉电气公司的"猎人"轻型喷气式轰炸机却在皇家空军取得巨大成功。格罗斯特公司出品的"标枪"三角翼拦截机也被引进空军。与此同时，著名的三种"V"字头型号轰炸机也开始装备部队，从而维持英国的核威慑能力，它们分别是维克斯公司"勇士"、阿弗罗公司"火神"和亨德里·佩奇公司"维克托"轰炸机。在维克斯"勇士"转变成加油机进行空中加油后，英国皇家空军的战略能力获得了极大进步。

1956年，埃及宣布苏伊士运河国有化之后，英法对埃及发动联合进攻，英国皇家空军、舰队航空兵、法国空军等力量参加了此次作战行动，其中，英国皇家空军甚至使用了在塞浦路斯的英军基地。尽管取得了战术胜利，但英法联合行动很快就迫于国际压力而结束。

以上是20世纪50年代英国皇家空军所参与的最重要的作战行动。

20世纪60年代初，印度尼西亚企图破坏新组建的马来西亚联邦，英国皇家空军为英军地面部队成功阻止印尼入侵提供了空中支援。

这一时期，英国皇家空军人员急速裁减，从20世纪50年代初的25万人减至20年后的11万人。英国皇家辅助空军也被裁撤了，官方认为给予皇家辅助空军越来越多的现代化飞机是不切实际的，但是，要确保辅助空军的小分队在特殊情况下能在3个月内重新征召起来，以加强皇家空军的战斗力。这种人员和飞机的裁减活动持续了30年，直到20世纪80年代初才转为少量的增加。

新型飞机继续进入现役，标志着英国皇家空军正处在快速发展阶段。在英国电气公司的"闪电"拦截机服役之前，道格拉斯公司F-4K"鬼怪"、肖特公司"贝尔法斯特"、维克斯VC10型、洛克希德公司C-130K"大力神"运输机和霍克-西德利公司"安多佛"运输机已经装备空军。由于政策不断改变以及多个计划项目的流产，西德利公司"海盗"轰炸机成为轰炸机部队的中流砥柱。皇家空军的"鬼怪"和"海盗"部队额外获得了一批舰队航空兵移交的飞机，这是因为皇家海军常规航空母舰相继退役了。20世纪70年代，两种新型攻击机开始服役，它们是英法合作研制的"美洲虎"和霍克-西德利公司的"鹞"式飞机，后者是一种垂直起降飞机，该型机的第一种型号开始在各个空中部队服役。起初，空中巴士-韦斯特兰公司的"美洲狮"直升机取代了剩余的"旋风"直升机，不久之后，韦斯特兰公司的"海王"(S-61)直升机取代了"威塞克斯"直升机执行搜救任务。军用侦察机方面，由"彗星"客机改造而成的霍克-西德利公司"猎手"取代了老旧的阿弗罗"沙克尔顿"。20世纪70年代，英国飞机主要购自欧洲合作伙伴或者美国。为了研制一种多用途战斗机，英德意三国联合制造了"狂风"战斗机，它可以执行拦截和封锁任务。

英国皇家空军的裁军导致1936年制定的司令部建制被裁撤，战后增加了两个地区司令部，即20世纪60年代建立的皇家空军驻德国司令部和中东司令部，这两个司令部最终也因空军人员和飞机数量的不断缩减而被裁撤。这一时期的新机型包括波音E-3A"哨兵"早期空中预警与控制飞机。与此同时，皇家空军也拥有了自己的舰载机部队，共有2个中队，装备了7架早期空中预警与控制飞机。需要皇家空军和英国武装部队执行的重要军事行动不断增加。20世纪60年代，罗德西亚（津巴布韦的旧称）单方面宣布独立，皇家空军向赞比亚派遣了几个飞行小队，但不久这几个小队就因洪都拉斯主权遭受威胁而被派往该国首都伯利兹城。英国皇家空军也开始提供人道主义援助，最著名的是当1985年埃塞俄比亚发生饥荒时，通过"大力神"运输机空投救援物资的行动。从20世纪60年代直到20世纪末，北爱尔兰的英国陆军战术运输任务主要依靠"威塞克斯"、"美洲狮"和"支奴干人"直升机。英国皇家空军参与的主要战斗包括1982年的英阿马岛冲突、1991年的海湾战争、1999年针对前南斯拉夫联盟的军事行动、在前南斯拉夫地区永久驻扎以支持科索沃地区阿尔巴尼亚人。此外，英国还小规模介入塞拉利昂内政以维持这个国家的稳定。

在阿根廷侵入马尔维纳斯群岛后，为收复失地而爆发的英阿马岛战争中，英国皇家海军航空母舰编队作为先头部队加入作战，皇家空军负责为特混舰队空投邮件和物资补给。期间，英国皇家空军曾派出一架"火神"轰炸机发动第一次空袭，轰炸了斯坦利港机场，但几乎没有造成任何破坏效果。英国皇家空军的直升机和"鹞"GR3对地攻击机也被派往舰上，帮助收复失地。不过，有许多"支奴干人"直升机因为其所搭载商船的沉没而损失。阿根廷军队投降后，英国皇家空军控制了从英国本土到马尔维纳斯群岛的航空补给线，他们从一开始就派遣了一些飞机前往马尔维纳斯群岛，阻止阿根廷向岛上派出增援部队。

1990年，伊拉克入侵科威特，海湾战争爆发。第二年，为了解放科威特，联合国授权美国为首的多国部队向科威特派遣空军、陆军及海军部队。英国皇家空军也在战争初期将英国部队运送至科威特，但由于此前卖掉了"贝尔法斯特"机群，英国空军缺乏重型运输能力，很多重型装备是通过租用飞机空运过去的。1991年1月17日，联军与伊拉克军队爆发了激烈的空中战斗，英国皇家空军的"狂风"战斗机在战斗中发挥了重要作用，携带着可摧毁机场跑道的武器并保持低空飞行，袭击了伊拉克的机场。但是，英国皇家空军的"狂风"GR1战斗机导致巨大的空军人员伤亡，使得人们开始怀疑作战环境下飞行技巧的有效性。

1999年3月24日到25日的晚上，前南斯拉夫空战爆发，一直持续到6月份。这一次，英国皇家空军派出的主要是"鹞"GR7和大量的"狂风"战斗机，部署在意大利南部的乔亚德尔科尔空军基地。

2001年，英国皇家空军关闭了在德国的最后一个基地，不过，仍然参加了很多"境外"军事行动。2001—2002年，英国皇家空军加油机向在阿富汗作战的美国海军和海军陆战队飞机提供空中加油服务，这是因为美国海军的空中加油系统与英国皇家空军类似。还有一些飞行中队被派往意大利监视波斯尼亚（原属于前南斯拉夫）的和平协定执行情况。此外，在2003年春天英美联军进攻伊拉克之前，英国皇家空军还有几个中队前往土耳其，负责监视设在伊拉克北部的"禁飞区"。

更多的"支奴干人"直升机和新的阿古斯塔–韦斯特兰公司的"默林"直升机开始进入皇家空军，此外还从丹麦获得了额外一批"默林"以满足各种紧急任务对直升机的需求，并又订购了更多的"支奴干人"直升机。英国订购了1架空客A330改进型宽体客机以取代VC10型和前英国航空公司的洛克希德"三星"500型运输和空中加油飞机，原来租赁的3架波音C-17"全球霸王"II运输机再次承担起重型空中运输任务，数量也增加到了6架，这些飞机如今已属于皇家空军。"投弹哨兵"侦察机的引进提升了皇家空军的战场侦察能力，1个部署在阿富汗的中队装备了5架该型飞机。攻击飞机也很重要，但奇怪的是在阿富汗冲突中，英国皇家空军损失了3个中队的"美洲虎"飞机，而这些飞机不久前刚进行过大量的现代化升级和服役期延长改造工程。

英国军队进行了部分重组，皇家海军和皇家空军"鹞"式飞机小队合并成一个特混部队，与"无敌"级航空母舰协同部署，舰队航空兵的"海鹞"战斗机却无缘此项任务。此外，皇家空军和皇家海军的运输直升机组成了一个联合直升机司令部。

虽然实际需要更多人员，但过去7年，英国皇家空军人数从53950人裁减至33480人，外加被征召的140名预备役人员，部署方面也显得稀稀疏疏。各主要基地都组建了皇家空军远征联队，以实现作战小队快速有效的部署。5个空中打击中队装备了"狂风"GR4战斗机，2个中队装备了GR4A型战斗机。还有1批"狂风"F-3拦截机部署在马尔维纳斯群岛，英国本土的2个F-3中队则换装了新式的欧洲"台风"战斗机，另外2个F-3中队正在进行职能转换。英国皇家空军和舰队航空兵"鹞"式飞机特混部队中有3个中队装备了GR7和GR9型机，其中一些前往阿富汗执行部署任务，如今都被"台风"战机取代。还有2个中队装备了7架波音E-3A"哨兵"早期空中预警与控制飞机。皇家空军目前只有2个军用侦察机中队，装备14架BAE系统公司的"猎手"MR2侦察机，重装机翼和发动机之后升级成为MR4型侦察机，但数量将减少到9架，最多会在2012年达到12架。侦察机中队装备的是"猎手"R-1侦察机以及2009年服役的5架环球快车公司的防区外雷达飞机。运输和加油机包括1个中队的洛克希德"三星"K-1/KC-2A运输加油机，1个中队的BAE系统公司的VC-10C1K/K-3型机，尽管这些飞机计划被14架A330加油机取代。还有4个中队装备了26架洛克希德C-130K和25架C-130J"大力神"和"大力神"II型运输机，C-130K将在2014年左右被22架空客A400M取代，还有1个中队装备了6架C-17"全球霸主"II运输机。联合直升机司令部下属的3个中队装备了47架CH-47"支奴干人"HC2、HC2A和HC3型重型运输直升机，2个中队装备了30架"默林"HC3直升机，还有2个中队装备的是"美洲狮"HC1直升机，3个中队装备"海王"HAR-3，2个搜救中队装备了25架韦斯特兰公司的"海王"HAR3/3A直升机，但从2012年开始，搜救任务将承包给装备西科斯基公司S-92商业直升机的承包商。还有2架BAE系统公司146型CC2飞机和2架欧洲"双松鼠"HCC担当要员专机。飞行训练使用的飞机种类繁多，包括99架格罗普公司115型"家庭教师"教练机和18架斯林斯贝航空公司T67M-2"萤火虫"教练机，高级训练则使用73架肖特公司"巨嘴鸟"T1教练机和97架BAE系统公司"鹰"T1/T1A教练机，后者也是著名的"红箭"特技飞行队的装备机型。其他训练使用的是1架"牧师"（BAE系统公司125）和11架"喷气流"T1（"喷气流"31）导航教练机、38架"松鼠"HT1/HT2和9架"格里芬"HT1直升机教练机。皇家空军装备的导弹主要包括"阵风"、"空中闪光"和"阿姆拉姆"等空对空导弹、"小牛"和AGM-84D"鱼叉"空对地导弹、"阿姆拉姆"导弹和"长剑"地对空导弹。

舰队航空兵

建立时间：1924年。1939年划归海军司令部。

英国皇家海军舰队航空兵司令部直到1939年才正式组建，这是因为海上航空控制权1937年才交还英国海军部，但英国海上航空业的起步时间却要早得多。1909年，英国皇家海军开始对一艘价值35000英镑（按当时汇率是175000美元）的飞艇进行评估。一战前，英国皇家海军取得巨大进步，开始试验舰上起飞的飞机，并将军舰改装成水上飞机补给船。1912年，空中部队的两个分支——英国陆军和海军的空中部队合并组成皇家飞行团，但在1914年，海军航空兵首先分离出来并得以组建。一战期间，海军部指派皇家海军航空兵为遭受德国"齐柏林"飞艇和轰炸机威胁的英国城市提供战斗机保护。由于空中护航的需要，皇家海军进行了一系列变革，包括在驱逐舰拖曳的快速驳船起飞陆基战斗机，在水上飞机母舰的原始飞行甲板上起飞水上飞机。1916年，在英德日德兰海战爆发之前，皇家海军就开始使用飞机对敌舰进行侦察跟踪。其中，英国皇家海军最重要的一项变革就是对战列巡洋舰"暴怒"号进行改造，推出了世界上第一艘航空母舰。"暴怒"号执行的第一次空中打击任务就是1918年7月对德国汤登地区的飞艇仓库发起空袭。但就在这一期间，皇家海军航空兵逐渐失去了独立性，与皇家飞行团合并，最终组建了英国皇家空军。

1924年，随着航空母舰开始搭载皇家空军部队，舰队航空兵逐渐出现了。不过，这个时候，大量的海军飞行员在可搭载水上飞机或水陆两用飞机的战列舰和巡洋舰上服役。截至1924年，共有4艘航空母舰——"暴怒"号、"百眼巨人"号、"鹰"号，以及第一艘从铺设龙骨开始就专门设计的航空母

舰"竞技神"号，之后还有从"暴怒"号战列舰的姊妹舰改装而来的"勇敢"号和"光荣"号。此外，水上飞机母舰"皇家方舟"号被更名为"飞马座"号，因为一艘新的航空母舰将命名为"皇家方舟"号。在两次世界大战之间的这段时期，舰队航空兵严重缺乏各型飞机，这是因为皇家空军也面临十分紧张的经费预算，无法有效维持正常发展。20世纪30年代末，英国计划组建一支全新的航空母舰部队，并更换大量的老旧舰船。第一艘是二战爆发前就开始服役的"皇家方舟"号航空母舰。接下来的4艘快速航空母舰加装了防护装甲，随着战争日益临近，又额外订购了2艘。此后，航空母舰也都进行了很多改进。这些新的航空母舰包括"卓越"号、"胜利"号、"不惧"号、"不屈"号、"不驯"号和"不倦"号。这些舰船并非用来取代老旧舰船，而是直接进入舰队航空兵服役。接下来，二战的战争实践证明了它们是最成功的航空母舰。

英国皇家海军虽然装备了新型航空母舰，但当战争爆发时，却发现他们的飞机过于老旧，攻击机中队的主力是一种搭载3名驾驶员、有着开放式座舱的双翼飞机——费尔雷公司"剑鱼"，飞行速度竟然超不过100节。当时，装

备的其他飞机还包括格罗斯特公司"海上角斗士"双翼飞机和费尔雷公司"管鼻藿"单翼飞机。由于战术落后，开战第一个月，"勇敢"号航空母舰就被击沉了。但在1940年的挪威战场上，英国舰队航空兵证明了自身的价值，用岸基飞机击沉了德国巡洋舰"哥尼斯堡"号。不过，在从挪威撤退的途中，"光荣"号航空母舰被2艘德国战列巡洋舰击沉。

英国皇家舰队航空兵取得的最大成就之一就是在1940年11月瘫痪了塔兰托港的意大利舰队，这次夜间空袭只出动了"胜利"号上的21架"剑鱼"战斗机，并且只损失了其中的2架。此外，航母舰载机还被用来对抗维希法国在非洲南部和西部的舰队，在马塔潘角海战中击沉了"俾斯麦"号战列舰，在挪威海峡多次发起针对"提尔皮茨"号战列舰的进攻。在从美国接收大批护航航空母舰之前，舰队航空兵还负责北极、北大西洋海域以及比斯开湾的护航任务。在马耳他的护航任务则由攻击型航空母舰负责，并从航母上起飞战斗机前往被包围的马耳他岛。自从早期在印度洋损失了"竞技神"号航空母舰等舰船后，英国皇家海军重新返回远东海域，对荷属东印度群岛上的敌军目标发起攻击。接下来，又与美国海军一道向日本本土步步推进。随着新型飞机的服役，舰载

航空兵的作战表现也越来越出色，这些飞机包括霍克公司的"海飓风"和超马林公司"海火"战斗机等，其中，表现最出色的是美国沃特公司"海盗船"、格鲁曼公司"野猫"和"地狱猫"战斗机以及"复仇者"轰炸机。

当战争结束时，英国皇家海军拥有的各型航空母舰达到了52艘之多。在把租借的美国护航航空母舰物归原主之后，英国又拆解了一些老旧舰船或者将它们列入预备役。新的"巨人"级轻型航母及其衍生型舰船性能优良，对其他国家（包括荷兰、法国、巴西、阿根廷、印度、加拿大和澳大利亚等）海军也很具吸引力。德·哈维兰公司研发的远程双发战斗机——"海上大黄蜂"成功进行了甲板着陆试验，"海上吸血鬼"喷气式战斗机成为第一款成功着舰（"海洋"号航空母舰）的喷气式战斗机。此外，西科斯基公司R-4型直升机也在战列舰"前卫"号上实现成功着舰。英国皇家海军一直走在发明创造的最前列，当然，并非所有的发明最终都得以实战应用。这些技术发明包括蒸汽弹射器、助降镜着舰系统和斜角滑跃式飞行甲板，后者可以实现舰载机的同时起飞和着舰，以及首次着舰失败后仍可安全飞起。一些装备也获得改进，如：使用道格拉斯AD-4W"空中袭击者"战斗机执行反潜任务；将韦斯特兰公

司的"蜻蜓"(S-51)直升机用于通信和救援。此外，还引进了德·哈维兰公司的"海上毒液"、超马林公司"攻击者"和阿姆斯特朗·威特沃斯"海鹰"战斗机。

由于繁重的任务导致皇家空军无法全力投入朝鲜战争，英国的空中作战任务就由皇家海军承担起来。朝鲜战争期间，英国舰队航空兵利用航空母舰对地面作战提供支援，先后出动了"凯旋"号、"提修斯"号、"光荣"号和"海洋"号，后者搭载的安装活塞发动机的霍克公司"海怒"战斗机击落了一架米格-15喷气式战斗机。在1956年的苏伊士运河危机期间，"提修斯"号和"海洋"号上载的韦斯特兰公司的"旋风"(S-55)和布里斯托尔"无花果"直升机发动了史上第一次直升机对敌海岸攻击行动，掩护海军陆战队成功登陆。

战后一段时期，航空母舰还对地面部队"丛林作战"提供了支援，包括20世纪50年代初打击马来亚海域的海盗活动、1961年镇压东非的武装叛乱、20世纪60年代初印尼和马来西亚的对峙。后来，罗德西亚（津巴布韦）单方面宣布独立时，航母兵力参与执行了对罗德西亚的各种制裁。

新型舰船也开始服役，包括2艘大型航母——"皇家方舟"号和"鹰"号，"半人马"级舰船"英格兰"号、"壁

垒"号和"半人马"号，以及最后服役的"赫耳墨斯"号。这些舰船装备的飞机包括费尔雷公司"塘鹅"涡轮螺旋桨反潜机，斯特兰公司的"威塞克斯"(S-58)和"海王"(S-61)直升机，超马林公司"弯刀"和德·哈维兰公司的"海上雌狐"战斗机，布莱克布恩公司"海盗"轰炸机，道格拉斯公司F-4K"鬼怪"战斗机。第一批派往驱逐舰和护卫舰上的直升机是韦斯特兰公司的"黄蜂"和"山猫"直升机，所有这些驱逐舰都是1960年后建造的，一些是改装成的直升机航母，更多的是专门设计的舰船。作为舰队后勤部队的皇家辅助舰队，也引进了一批搭载直升机的舰船。

20世纪60年代中后期，英国皇家海军持续裁军，尤其是舰队航空兵，计划放弃所有的固定翼飞机。1982年春季，阿根廷入侵距离阿根廷海岸1000英里、距离英国8000英里的马尔维纳斯群岛，英国海军"无敌"号、"竞技神"号等3个航母特混舰队前往马尔维纳斯群岛收复失地，尽管阿根廷空军和海军飞机远远多于英国皇家海军的20架"海鹞"飞机，且阿根廷岸基飞机的每次突袭都有着11架加油机做支持，但英国皇家海军的舰载机确保了战争的最终胜利。不过，阿根廷飞机的空袭也摧毁了英军2艘驱逐舰和护卫舰，这些舰船的

被摧毁充分暴露出早期空中预警机的缺乏，最后，大量的"海王"直升机被改装成为空中预警机。

马尔维纳斯群岛海战之后，英国舰队航空兵开始裁军，3个航母战斗群中的1个削减为预备役部队，不过，新的直升机航母"海洋"号加入服役，有时可以承担飞机运输任务。此外，新型登陆舰甲板上也可以起降直升机。后来服役的"英格兰"号和"壁垒"号直升机航母取代了曾参加马尔维纳斯群岛战役的"勇敢"号和"无畏"号。2001年至2002年冬春之交，作为"持久自由行动"的一部分，"海洋"号和"卓越"号前往阿拉伯海加入联军舰队。2004年，"海鹞"飞机从英国皇家空军和皇家海军退役，当时，只剩下3个中队装备"鹞"式GR7型和GR9型飞机，这就导致了舰队航空兵在2016年装备F-35B战斗机之前连一架战斗机也没有的局面。反潜航空母舰和皇家辅助舰队所配备的是"默林"直升机，4个中队共装备了44架。护卫舰和驱逐舰部队减少到了25艘舰船，而20世纪60年代末还有60艘。新一代韦斯特兰公司"超级山猫"直升机开始在剩余的25艘舰船上服役。英国政府宣布，从2016年开始，将会有2艘65000吨级的航空母舰陆续服役。

目前，在英国皇家海军30690人中，舰队航空兵人员有6200人。"鹞"式飞机特混舰队的3个中队中，1个中队的GR9型在"皇家方舟"号和"卓越"号航母上执行部署。皇家海军作战中队的编号都是"8××"，支援中队编号是"7××"，以便和皇家空军飞行中队区分开来。此外，还有7架"鹞"T7型机用于改装训练。一个典型的英国航母舰载机联队装备8架"海鹞"、9架"默林"直升机和3架"海王"空中预警飞机。"海王"HC4型直升机部署在联合直升机部队。6架"山猫"AH7型和9架"瞪羚"AH1飞机部署在皇家海军陆战队的一个直升机中队。部署在康沃尔郡卡德罗斯和苏格兰普雷斯蒂克的2个搜救飞行队装备了"海王"直升机，但搜救任务在2012年将会由海岸警卫队转包给装备西科斯基公司S-92直升机的商用直升机承包商执行。飞行训练使用的是比奇公司的"空中之王"E350型、12架BAE系统公司的"鹰"式和格鲁普公司的115"苍鹭"飞机。

陆军航空兵

建立时间：1957年。

英国陆军的军事航空活动始于

1878年，现存的陆军航空兵起源于二战中期所建立的滑翔机兵团，曾经多次参加重要的军事行动，包括西西里岛登陆、诺曼底登陆和穿越莱茵河行动，当时使用的是"霍莎"和"哈米尔卡尔"滑翔机。战后，滑翔机兵团很快就解散了。二战期间，对地面作战进行支援的飞行活动都是皇家空军执行的，但12个观测机中队的驾驶员则来自陆军和皇家空军。一些装备"南风"观测机的小队最后在战争中幸存下来，最终在1957年组建了今天的陆军航空兵。

20世纪60年代，英国陆军航空兵的发展重点从轻型飞机转向直升机，包括桑德斯–罗公司的"蚊"式、韦斯特兰公司的47G"苏族人"直升机以及装备SS11线控导弹的韦斯特兰公司"侦察兵"反坦克直升机。这些部队在英国组建，用于支持驻扎德国莱因哈特地区的英国陆军，以及在香港、波斯湾和马来西亚的英国驻军，最后两个地区的驻军在英国从苏伊士以东地区撤军的过程中结束部署。20世纪70年代初，韦斯特兰公司"山猫"取代了"侦察兵"直升机，韦斯特兰–法国南方航空公司的SA340"瞪羚"取代了"苏族人"。与此同时DHC–2"海狸"多用途运输机也开始服役。

2001年，陆军航空兵开始引进韦斯特兰公司制造的AH–64"长弓阿帕奇"直升机，"山猫"则用于战斗巡逻和轻型运输任务，但需要升级天线上的观测仪，加装大功率发动机。唯一的固定翼飞机就是现在的5架布里顿–诺曼BN2"海岛人"AL1通信飞机。重型战场运输任务则依靠皇家空军的"美洲狮"直升机，原计划用"默林"直升机取代，但由于阿富汗作战的需要，大量的"美洲狮"直升机被保留下来，还有一些波音CH–47D"支奴干人"重型运输直升机。最近的一项编制改革保留了陆军、空军和舰队航空兵部队各自的直升机中队，但解散了联合直升机司令部，当时的陆军航空兵在该司令部里拥有16个空中打击大队。

目前，陆军航空兵拥有67架WAH–64"长弓阿帕奇"攻击直升机和130架韦斯特兰公司AH7/AH9"山猫"直升机，虽然这些直升机可以执行反坦克作战，但实际上主要担当战斗巡逻和多用途运输任务。此外，还有119架"瞪羚"AH1直升机用于侦察，4架阿古斯塔A109A型机用于特种作战，以及3架"贝尔212"多用途直升机，外加5架"海岛人"直升机。大多数的"山猫"直升机正逐渐被34架"山猫–野猫"直升机取代。

下图：英国唯一一种战术攻击机就是"鹞"GR7和GR9型。图中这架"鹞"式飞机正在盘旋。

上图：英国皇家空军的一架"台风"2000型"欧洲战斗机"正在展示垂直爬升能力。

左图：这是一架英国皇家空军的CH-47"支奴干人"运输直升机。鉴于在阿富汗战场上运输能力的欠缺，英国皇家空军的重型运输能力近年来不断得到提升。

右图：英国陆军航空兵拥有67架"长弓阿帕奇"武装直升机，它由阿古斯塔-韦斯兰公司根据波音公司的授权在英国建造。

意大利

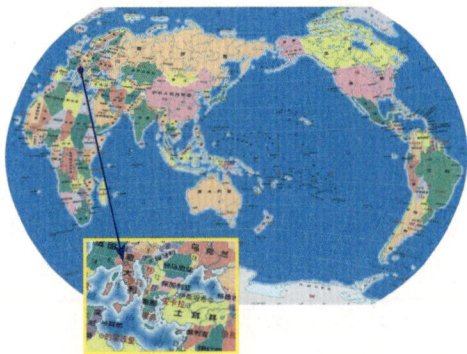

- 人口：5810万人
- 面积：301049平方千米
- GDP：22600亿美元，人均39000美元
- 国防经费：230亿美元
- 服役人员：现役185235人，预备役41867人，宪兵107967人

意大利空军

成立时间：1945年。

意大利陆军于1911年意土战争期间组建了一个飞行连，购买了"布莱里奥"XI型、爱特里克"鸽"式、莫里斯·法尔曼S-11和纽波特飞机，用于执行侦察任务。1912年，意大利陆军组建航空营，年底更名为军事航空队。同年，殖民地航空队也获组建。1914年，军事航空队更名为军事航空团。

一战期间，意大利是协约国成员。军事航空团的飞机从战争伊始的70架激增至战争结束时的1800架。战时飞机包括：纽波特17C-1Bebe和110型、斯帕德SVII、昂里奥HD-1和马基M14战斗机，卡普罗尼Ca33、Ca40和Ca46、马基M7和M8轰炸机，以及安萨尔多SVA4、SVA5、SVA9和SVA10、萨伏亚-珀利米欧SP3和SP4、菲亚特R2侦察机。战后，军事航空团的实力急剧下降，极少有新飞机引进。

1923年，墨索里尼掌权，意大利军事航空开始复兴。军事航空团变为独立的航空团。意大利通过一系列举措提升战力和士气，其中最著名的是1933年24架萨伏亚-马彻蒂SM55X飞艇组成的飞行队前往纽约并返回。同年，航空团已经拥有1200架飞机：37个战斗机中队驾驶菲亚特CR20和CR30型机，34个轰炸机中队使用卡普罗尼Ca73和Ca101型，37个侦察机中队驾驶罗密欧Ro1、卡普罗尼Ca97和菲亚特R22。飞艇中队装备萨伏亚-马彻蒂SM55X型飞艇，运

输机中队使用卡普罗尼Ca101、Ca111和Ca133和萨伏亚-马彻蒂SM81型机。航空团参与了1935年意大利入侵阿比西尼亚（埃塞俄比亚）的行动。1936年，西班牙内战爆发，意大利航空团派遣一支强大的分遣队，协同德国和西班牙民族主义军队作战。

1940年6月，法国沦陷后不久，意大利作为德国的盟国加入二战。最初，意大利航空团拥有3000架飞机，其中大约400架或者太过陈旧，或是部署在非洲殖民地的淘汰品。航空团主要活跃在地中海地区，先后参加了轰炸马耳他、支援地面部队北非作战以及入侵南斯拉夫、希腊等作战行动。此外，还有一个由75架菲亚特BR20M"鹳"轰炸机和50架CR42、CR50战斗机组成的先锋部队进入比利时，负责与英军作战。航空团还为"巴巴罗萨"行动提供飞机，但损失惨重。战争期间，大量的德国飞机进入意大利航空团服役，包括容克Ju87"斯图卡"俯冲轰炸机，以及后来的"梅塞施米特"Bf109F、Me110G战斗机和道尼尔Do217轰炸机。包括菲亚特CR52和CR55战斗机在内的多型飞机中，戴姆勒-奔驰水冷式发动机代替了意大利的空气冷却发动机，通过减少阻力提升飞机性能。

1943年9月8日，意大利投降，航空团被拆散，很多人员加入盟国军队，剩余部队变成意大利共和国航空部队。

战后，意大利空军作为一个独立军种得以组建，最初使用战时遗留的飞机，以及"超级海上喷火"和贝尔公司P-39"空中眼镜蛇"战斗机、马丁公司"巴尔的摩"轰炸机和道格拉斯公司C-47运输机。作为前轴心国成员，1947年的《和平条约》规定，意大利的飞机数量不能超过350架，其中，战斗飞机不许超过200架。1949年，随着意大利加入北约，上述规定被废止。

意大利空军大规模的装备革新在其加入北约后立即展开。美国的军事援助包括80架洛克希德公司P-38J"闪电"战斗机、100架比奇公司C-45运输机和大量的斯廷森公司L-5联络机。1950年，首批喷气式飞机——德·哈维兰公司"吸血鬼"FB5战斗轰炸机得以授权制造。50年代是美国飞机占统治地位的时期，共和公司F-47D"霹雳"战斗机加入意大利空军服役，后被F-84F"雷电"战斗轰炸机和RF-84F"雷闪"侦察战斗机取代。洛克希德公司PV-2"鱼叉"海上侦察机、格鲁曼公司S2F-1"追踪者"反潜机、SA-16A"信天翁"水陆两用飞机、北美公司T-6G"德克萨斯人"和洛克希德公司T-33A喷气式训练机进入意大利空军服役，德·哈维兰公司"吸血鬼"NF54夜间战斗机和F-86"佩刀"也在1955年引入。不过，直升机直到50年代末才获得引进，包括西科斯基UH-19和SH-34J。

60年代，马基MB326训练机替代了"德克萨斯人"，洛克希德F-104G"星"式战斗机、菲亚特G91战斗机以及仙童C-119G和菲亚特G222运输机开始在意大利空军服役。意大利还与英国、德国联合研制"狂风"战斗机，与巴西联合研制AMX攻击机。意大利订购"狂风"作为强击侦察机，在等待英德西意合制的"台风"2000战斗机期间，租借英国皇家空军的F3截击机作为过渡。很多老式飞机被广泛升级，包括"星"式战斗机、"狂风"、AMX和"大西洋"。

意大利空军人数在过去36年里从73000人下降到42935人。2个战斗机中队使用30架"台风"2000型机，另有50架该型机已经订购，用以取代3个使用租借的F-16的中队。3个强击机中队拥有70架升级后的"狂风"IDS/ECR型机，另外3个中队使用68架AMX。1个海上侦察机中队拥有10架飞机，归海军使用。1个预警机中队使用G222VS。2个运输机中队拥有22架C-130J"大力神"，还有1个中队使用12架C-27"斯巴达人"。此外，还有4架波音767MRTT加油运输机、3架A319CJ型要员机和大量小型商务喷气式飞机。意大利订购的16架空客A400M将于2014年交付，还订购了131架F-35A/B。3个搜救特遣队使用26架HH-3F（SH-3）"塘鹅"，此外还有32架AB212型机。除常规训练机外，还有84架MB339A/CD和36架SF260M，以及50架NH-500D。"捕食者"无人机也在意大利空军服役。导弹包括"斯帕达"、"阿姆拉姆"、"响尾蛇"、"麻雀"、"哈姆"和"风暴之影"。

意大利海军航空部队

二战结束前，意大利所有航空部队均隶属空军管辖，即当时的航空团。二战期间，意大利将"罗马"号班轮改装为航母，并命名为"阿奎拉"，计划最多搭载50架雷吉亚内Re2001型飞机。在安装了原为德国"齐柏林伯爵"号航母设计的飞机弹射装置后，"阿奎拉"号建造完成。意大利投降后，该舰落入德国人之手，后来遭到盟军轰炸，最终被鱼雷击沉。

战后，由于意大利法律规定海军不得使用固定翼飞机，意海军航空部队作为一支直升机部队得以成立。其最初

使用的是贝尔47G "苏族人" 直升机，后来开始使用西科斯基SH-3D和SH-34J、奥古斯塔A106和奥古斯塔 "贝尔204B" 直升机。在可搭载直升机的巡洋舰开始服役后，该部队迅速扩张。70年代，意大利海军开始在巡洋舰上试验起降 "鹞" 式V/STOL喷气式战斗机。80年代末，意大利首艘航母 "加里波第" 号开始服役。后来，意大利进行了法律调整，允许海军使用固定翼飞机，其使用的是美国海军陆战队的AV-8B，而非 "海鹞"。2007年，第二艘航母 "加富尔" 号开始服役。下一步，意大利计划购买20架F-35B型战斗机。

目前，海军有34000人，其中2200人为航空人员。除航母外，意大利海军还有2艘驱逐舰、12艘护卫舰和10艘近海巡逻艇，可起降直升机。意大利海军拥有15架AV-8B "鹞II" 和2架TAV-8B改装训练机。直升机包括16架EH-101 "灰背隼" 和12架SH/ASH-3D/H "海王"，主要用于反潜和运输，另

左图：图中所示的是意大利和巴西联合研发的AMX飞机，为意大利空军提供了强大的对地攻击能力。

上图：一架 "鹞" 式攻击机正从意大利海军 "加里波第" 号航空母舰上起飞。

左图：意大利空军F-16 "战隼" 战斗机。

外4架EH-101用于提供预警。

意大利陆军航空部队

意大利陆军航空部队组建于二战后。早期飞机包括150架派珀L-18/21和赛斯纳O-1E轻型飞机，70年代被阿尔弗尔AM-3C和萨伏亚-马彻蒂SM1019联络机、125架贝尔47G/J"苏族人"和70架204B所替代。意大利陆军航空部队是CH-47C"支努干"最早的用户，

70年代早期曾使用26架该型机。近年来，为提高战斗性能，引进了奥古斯塔A109和A129"猫鼬"攻击直升机。

目前，意大利陆军航空部队拥有59架升级后的A129ES"猫鼬"、19架执行观察任务的A109A型机、22架CH-47C"支努干"、43架AB206A2"喷气突击队员"、60架AB205A/B、18架AB212和21架AB412。另外，59架NH90型机即将进入陆军航空部队，用来替代AB212。

下图：意大利陆军的一架AW109型武装直升机正在飞行。

上图：这是意大利海军的一架AW101"默林"直升机，不远处的海面上是航空母舰"加里波第"号。

左图：NH90型直升机是又一款多国联合研制机型，图中这架飞机是意大利陆军大约60架该型机之中的一架。

Asia

亚洲

阿富汗

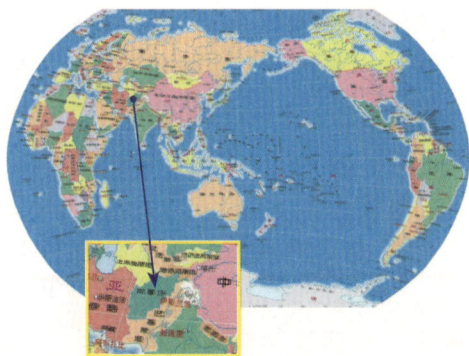

- 人口：2840万人
- 面积：647697平方千米
- GDP：148亿美元；人均534美元
- 国防经费：1.8亿美元
- 服役人员：现役9.38万人

阿富汗国民军航空队

成立时间：1937年。

阿富汗国民军航空队的前身是阿富汗空军。这支部队曾在20世纪末随着中央政府的垮台而解散，当时全国大约有2/3的地方被伊斯兰恐怖组织塔利班控制。国家的空中力量曾经一分为二，分别落入塔利班和有政府背景的"阿富汗伊斯兰运动组织"之手。还有少数飞机被"反塔利班北部联盟"控制，其中包括在海湾战争中前伊拉克空军逃往伊朗避难的飞机。阿富汗新政权接受联合国支援，跟随美国抗击塔利班和基地恐怖分子，并准备组建属于自己的空中力量，但它非常依赖外援。

阿富汗内部派系纷争并不是新鲜事。1924年，它利用2架由德国飞行员驾驶的布里斯托公司F-2B战机宣告成立陆军航空兵。阿富汗飞行员在前苏联受训，前苏联捐赠了1个中队的R-2侦察机。但这支成立不久的航空兵部队在1928—1929年的内战中随着飞机的摧毁而消失。1937年，皇家阿富汗空军成立，1938年，8架霍克"雄鹿"轻型双翼轰炸机、16架意制"南欧人"Ro37侦察机和8架布莱达Ba-25教练机列装部队。英国和意大利的飞行教练建立了一所飞行学校，阿富汗飞行员就在印度接受英国皇家空军训练。1939年，又有20架霍克"母鹿"战机列装，其中一些飞

机一直服役到1957年；1948年又有12架英国皇家空军退役的"兰开斯特"中型轰炸机（爱芙罗公司研制）列装，其中的5架一直服役到1968年。

1955年，阿富汗与前苏联签订协议，1957年从前苏联引进米格－17战机、伊尔－28轰炸机、伊尔－14运输机、安－2运输机、SM－1（波兰产米－1）直升机、米格－15UTI和雅克－18教练机。阿富汗聘请俄罗斯教练，修建机场，并派飞行人员前往苏联和印度受训。

20世纪70年代初，米格－21歼击机替代了米格－17，同时引进了米－4直升机和伊尔－18运输机。1973年，阿富汗共和国宣告成立，但在1979年，前苏联入侵阿富汗。阿富汗空军在这场火力密集的侵略战争中遭受重创。反苏运动此起彼伏，迫使前苏联在20世纪80年代末从阿富汗撤军，但之后俄制武器源源不断地进入到阿富汗，从米格－23、苏－7、苏－17和苏－22战机，到米－8、米－17、米－25直升机和L－39"信天翁"教练机，以及对地攻击机不断进入阿富汗。现在很多飞机已经毁坏。据悉，伊朗曾经大力帮助反塔利班的"阿富汗北方联盟"，甚至将海湾战争期间前来伊朗避难的伊拉克飞机送给对方。尽管巴基斯坦曾支持塔利班政府，但没有给它提供飞机。2001年末至2002年初，美国的军事行动几乎没有遭到阿富汗的反抗。

新成立的阿富汗国民军航空队约有3000人，仍有不少前苏联飞机在服役，包括26架军用米－8与米－17运输直升机、15架米－24与米－35武装直升机，除此之外，还有9架美式贝尔UH－1H效用直升机。阿富汗没有可以作战的固定翼飞机，但有4架洛马公司生产的C－27"斯巴达克人"运输机，以及从俄罗斯引进的2架安－26、5架安－32运输机以及2架L－39教练机。另外18架C－27"斯巴达克人"运输机也将依照合同陆续列装。据悉，还拥有几百具SA－2、SA－3、"毒刺"、萨姆－7和萨姆－14导弹发射架。

阿曼

- 人口：340万人
- 面积：309500平方千米
- GNP：542亿美元,人均15860美元
- 国防经费：40.6亿美元
- 服役人员：现役42600人

阿曼皇家空军

成立时间：1959年。

1970年之前，阿曼被称为"马斯喀特苏丹阿曼国"，其军事航空起源于1959年，当时成立"苏丹阿曼空军"担负治安任务。成立之初，人员大部分来自前英国皇家空军。最初的装备有珀西瓦尔"教务长"T52武装教练机和DHC-2"海狸"运输机，后来又增加了英国宇航公司的167"打击能手"喷气式武装教练机和肖特公司的"空中客车"3M运输机。20世纪70年代，阿曼空军先后装备了霍克公司的"猎人"战斗机、"美洲豹"S/B打击机、BAE公司的1-11和洛克希德公司

的C-130H"大力神"运输机、奥古斯塔公司的贝尔205、206和214直升机。阿曼皇家飞行中队引进了波音747SP和麦道公司的DC-8-73客机以及2架格鲁曼公司的"湾流II"公务机。他们原计划购买帕那维亚公司的"狂风"攻击机，后来放弃并选择了BAE公司的"鹰"200型和100型飞机。

现在，阿曼皇家空军拥有5000人，人数比2002年增加了近1/4。现有1个中队，配备了12架F-16C/Dbloc50-Plus型战斗机；有2个对地攻击机中队，每个中队各拥有12架"美洲虎"OS/OB型机，90年代末升级为"美洲虎"97标准。另有1个对地攻击机中队含12架BAE公司的"鹰"203，还有12架

PC-9型和4架"鹰"103型武装教练机。有3个运输机中队，其中1个中队配备3架C-130H"大力神"，第2个中队含10架"空中客车"3M，其中7架装备有海上监视雷达，第3个中队有3架BAC公司的1-11。2个直升机中队拥有15架"超级山猫300"用来执行运输和搜救任务，有20架NH-90替换了奥古斯塔的贝尔205A，还有3架AB212执行VIP任务。有3架贝尔206B"喷气漫游者"和5架214B。皇家飞行中队拥有2架波音747SP、2架"湾流IV"、3架AS330J"美洲狮"和3架AS332C/L1"超级美洲狮"。教练机除"鹰"式和PC-9外，还有8架PAC"穆沙克"、2架SF-25和4架AS202"暴徒"。

导弹包括"响尾蛇"和"阿姆拉姆"空对空导弹，以及"鱼叉"和"幼畜"空对地导弹。

下图：阿曼皇家空军拥有15架"超级山猫"直升机，用它执行多种任务。

阿拉伯联合酋长国

在国防等领域，阿拉伯联合酋长国的各个酋长国进行合作，同时又保留各自的军队。阿联酋武装部队最早于1976年初具雏形，由阿联酋联合国防军和阿布扎比、迪拜、哈伊马角、富查伊拉、阿治曼、乌姆盖万和沙迦等酋长国的武装部队共同组成。迪拜依然保留了独立的武装部队，当然，其他酋长国也保留了一定的武装力量，但除了迪拜之外，都只维持在一个较低水平。

- 人口：480万人
- 面积：82800平方千米
- GDP：2450亿美元，人均51220美元
- 国防经费：154.7亿美元
- 服役人员：现役51000人

阿联酋空军

阿联酋空军是来自七个酋长国的联合部队，这七个国家即人所熟知的七个停战国：阿布扎比、迪拜、哈伊马角、富查伊拉、阿治曼、乌姆盖万和沙迦。这些国家除了保留独立的皇家飞行部队外，大部分飞机都被派往阿布扎比和迪拜，或其中任何一个地方驻扎。阿布扎比以前有一支空军联队，装备10架霍克公司的"猎人"战斗轰炸机和4架DHC-4驯鹿运输机。七个国家联合的原因是20世纪70年代

英国撤离海湾地区后，这些国家面临着太多威胁。武器装备的标准化是其首要任务，不过，阿布扎比和迪拜使用的都是"鹰"式武装教练机和"美洲狮"直升机，多少缓解了这一难题。目前，阿联酋空军共有4500人，比2002年只增加了500人，飞行时数也很低，只有年均110小时。最近几年，F-16C/DBlock60型多用途战斗机开始服役，保留了原有的30架达索公司的"幻影"2000-9型和30架升级版的"幻影"2000-E型，但更早的"幻影"VA型和MB326KD/LD型武装教练机全都退役了。现在，阿联酋空军有3个中队装备了55架F-16EBlock60型战斗机，4个中队装备了62架"幻影"2000-9DAD、9RADE型和M-2000DAD型，2个中队装备了39架"鹰"Mk63/Mk102型。1个侦

察机中队拥有7架"幻影"M-2000RAD型。搜救任务主要使用3架A109K2型和6架AW139型机。2个攻击直升机中队装备了30架AH-64A"阿帕奇"直升机（目前正升级为D标准）、10架SA342L"瞪羚"和6架AS550"狐"反坦克直升机。其他直升机还有用于运输的12架CH-47C"支奴干人"、15架SA330"美洲狮"和4架AS365F"海豚"直升机，其中2架AS365F以及2架AW139型、9架贝尔206型、1架贝尔407型、3架贝尔214型和9架贝尔412型充当要员专机。运输机主要分配给3个运输机中队，机型包括1架安-124"秃鹰"、6架C-130H和C-130H-30型"大力神"、2架L-100-30型、4架伊尔-76型、7架CN235型和1架DHC-6"孪生水獭"运输机。训练飞机包括30架PC-7涡轮发动机教练机和5架鹰-61型机，有时也使用"鹰"-63，还有12架罗布G115TA型和14架AS350B"松鼠"飞机。各酋长国专属的皇家飞行部队飞机包括：阿布扎比的2架"空中客车"A300-620、1架波音747SP、1架BAE系统公司146-100、2架比奇公司"超级空中之王"350型、3架达索公司的"猎鹰"900型和2架AS332L"超级美洲狮"；迪拜的1架波音747SP、1架格鲁曼公司"湾流"II和1架"湾流"IV型、1架西科斯基公司S-76和1架AS365"海豚"；哈伊马角的塞斯纳"奖杯"I型和沙迦的波音737-200型飞机。

导弹主要有"阵风"空对空导弹和"霍特"、"地狱火"、"肯特"、"黑色沙欣"、"海蛇怪"-70和"哈基姆"空地导弹。

阿联酋海军

阿联酋海军从荷兰皇家海军手里获得了2架"科特纳尔"级护卫舰——阿联酋称为"阿布扎比"级，这使得阿联酋海军的小规模航空部队得到了一定发展，人数达到2500人。阿联酋海军总共拥有7架AS332F"超级美洲狮"早期空中预警直升机、7架AS565"黑豹"直升机和4架SA316"云雀"III型直升机。

阿塞拜疆

阿塞拜疆空军

建立于1990年。

1990年前苏联解体，阿塞拜疆创建了空军。创建之初，有着前苏联飞机和其他途径购买的飞机，此时的阿塞拜疆空军是支"杂牌军"，导致后勤和维护工作成为一个大问题。阿塞拜疆空军参与了与邻国亚美尼亚有争议的纳卡地区的领土纠纷，直到1994年俄罗斯出面调停，双方才停火。

阿塞拜疆空军现役7900人，力量极其薄弱。一个中队装备了13架米格–29和5架改造过的米格–25战斗机，担任战斗与侦察职责。有1个地面攻

- 人口：820万人
- 面积：86661平方千米
- GDP：510亿美元，人均6190美元
- 国防经费：15亿美元
- 服役人员：现役66940人，预备役30万人

击中队，配备5架米格–21、11架苏–24和13架苏–25战斗机。运输机有1架安–12、1架前苏联图波列夫公司生产的图–134A和3架雅克–40。直升机团有49架米–24和23架米–8/17。飞行训练主要依靠12架捷克阿罗公司生产的L–39教练机。此外，还有超过100枚的SA–2、SA–3、SA–5型"萨姆"导弹。

巴基斯坦

- 人口：17460万人
- 面积：803944平方千米
- GNP：1570亿美元，人均576美元
- 国防经费：41.1亿美元
- 服役人员：现役617000人，预备役513000人

自从印巴分治后，巴基斯坦与印度的关系一直很冷淡，偶然还会爆发对抗，战场通常在克什米尔地区，有时也会在印巴边境的卡奇沼泽地，还有一次是因为印度支持东巴基斯坦（今天的孟加拉国）的独立而战。进入21世纪以来，两国关系有所缓和，可能是因为双方都拥有核武器。更重要的是，巴基斯坦有着严重的内政问题，其西北边境部落被塔利班恐怖分子用作训练基地，许多阿富汗人迁入巴境内，他们与基地组织联系密切。巴基斯坦地面部队不得不将重心放在确保政府权力对这些地区的控制上，因为这关系到西方国家的利益。

巴基斯坦有61.7万正规军，另有30.4万军人加入准军事组织，如海岸警卫队、国民警卫队、边防兵、北方轻步兵团和巴基斯坦突击队等。这是一支重要的反叛乱部队。

随着核武器的拥有，巴基斯坦的国防结构发生了改变，成立了国家管理局（NCA），旨在监督核武器的发展和使用。弹道和战术导弹系统成为巴基斯坦核威慑的中流砥柱，不过其空军也可以利用"幻影5"或F-16"战隼"发射这类核武器。使用核武器对付恐怖分子可能会很严厉，还会导致大量平民伤亡，因此，在可预见的将来，"敌人"可能会在印度使用这类武器反抗，因为巴基斯坦能更多地得到西方国家的帮助，在其领土内对付极端分子，巴基斯坦被伊斯兰极端分子侵占的可能性很小。对付拥有核武器的伊斯兰极端主义国家是西方民主国家战略家及决策者们关心的问题。

巴基斯坦空军

成立时间：1947年。

1947年，印度独立并分为两个国家：印度和巴基斯坦。随后，巴基斯坦又分裂为两个国家，西巴基斯坦和东巴基斯坦（现在的孟加拉国）。独立前的印度军队也被分离，巴基斯坦皇家空军接手了前印度皇家空军两个中队，一个是霍克公司"暴风雨"战斗机中队，另一个是道格拉斯公司C-47运输机中队，还配备有德·哈维兰公司"虎蛾"和北美公司T-6"哈佛"教练机。英国皇家空军也提供了部分飞行员。巴基斯坦皇家空军根据计划成立3支"暴风雨"战斗机中队、1支哈德利佩奇公司"哈利法克斯"轰炸机中队，1支C-47运输机中队，还有1支通信中队，装备奥斯特公司的AOP5、1架C-47、1架"哈佛"、1架"北欧海盗"和2架德·哈维兰公司的"鸽子"飞机。1950年，巴空军引进了霍克公司"复仇女神"Fury战斗机，首次订购了62架布里斯托尔公司的170M"货船"运输机，旨在执行巴基斯坦东西两部分的空中联络任务。

20世纪50年代初，巴基斯坦引进了首批36架超马林公司的FB2"攻击者"战斗轰炸机。

1954年，巴基斯坦加入"东南亚条约组织"，开始接受美国的军事援助。之后，巴基斯坦又加入"巴格达条约组织"（该组织在伊拉克政权变更后改名为"中央条约组织"）。1956年，巴基斯坦成为共和政体，皇家空军的前缀"皇家"随之去掉。1956年，巴基斯坦引进北美公司F-86F"佩刀"喷气式战斗机，1958年又引进马丁公司B-57B（"堪培拉"）喷气式轰炸机和1架维克斯公司"子爵"要员专机，还引进了洛克希德公司的T-33A喷气式教练机和战术侦察机、西科斯基公司的UH-19和贝尔公司47G"苏族人"直升机，补充一批洛克希德公司的C-130B"大力神"，替换了C-47和布里斯托尔公司170M型。1962年，美国给巴基斯坦提供了洛克希德公司F-104A"星"式战斗机，但在1965年停止军事援助，因为印巴在克什米尔和卡奇地区发生冲突，巴空军的"佩刀"战斗机被印度空军更加轻便灵活的"蚊蚋"战斗机严重挫败。印度空军的成功还源于他们使用了航炮而非空空导弹，因为热寻的弹头在高温条件下会失灵。于是，巴基斯坦转向中国寻求武器。

20世纪60年代末，巴基斯坦引进了中国沈阳飞机公司的歼-6、伊留申公司的伊尔-28轰炸机和米-6直升机。后来又购买了15架达索公司的"幻影"IIIE型和3IIIR型战斗轰炸机，还有"云雀III"直升机。

印巴之间的关系越来越紧张，加之东巴基斯坦又发生动荡，整个局势更加错综复杂。东巴基斯坦比西巴基斯坦面积小，但人口多，印度支持东巴基斯坦叛乱更加激怒了巴基斯坦。1971年12月3日，巴基斯坦空军袭击了10个印度空军基地，其中2个在克什米尔地区，空袭时机选择在周五黄昏，那天正好是穆斯林安息日，印度人怎么也没想到会在这个时刻遭到袭击。不过袭击并没有取得多大成功，印度空军声称仅损失了3架飞机，因为印军并没把大量飞机部署在边界附近，而是将它们藏在坚不可摧的水泥掩体里。此外，印度空军还拥有苏联提供的图波列夫公司的图-126预警机。经历过前面的攻击之后，巴基斯坦空军很少再派遣飞机参战，尽管其拥有300架战机，但几乎没有支援地面作战，成为空军因缺乏本土飞机工业支持而不得不维持实力的典型例子。战争一直持续到了12月16日，东巴基斯坦这一天宣布独立，成为新的国家——孟加拉国。

20世纪70年代初期，巴基斯坦引进30架"幻影5"战斗轰炸机，替换其战争中幸存的"佩刀"战斗机。另外，还从中国购买了歼-6、强-5及米格-19的升级版机型。在苏联入侵阿富汗后，美国恢复对巴基斯坦的武器支援，将其放在冷战前线国的位置。20世纪80年代，美国对巴基斯坦提供了洛克希德公司F-16"大黄蜂"战斗机，它既能拦截又能攻击。苏军从阿富汗撤离后，巴基斯坦支持穆斯林游击队反对阿富汗政府。1990年，美国提供了另一批F-16战斗机，之后又对巴国实施武器禁令。印度虽然极力反对，巴基斯坦还是获得了50架前澳大利亚空军的"幻影"3型战斗机，为其现有的"幻影"战斗机提供零件。这段时期，巴基斯坦空军得到了快速发展，与中国保持着紧密联系，引进了成都飞机工业公司的歼-7M"空中卫士"和歼-7P"空中闪电"升级版，并与中国飞机工业合作发展K-8喷气式教练机，该型机在20世纪90年代末实现首飞。巴基斯坦还获得了萨伯公司的授权，生产一款基础教练机：MFI-17B"穆什沙克"。

20世纪90年代，美国对巴基斯坦的武器供应时断时续，但到了1998年，由于巴基斯坦进行核武器试验，美国彻底中断对其武器供应。随着巴基斯坦与印度之间就克什米尔地区归属的争端激化，加之1999年军队推翻民选政府，巴基斯坦安全形势持续恶化。巴基斯坦一直坚持与中国的各项合作，其中包括各占50%联合发展FC-20/J-10战斗机，该项目始于1999年。

现在，巴基斯坦空军拥有4.5万人，是40年前的3倍。年飞行时数大约210小时，意味着其保持高战备状态，但最近几年有所下降。巴空军战斗机和对地攻击机的型号也在不断替换中，其中有150架JF-17服役，并订购了36架FC-20（J-10）。巴基斯坦空军现有10个战斗机中队，其中2个中队共配备50架"幻影3EP/OD"，1个中队装备25架F-16A/B"战隼"，还有一批也将服役；7个中队共有129架F-7PG"空中卫士"或"空中闪电"。担负地面攻击任务的有5个中队，其中2个中队共拥有50架"幻影5PA/PA3"，1个中队有13架"幻影3EP"，2个中队共拥有39架A-5C攻击机。而后三个中队可能会第一批接收JF-17"雷电"战机。1个中队共15架"幻影3RP"担负侦察任务，1个中队仅含2架"猎鹰20E"担负电子情报搜集任务，另外还有1架"萨伯2000"执行空中早期预警任务。近年来，巴

空军运输中队有所发展，但运输机数量相对较少。主力包括16架C-130B/E/L-100"大力神"，是2002年的两倍；另有2架运-12运输机和4架CN235M、1架安-26"卷发"、2架F-27"友谊"（其中1架隶属巴基斯坦海军）、1架波音707、1架比奇公司200和1架"富源"、1架VIP737-300和1架达索公司的"猎鹰20E"。1个加油机中队含4架伊尔-78。担负通信任务的有43架MFI-17B"穆什沙克"，其同时也用于训练，将被升级为"超级穆什沙克"飞机，另有4架塞斯纳公司172型、1架"奖杯"5型和1架派珀公司的"塞内卡"。教练机包括30架沈阳飞机工业公司的FT-5和36架K-8"喀喇昆仑山"及"穆什沙克"飞机。

直升机包括：1个中队拥有4架米-17，1个中队配备15架SA-316"云雀III"，用于执行搜救任务。巴空军有3架F-27-200MP，3架"大西洋"和10架P-3C"猎户座"执行巡逻任务。空对地导弹包括"飞鱼"、"幼畜"、AS30和"鱼叉"，全部由西方国家制造。空对空导弹包括"麻雀"、"响尾蛇"和"魔术"以及"哈姆"反辐射导弹。6个地对空导弹连，主要是法国制的"响尾蛇"，其中1个中队使用CSA-1(SA-2)。巴基斯坦的未来发展引人关

注，如果它支持美国在阿富汗的行动，美国将恢复对其武器援助，交付更多的F-16战斗机。但根据以往的经验，巴基斯坦也可能会犹豫是否会依靠唯一的国家进口武器。

巴基斯坦海军航空兵

巴基斯坦海军航空兵最初使用50年代末进口的少数西科斯基公司产的H-19直升机，用于执行运输和搜救任务，后来又扩充了一批"云雀III"执行联络和反潜任务，还有2架福克公司产的F27-200"友谊"用于运输和海上侦察训练。90年代初，巴基斯坦海军曾计划引进一批卡曼公司的"海妖"舰载直升机部署在其护卫舰上，后来决定进口韦斯特兰公司的"山猫"直升机。巴基斯坦空军曾使用过3架P-3C"猎户座"和4架"大西洋"海上巡逻机，但1999年这两款飞机各损失1架，"大西洋"巡逻机被印度空军在边境附近击落。

巴基斯坦海军有2.2万人，其中海军航空兵占多少比例不得而知。现在，巴基斯坦海军有10架P-3C"猎户座"、3架福克公司的F-27-200MPA和3架"大西洋"海上巡逻机，与巴基斯坦空军和海军合作执行巡逻任务，还

有2架布里顿诺曼公司的BN2T"防御者"在专属经济区巡逻。运输机有3架福克公司的F27-200和2架F27-300，6架"海王45"和3架韦斯特兰公司的"山猫"HAS3执行反潜和搜救任务。这些"山猫"直升机和8架"云雀III"还部署在6艘从前英国皇家海军购买的"塔里克"级（"亚马逊"级）护卫舰上。

巴基斯坦陆军航空兵

巴基斯坦陆军航空兵早期使用比奇公司L-23和塞斯纳公司O-1E"捕鸟犬"进行侦察，后来又引进了90架贝尔公司47G"苏族人"直升机。与大多数的军队相比，巴基斯坦一直使用固定翼飞机执行侦察和联络任务，拥有100多架经许可建造的MFI-17"穆什沙克"飞机，同时也用于训练。此后，又加入了米-8直升机。不过，担负运输任务主力的是35架法国宇航公司的"美洲狮"。1984—1985年，巴陆军航空兵接收了20架贝尔公司的AH-1S"眼镜蛇"反坦克直升机。近年来又接收米-17直升机扩充早期的米-8队伍，而贝尔公司的UH-1H队伍已大幅缩减。

长期以来，美国的武器禁运一直

是个问题，因为巴基斯坦一直在与伊斯兰极端组织进行作战，希望巩固对西北边境部族地区的统治。巴陆军航空兵的武装直升机队伍相对较小，有39架AH-1F/S"眼镜蛇"，剩下的直升机都没有装备武器，主要用来执行运输、通信和训练任务。有115架MFI-17"穆什沙克"担负侦察和训练任务。固定翼运输机包括2架1997年引进的哈尔滨飞机工业公司的运-12II。担负通信和

调查任务的是1架"指挥官"690型、1架840型和1架塞斯纳公司421型。运输直升机包括31架SA330J"美洲狮"、10架米-8和92架米-17、5架UH-1H和10架206B"喷气漫游者"，其中有一些也用于训练。担负通信任务的是20架SA316B"云雀III"和12架SA315B"美洲驼"直升机，12架贝尔47G用于联络和训练，还有10架休斯公司300C型也用于训练。

巴林

- 人口：728709人
- 面积：570平方千米
- GDP：200亿美元，人均27446美元
- 国防经费：6.97亿美元
- 服役人员：现役8200人

巴林埃米尔空军

成立时间：1986年。

巴林是海湾地区一个小国，却拥有一支规模相对较大、装备较为现代化的武装力量。巴林埃米尔空军现役1500人，自1986年接收了诺斯罗普公司第一批F-5E战斗轰炸机后实力大增。目前，有1个轰炸机中队，配备8架F-5E和4架F-5F战斗轰炸机；2个战斗机中

队，配备32架F-16C/D战斗机，其中22架早先交付的飞机已经升级到与10架最后交付的飞机的等同水平；1个直升机中队，配备有24架AH-1E"眼镜蛇"武装直升机，同时还有12架AB-212、3架BO-105以及1架UH-60L"黑鹰"直升机。运输机包括1架波音727、1架"湾流II"、1架"湾流III"以及1架RJ85型。飞行训练依赖3架T67M"萤火虫"和6架"鹰"式Mk129型飞机。

除此之外，巴林海军有4架BO-105型海上搜救飞机。

不丹

- 人口：150万人
- 面积：46620平方千米

不丹皇家陆军

这个喜马拉雅山小型土国有1架Do228型飞机和2架米-8直升机，这些飞机编入陆军执行通信任务。

朝鲜

- 人口：2270万人
- 面积：121248平方千米
- 服役人员：现役1106000人，预备役4700000人

朝鲜人民军空军

成立时间：1953年。

从20世纪初到二战结束，朝鲜一直是日本的殖民地。二战后，苏联军队占领朝鲜半岛北部，美国占领南部。1945年苏联占领后不久，朝鲜航空协会组建，1946年成为朝鲜人民军航空师，1948年成为朝鲜人民军空中兵团。苏联的援助包括雅克-9战斗机、伊尔-10对地攻击机和雅克-18训练机，大部分飞机于1948年到1950年6月间运抵朝鲜，目的是应付朝鲜战争。1950年年底，米格-15喷气式战斗机开始服役，并成为朝鲜战争中首当其冲的空中力量。

1953年战争停止，"朝鲜人民军空军"的称呼也在同年固定下来。当时的飞机包括米格-15、雅克-9和拉-9战斗机，图-2轰炸机，伊尔-10对地攻击机以及雅克-11和雅克-18训练机。随后，伊尔-28喷气式轰炸机进入朝鲜。1957年米格-17交付使用，包括中国沈阳飞机公司制造的大量的歼-4型机，以及安-2和里-2（C-47）运输机。同时，首批直升机米-1进入朝鲜，米-4不久后也加入其中。在1966年米格-21截击机抵达前，部分米格-19已交付朝鲜使用。

朝鲜半岛局势长期持续紧张，朝韩两国处于极端对抗状态，而双方之间的巨大经济差距加剧了这种对抗。随着朝鲜不断试射弹道导弹，威胁韩国和日本，朝鲜半岛的紧张局势一直没有改善。朝鲜的军费开支巨大，尽管经济拮据，朝鲜人民军空军人数在过去36年里实际增加了近3倍，从30000人增至110000人。很多飞机都很陈旧，而苏联的解体也意味着朝鲜再也无法获得苏联的军事援助。朝鲜从前苏联国家哈萨克斯坦购买了米格-21。朝鲜空军强调进攻，这反映在其拥有米格-24攻击直升机，却几乎没有运输直升机。其最先进的飞机是米格-29和苏-25，均于1988年购买，近年来又引进了一定数量的米格-29。

目前，朝鲜人民军空军3个航空团的8架H-5（伊尔-28）轰炸机的可用程度还不清楚。在防空方面，1个航空团拥有35架米格-29A，另1个对地攻击航空团拥有34架苏-25K。3个航空团使用107架J-5（米格-17），4个航空团拥有98架J-6（米格-19），4个团拥有130架J-7（米格-21），1个团拥有56架米格-23ML/P型，1个团拥有18架苏-7。朝鲜人民军空军拥有20架米-24"雌鹿"攻击直升机，还有近300架的安-2或"哈尔滨"Y-5轻型运输机，用于执行未来战争中投放狙击手的任务。固定翼运输部队除12架安-24外，还有各型"安"、"伊尔"和"图"系列运输机，但数量都较小。直升机最多的是米-2，有139架，其次是80架"休斯"500D/E型机，此外还有15架米-8/-17和48架Z-5（米-4）。训练使用的是180架CJ-6（雅克-18）、10架CJ-5、30架米格-15UTI（朝鲜称为FT-2）、12架L-39"信天翁"以及由战斗机改装的各型训练机。据估计，朝鲜飞行员的年度平均飞行时数大约20小时，毫无疑问，最新型的米格-29A和苏-25K的飞行时数最多，其他飞机的飞行时数就更短了。朝鲜人民军空军拥有"熊蜂"无人机。导弹包括SA-2"盖德莱"和SA-3"藏原羚"（"果阿"），空对空导弹包括ＡＡ-2、AA-7、AA-8、AA-10、AA-11、PL-5和PL-7。

菲律宾

菲律宾空军

成立时间：1947年。

1935年，菲律宾警察部队成立一个航空支队，使用斯蒂尔曼公司76型侦察机和柯蒂斯公司的JN-4教练机，以协助地面部队清剿反叛组织。在美国的帮助下，这支部队1940年发展成为菲律宾陆军航空队，装备12架波音公司的P-26战斗机。但是，1941年12月10日，在日军的大举入侵之下，菲军大部分飞机被摧毁在地面上，那些幸存下来的菲律宾飞行员加入美军继续作战。

菲律宾1944年获得解放，1945年成为共和国。1947年，菲律宾空军成为独立军种，装备北美公司的F-51D"野马"战斗轰炸机和道格拉斯公司的C-47"达科他"运输机，主要用于联合情报监视。1951年，菲律宾与美国签署防务条约，1955年加入了"东南亚条约组织"，继续接受美国援助。1957年，菲空军的"野马"战斗机被北美公司F-86F"军刀"替换，这是其首批喷气式飞机。1959年，引进了由比奇公司日本分公司制造的T-34"导师"教练机。菲律宾空军的其他飞机有：西科斯基公司的H-19A和H-34直升机、希勒公司的FH-1100直升机、北美公司的T-6G"得克萨斯人"和T-28"特洛伊人"教练机。20世纪60年代末，菲空军用诺斯罗普公司的F-5A/B替换了"军刀"，还引进了福克公司F-27"友谊"和NAMCYS-11运输机，引进西科斯基授权三菱公司建造的S-62A直升机执行搜救任务。

20世纪70年代到80年代，不得人

心的马科斯政权把国防建设放在首位，1986年该政权被推翻时，国防开支遭到大幅削减。不过，受益于1989年美国援菲军事项目政策的修改，菲律宾的F-5A/B战斗机可以得到持续的零部件维护。受经济萧条的影响，一些老式飞机被迫退役，包括一批SIAISF260M/W武装教练机。但菲律宾争取到资金在本国装配了18架SIAIS211教练机。菲律宾原计划在世纪之交替换其F-5A/B战斗机，这批飞机已从20架缩减到10架，但被迫推迟了。20世纪90年代中期，菲律宾开始实行一项15年的国防预算增长计划，企图应对驻菲美军减少和与中国在南沙的岛屿争端，但随着90年代末亚洲金融危机的爆发，这项计划受到限制。

目前，菲律宾空军拥有1.6万人，比20世纪60年代末多出7000人。菲空军希望将其F-5A/B替换成从科威特或新西兰进口的A-4"天鹰"，或是接收前美国空军剩余的F-16战斗机及海上巡逻机。目前，其作战飞机包括一个中队的OV-10"野马"战斗机（15架），其海上巡逻任务由1架F-27MPA担负。运输机包括8架C-130"大力神"B型、H型和K型，另有6架库存，有1架F-27-200和1架罗克韦尔公司的"涡轮指挥官"690A型机。还有2架GAF公司的"牧民"通用飞机。菲律宾空军非常重视联合情报监视，有4个直升机中队共67架贝尔公司UH-1H/M"易洛魁人"、5架西科斯基公司的AUH-76（S-76武装直升机）和20架MD520型，还有1架S-70"黑鹰"、1架SA330L"美洲狮"和12架AB/Bell412。有11架塞斯纳公司的T-41D"梅斯卡勒罗人"用作轻型侦察机及教练机，另有15架S-111和43架SF260教练机。

菲律宾拥有2架"蓝色地平线"II型无人机，仅有若干枚"响尾蛇"空对空导弹。

菲律宾海军航空兵

菲律宾海军拥有少量飞机，其2艘海岸巡逻艇和2艘坦克登陆舰虽然有直升机甲板，但并未配备舰载直升机。目前拥有的飞机包括4架BN2"防御者"巡逻机、2架塞斯纳公司177型和1架152型，后者用于训练。另有5架Bo105直升机担负搜救、联络和通用任务。

菲律宾陆军航空兵

菲律宾陆军拥有1架UH-60要员专用直升机、1架比奇公司80型、塞斯纳公司170型和1架172型各1架，还有"蓝色地平线"无人机。

格鲁吉亚

格鲁吉亚空军

组建时间：1991年。

苏联解体后，格鲁吉亚空军即在苏联留驻该国飞机的基础上成立。和大多数前苏联加盟共和国相比，格鲁吉亚的优势在于：苏-25攻击机正是在该国制造，避免了很多前苏联国家空军遇到的问题。格鲁吉亚空军拥有1330人，经济问题影响到格鲁吉亚空军飞机的服役情况，目前仅有11架苏-25攻击机具

- 人口：460万人
- 面积：69671平方千米
- GDP：128亿美元，人均2754美元
- 国防经费：3.43亿美元
- 服役人员：现役21150人

备战斗力，此外，还有8架米-24攻击直升机。格鲁吉亚空军拥有1架图-134A要员机、6架安-2和2架雅克-40运输机，还有16架米-8、2架米-14以及7架UH-1H飞机。空军训练则使用9架L-29"海豚"和1架苏-25UB改装的训练机。

哈萨克斯坦

- 人口：1540万人
- 面积：2778544平方千米
- GDP：1010亿美元，人均6550美元
- 国防经费：13.3亿美元
- 服役人员：现役10900人

哈萨克斯坦空军

成立时间：1991年。

哈萨克斯坦1991年脱离前苏联独立。新的哈萨克斯坦空军飞机来源于驻

在该国的前苏联飞机，但并非所有飞机都适合该国空军。前苏联具备核打击能力的图-95MS轰炸机被废弃在赛米巴拉金斯克空军基地，哈萨克斯坦将其归还俄罗斯，以换取新的米格-29和苏-27飞机。哈萨克斯坦在独立之初还有大量的SS-18洲际弹道导弹部署在发射井

中，后来被转移，发射井也在1996年被填埋。如今，哈萨克斯坦具备较强的空防和对地攻击能力，虽然还不清楚有多少飞机已不能使用。其飞行时数据称每年约100小时，比大多数前苏联国家都要长，同时该国是"独联体联合空防计划"的成员。

目前，哈萨克斯坦空军有2400人，比2002年人数最多时的19000人大幅缩减。1个有39架米格-29的战斗机航空团已经不复存在，1个有42架米格-31和16架米格-25的航空团也是同样的命运。哈萨克斯坦空军主要依赖1个使用L-39"信天翁"的航空团，尽

管28架该型机中的大部分处于闲置状态。此外，大量的米格-21也是如此。42架米-24攻击直升机中，只有9架还在使用。运输任务由5架安-24、安-26和3架安-12运输机承担。直升机包括约23架米-8和米-17，另有大约50架该型机和大量UH-1H被储备起来，没有加以使用。1架波音757-200型和"猎鹰"900型机提供要员运输任务。训练使用12架L-39"信天翁"和4架雅克-18。地对空导弹包括SA-2、SA-3、SA-4、SA-5、SA-6和S-300型，空对地导弹包括AS-7、AS-9、AS-10和AS-11，空对空导弹主要是AA-6、AA-7和AA-8。

韩国

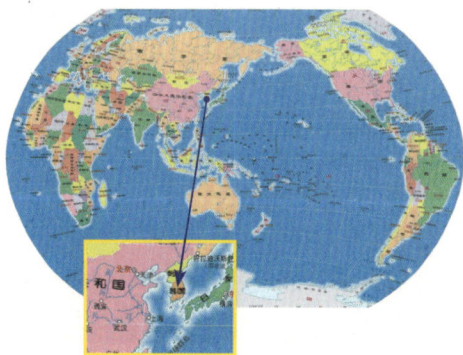

- 人口：4850万人
- 面积：99591平方千米
- GDP：8820亿美元，人均18188美元
- 国防经费：245亿美元
- 服役人员：现役687000人，预备役4500000人

韩国空军

成立时间：1949年。

大韩民国成立于1948年，韩国空军于次年组建。首批飞行员是在二战时期在日本军队中服务的韩国人。起初，有关引进作战飞机的计划被否决，原因是韩国的战略重要性不够，因此，其首

批飞机主要是联络机和炮观机，包括派珀公司L-4和北美公司T-6"哈佛"训练机。1950年6月，朝鲜战争爆发，以美国为首的联合国军与中朝军队作战。韩国空军开始接收作战飞机，首先是北美公司F-51D"野马"战斗机。

战争结束后，美国继续大力向韩国提供军援。1956年，首批喷气式飞机——北美公司F-86F"佩刀"战斗机进入韩国空军服役，1957年洛克希德公司T-33A喷气式训练机也获引进。1965年，诺斯罗普公司F-5A/B战斗轰炸机引进韩国。1970年，麦道F-4D"鬼怪"战斗机获得引进。70年代初，韩国空军达到23000人。新式飞机相继到来，首先引进的是诺斯罗普公司F-5E/F"虎"II型，随后是洛克希德公司F-16型战斗机，但很多旧型飞机仍在服役，包括已经过时的F-5A和F-4"鬼怪"。90年代末，亚洲金融危机影响了韩国空军装备的更新换代，国产T/A-50先进训练机和轻型战斗机的研发计划被推迟，韩国宇航工业公司与洛克希德·马丁公司的合资项目也被延迟，但F-15K仍在这个时期进入韩国空军服役。

韩国空军在过去36年里增至64000人。战斗机和对地攻击机编队分属7个战术联队：1个联队使用59架F-15K"鹰"战斗机，2个联队使用165架洛克希德·马丁公司KF-16C/D"战隼"战斗机，1个联队使用70架F-4E"鬼怪"II型战斗机，3个联队使用174架F-5E/F"虎"II型战斗机。1个侦察机大队拥有4架霍克公司800RA型、20架KO-1、18架RF-4C和5架RF-5A飞机。近距离空中支援由A-50"金鹰"、7架OV-10D"野马"、10架赛斯纳O-2A和20架O-1A炮观机提供。8架"霍克"800XP型机提供侦察与电子情报。空运部队包括10架洛克希德公司C-130H"大力神"、20架CN235-100/200型和6架CH-47D"支努干"直升机，以及1架波音737-300、2架BAe748、2架AS332"超级美洲豹"、3架S-992A"超级鹰"和3架贝尔412，有的机型执行要员运输任务。搜救任务由1个直升机中队的5架贝尔UH-1D/H提供，通用直升机队伍中包括28架UH-60"黑鹰"。此外，还有17架英国宇航公众公司的霍克Mk67、83架KT-1和25架A-50/T-50。无人机有"夜侵者"。导弹包括"麻雀"、"响尾蛇"和"阿姆拉姆"空对空导弹，"幼畜"和"哈姆"空对地导弹，以及"奈基大力神"、"霍克"、"标枪"和"西北风"地对空导弹。

韩国海军

韩国海军最初使用飞机执行联

145

络任务，后来购买了格鲁曼S-2"追踪者"用于岸基海上侦察。在拥有了可起降直升机的军舰后，韦斯兰"山猫"直升机随即获得引进。1996年，"追踪者"被8架洛克希德公司P-3C反潜巡逻机替代。据悉，韩国海军希望得到更多的飞机。90年代末，韦斯兰"山猫"升级为"超级山猫"的标准，在此之前的1997年，韩海军已经订购新的"超级山猫"。今天，韩国海军拥有8架"猎户座"、24架执行反潜和反舰任务的"超级山猫"Mk99

型机、15架UH-60P/MH-60S型机。通讯任务由1架贝尔206B"喷气突击队员"、7架SA319和5架赛斯纳"大篷车II"完成。

韩国陆军

最初，韩国陆军的近战支援依赖韩国空军提供，但陆军拥有60架贝尔AH-1J/S/F"眼镜蛇"、45架装备"陶"式反坦克导弹的MD500直升机和130架MD500型炮观机，具备了相当强大的运输和反坦克能力。此外，还有18架CH-47D"支努干"重型直升机、20架贝尔UH-1H"易洛魁人"、130架西科斯基UH-60P"黑鹰"和12架Bo105。3架AS332L"超级美洲豹"用于执行通讯任务。

上图：韩国空军是除了美国之外为数极少的几个配备了F-15"鹰"式战斗机的军队，他们装备的具体机型是F-15K型战斗机。

右图：韩国海军的一架韦斯兰公司"山猫"直升机正从舰载平台上起飞。

吉尔吉斯斯坦

吉尔吉斯斯坦共和国航空兵部队

成立时间：1991年。

吉尔吉斯斯坦1991年脱离前苏联独立，该国空军的飞机和直升机主要来自前中央苏维埃空军训练学校。碍于资金问题，吉尔吉斯斯坦已经无法继续为其他前苏联国家训练空军学员。吉尔吉斯斯坦是独联体联合空防条约国的成员，其空军最初的飞机包括70架L-39喷气式训练机、米-8和米-24直升机以及50架需要进行不同程度维修的米格-21战斗机。

目前，吉尔吉斯斯坦空军拥有2400人。1个航空团装备有28架L-39"信天

- 人口：540万人
- 面积：199900平方千米
- GDP：51亿美元，人均946美元
- 国防经费：4300万美元
- 服役人员：现役10900人（多为征募人员）

翁"，其中很多被储备起来。此外，有2架安-12和2架安-26运输机、9架米-24和23架米-8运输直升机。50架米格-21据信已经无法使用。1999年，俄罗斯有意向该国出售苏-24和苏-25对地攻击机，用以应付中亚地区的动乱，但该国因经济问题而无法承担。吉尔吉斯斯坦共和国空军的导弹包括SA-2、SA-3和SA-4地对空导弹，但数量不多。

柬埔寨

- 人口：1450万人
- 面积：181300平方千米
- GDP：102亿美元，人均706美元
- 国防经费：2.22亿美元
- 服役人员：现役12.43万人

柬埔寨皇家空军

与邻国越南和老挝一样，整个20世纪的柬埔寨是一段辛酸历史。它曾

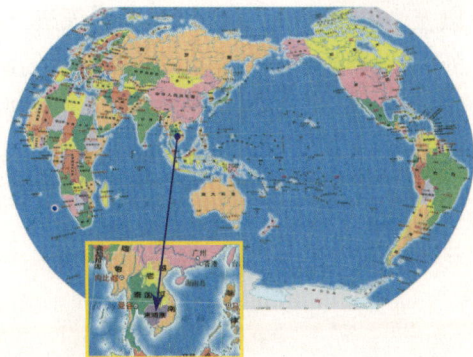

是法属印度支那殖民地，直到1955年才获得独立。用于维持治安和通信支援的柬埔寨空军即高棉皇家飞行队于1953年成立。它的第一批飞机是7架弗莱彻公司FD-25A/13"防御者"轻型攻击机，1955年又购买了7架莫拉纳-索尼埃飞机公司生产的MS733"翠鸟"（Alcyon）教练机。1956年，美国开始对其实施军事援助，向其提供8架L-19"鹰犬"空中观察机、道格拉斯公司生产的C-47以及DHC-2"海狸"运输机。柬埔寨作为东南亚中心，聚焦了"铁幕"两边国家的关注，他们不断地给柬埔寨提供飞机。法国对其转让了30架道格拉斯公司生产的A-1D"空中袭击者"攻击机、波泰公司生产的"教师"教练机和"云雀"II轻型直升机；美国对其提供了北美公司生产的T-28D武装教练机、柯蒂斯公司生产的C-46"突击队员"运输机、西科尔斯基生产的S-58直升机和赛斯纳T-37B以及北美公司生产的T-6G教练机；华沙组织国家对其提供了米格-15、米格-17战斗轰炸机和安-2运输机。

柬埔寨对外虽然声称中立，却允许北越军队使用其领土对抗南越。1970年，一个亲西方政权掌控柬埔寨，建立了共和国，高棉皇家飞行队也随之变成柬埔寨空军。接下来的数年里，柬埔寨所有的米格战机在地面上就被越共游击队摧毁了。1970—1975年，这个国家陷入一场大规模内战，致使柬埔寨空军大部分飞机被毁。1975年后，这个国家因国际社会反对红色高棉政权而被孤立，该政权最终在1979年随着越南军队的大举入侵而被推翻。1981年，柬埔寨确定了新国体，恢复了君主制，成为大家熟悉的"柬埔寨王国"。

1500人规模的柬埔寨皇家空军的战斗机数量不多，只有1个中队，拥有14架米格-21bis/UM，其中一些米格战机在以色列进行了升级改造。有5架L-39武装教练机。运输机包括2架安-26、2架运-12、1架BN2运输机以及1架赛斯纳421。直升机包括12架AH-1E/P武装直升机、13架米-8/-17以及1架AS355。除了L-39教练机之外，还使用5架米格-21UM教练机。在过去6年里，柬埔寨皇家空军的规模削减了1/4。

卡塔尔

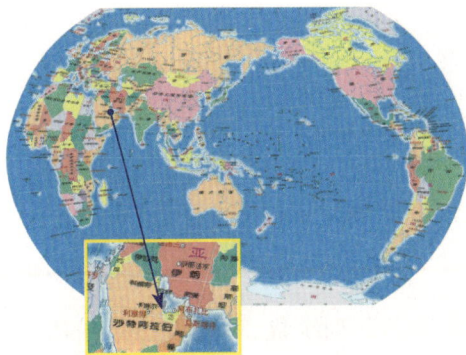

- 人口：883285人
- 面积：10360平方千米
- GNP：900亿美元，人均108138美元
- 国防经费：17.5亿美元
- 服役人员：现役11800人

卡塔尔埃米尔空军

卡塔尔空军规模虽小但能力超强，建立之初就拥有"阿尔法"喷气式教练机、达索公司的"幻影"F1战斗机、韦斯特兰公司的"突击兵"S-61飞机和欧洲直升机公司的"美洲狮"运输机。卡塔尔空军在1991年海湾战争中表现英勇，并且为多国部队空军提供基地。1997年，卡塔尔空军将"幻影"F1战斗机出售给西班牙，之后引进了"幻影"2000-5型多用途战斗机。

卡塔尔现有1500名空军，自2002年以来人数下降近1/3。有1个中队使用12架"幻影"2000-5EDA/-5DDA型战斗机，另1个中队拥有6架"阿尔法"战斗机。1个攻击直升机中队有7架装备反坦克导弹的SA342L"瞪羚"直升机，另1个中队拥有8架韦斯特兰公司的"突击兵"Mk3(S-61)直升机，配备有"飞鱼"反舰导弹，用来执行反舰作战任务。另有3架"突击兵"直升机担负运输任务，其中1架与1架空客A340-200、1架波音707-320、1架波音727-200和2架"猎鹰900"一起提供要员专机服务。运输机还包括4架C-17和4架C-130J。导弹包括"米卡"和"魔术"空对空导弹，"飞鱼"、"阿帕奇"和"霍特"空对地导弹。

科威特

- 人口：270万人
- 面积：24235平方千米
- GDP：1230亿美元，人均46027美元
- 国防经费：66.5亿美元
- 服役人员：现役15500人，预备役23700人

科威特空军

重组时间：1991年。

科威特空军作为该国安全部的一个延伸机构，于1960年成立，最初用于执行联络和通讯任务，装备有5架"奥斯特"炮观机、部分德·哈维兰公司"鸽"和1架"苍鹭"飞机。为应对来自邻国伊拉克的威胁，科威特空军很快购买了6架霍克"猎手"和6架奥古斯塔"贝尔"204型，随后又购买了6架BAC167型武装训练机。70年代末80年代初，上述飞机都被新飞机替代，科威特空军的实力进一步扩张，引进了达索公司"幻影"F1CK截击机和麦道公司A-4KU"天鹰"对地攻击机。

1990年，科威特原计划购买F/A-18C"大黄蜂"战斗攻击机和"短啄木鸟"训练机，但就在当年的8月2日，科威特遭遇伊拉克悍然入侵，此项计划只得作罢。作为一个小国，科威特很快就被占领。科威特空军坚持抵抗48个小时后，剩余的飞机飞往邻国沙特的基地。科空军大约40架飞机，包括直升机在内，在战争期间被伊拉克缴获。接下来，科威特空军更名为"自由科威特空军"，加入1991年海湾战争期间的多国部队，执行了"沙漠风暴"行动，损失了至少1架飞机。科威特解放后，撤离的伊拉克军队摧毁了所俘获的科威特飞机。

战后，科威特空军得以重组，战前的飞机购置计划得到恢复，飞机很快交付，首批16架"啄木鸟"飞机于1991年10月抵达科威特。此后一年，首批"大黄蜂"也运抵科威特。后来，科威特总共购买了40架"大黄蜂"，包括8

架F/A-18D双座版，此外，幸存的"幻影"F1型机也得以整修。科威特将"天鹰"出售给巴西。其他新飞机还有英国宇航公司的"霍克"64型武装喷气式训练机。

科威特空军拥有2500人。2个中队装备有40架升级后的F/A-18C/D"大黄蜂"战斗攻击机。11架"霍克"64型和8架"啄木鸟"用于训练和近战支援。直升机包括16架装备有"地狱火"反坦克导弹的AH-64D"长弓阿帕奇"，替代差不多数量的欧洲直升机公司SA342K"瞪羚"，用于执行炮观和安保任务。4架AS332"超级美洲豹"直升机执行反舰任务。运输机包括3架L-300-30"大力神"和8架SA330H。要员机则由1架波音737-300和1架DC-9机组成。

老挝

- 人口：680万人
- 面积：231399平方千米
- GDP：53亿美元，人均792美元
- 国防经费：1700万美元
- 服役人员：现役29100人

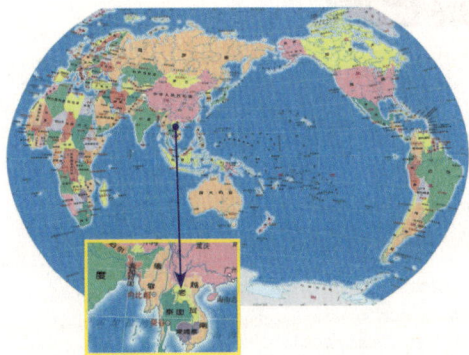

老挝人民解放军空军

成立时间：1975年。

老挝是前法国印度支那殖民地的一部分，1949年成为法兰西联盟的独立成员国。1953年，老挝遭到北越共产党军队的入侵，此后尽管越共撤离，但一直处于老挝共产党军队的威胁之下。1954年，在美国的协助下，老挝陆军航空队成立，最初用于反叛乱和炮观任务。首批飞机包括20架赛斯纳O-1"鹰犬"炮观机、10架道格拉斯C-47、3架DHC-2"海狸"和4架"空中指挥官520"运输机。随后，进入该国空军服役的有西科斯基S-55直升机和T-6G"德克萨斯人"训练机，以及用于执行防暴任务的T-28D武装训练机。1960年，老挝陆军航空队更名为"老挝皇家空军"。

柬埔寨和越南的动荡局势不断波及老挝，随着美军从越南撤离，当时的老挝政权被颠覆，老挝共和国1975年宣告成立，皇家空军变成"老挝人民解放军空军"。老挝开始获得苏联的军事援助，包括米格-21PF截击机和米-8直升机。1997年，老挝和俄罗斯签署一份防御合作协定，即便如此，老挝的米格-21部队仍然未能得到及时升级，该型飞机似乎不再能使用。1998年，俄罗斯向老挝提供了米-17，2000年又提供了卡-32T直升机。

老挝空军拥有3500人。2个由米格-21PF/U型战斗机组成的中队空副其名，22架米格-21战斗机已经无法使用。老挝空军还有1架雅克-40要员运输机，4架安-2、3架安-24和1架安-74，1架Y-12和5架Y-7，21架米-8和米-17，6架卡-32T，以及3架用于搜救的SA360"海豚"飞机。

黎巴嫩

黎巴嫩空军

成立时间：1949年。

一战结束前，黎巴嫩一直处于土耳其的控制之下，战后，黎巴嫩在国际联盟的主导下归法国托管。1943年，黎巴嫩终于独立。黎巴嫩空军建立之初，英国提供军援协助其维持国内安全秩序。首批飞机是2架彼西华尔"学徒"训练机，不久，3架萨伏亚-马彻蒂SM79三引擎运输机、1架德·哈维兰公司"鸽"式和数架DHC-1"花栗鼠"训练机相继进入黎巴嫩。到1955年，德·哈维兰"吸血鬼"FB52战斗

- 人口：400万人
- 面积：8806平方千米
- GDP：307亿美元，人均7642美元
- 国防经费：91100万美元
- 服役人员：现役59100人

轰炸机、T55喷气式训练机、北美公司T-6"哈佛"和另外一架"花栗鼠"相继获得引进，此外还有1架马基公司MB308也开始服役。炮观任务由部分前伊拉克空军的德·哈维兰"虎蛾"飞机执行。黎巴嫩空军的战斗力在整个50年代一直在提升，5架霍克"猎手"F6和5架FB9战斗轰炸机开始服役。60年

代，黎巴嫩空军引进12架达索公司"幻影"IIIC型战斗轰炸机。同时，波特兹"超级教师"负责执行高级喷气式训练的职责，而英国宇航公众有限公司的"斗牛犬"代替"花栗鼠"，作为首选训练机。

70年代中期，黎巴嫩爆发内战，以色列和叙利亚积极干预，黎巴嫩空军的很多飞机还没升空就被摧毁。这一时期，仍然有一些飞机获得引进，主要是直升机。90年代末，重新恢复和平的黎巴嫩接收了美国捐赠的贝尔UH–1H直

升机，剩余的"幻影"III型飞机出售给了巴基斯坦。

黎巴嫩空军拥有1000人，由5架"猎手"F9战斗机组成的作战中队已经名存实亡，这些飞机被储存起来而无法使用，"教师"飞机也面临同样的处境。唯一的作战能力依靠1个由8架A342L"瞪羚"反坦克直升机组成的中队，此外还有5架"瞪羚"也被储存起来无法使用。45架其他型号的直升机中，有20架可以使用，包括16架UH–1H型和4架R–44"乌鸦"训练机。

马来西亚

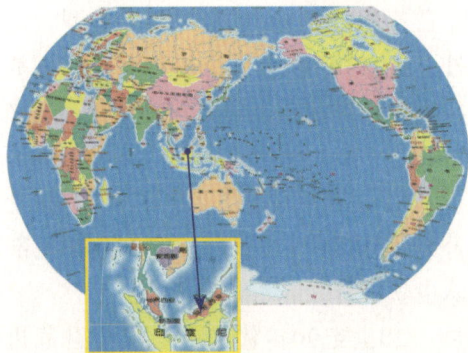

- 人口：2570万人
- 面积：326880平方千米
- GDP：2220亿美元，人均8792美元
- 国防经费：40亿美元
- 服役人员：现役109000人，预备役51600人

马来西亚皇家空军

成立时间：1958年。

马来西亚，作为一个前英国殖民地联邦，于1963年成立。该国的军事航

空业始于更早的1936年，"海峡殖民地志愿空军"在这一年成立，配备霍克"奥代斯"飞机，1940年成为马来亚志愿空军，使用机型主要是德·哈维兰公司"虎蛾"和"客车"，这些飞机都是

1939年二战爆发时征用来的。这支空军躲过了日本对马来西亚的入侵，但还是在日本入侵苏门答腊期间被彻底击溃。

战后，马来西亚的军事航空业完全由英国皇家空军控制，直到1950年马来亚辅助空军组建为止。起先，这支附属部队是一个训练机构，使用"虎蛾"飞机，此后，北美公司T-6"哈佛"训练机也加入其中。首批作战飞机是"超级海上喷火"F21战斗机，1956年"虎蛾"被DHC-1"花栗鼠"替代。

马来亚（不包括后来加入的其他领土）在1958年独立，马来亚辅助空军成为马来西亚皇家空军，使用苏格兰航空公司"双先锋"运输机和"花栗鼠"训练机。随着1963年马来西亚联邦的建立，马来西亚皇家空军的名称固定下来。新飞机包括亨德利·佩奇公司"先驱者"、DHC-4"北美驯鹿"、德·哈维兰公司"鸽"和"苍鹭"运输机、加拿大航空公司CL-41"导师"武装喷气式训练机。建国之初，新联邦的领土就受到印尼的威胁，马来西亚皇家空军与英国皇家空军和皇家海军航空兵一道，对抗印尼的侵略。后来，新加坡虽然从马来西亚联邦中分离出去，但马来西亚空军在此后许多年里持续得到英国空军、海军航空兵部队和陆军航空兵部队的帮助。

同时，马来西亚与新加坡继续在防务上进行合作。

澳大利亚制造的CA-27"埃文-佩刀"飞机于1969年交付，到了70年代初，10架达索公司"幻影"V型机也获得引进。此时，马来西亚空军人数已经增长到4500人，使用20架"云雀"III型和10架西科斯基S-61A直升机。训练使用的是18架英国飞机公司"宪兵司令"T-51和15架苏格兰航空公司"斗牛犬"训练机。

马来西亚联邦成立后，高度重视国防。马空军引进洛克希德公司C-130"大力神"运输机加强运输能力，随后是诺斯罗普公司F-5E/F"虎"II型截击侦察机，再之后是F/A-18D"大黄蜂"战斗攻击机。训练机主要有PC-7型，此外，MB339A武装训练机和霍克轻型战斗机执行对地攻击任务。1995年，马来西亚进一步拓展引进飞机的来源，购买了米格-29N战斗机。在PC-7的基础上补充了MkII版，同时，C-130运输机部队也获得升级。

20世纪90年代末，亚洲金融危机爆发，马来西亚军费一度中断。西班牙航空制造公司的CN-235于1999年交付时，比原计划迟了3年。同时，一项购买新直升机的决定也被延迟。

2002年至今，马来西亚皇家空军

人员增加了一倍，达到15000人，作战力量包括：1个拥有16架米格-29N战斗机的中队，但这些飞机即将退役；1个配备18架苏-30MKM战斗机的中队；1个拥有8架F/A-18D"大黄蜂"的中队；1个装备13架F-5E"虎"II型机的中队，作为战斗机引导部队。打击任务由2个中队的14架"霍克"208型机完成，另有来自高级训练学校的15架"霍克"108型机以及16架MB339AB/C型机可以加入其中。4架"空中之王"200T型机执行有限的海上侦察任务。4个运输机中队中，有两个拥有12架C-130H/ H-30"大力神"和2架KC-130H加油机，第三个是要员机中队，配备1架波音737-700BBJ、1架空客A319CT、1架F-28"友谊"、1架"猎鹰900"和1架BD700"全球快车"，最后一个中队有6架CN-235和9架"赛斯纳"402B型，后者中的2架用于空气监测任务。直升机包括20架S-61反潜直升机，另有4架该型机和4架S-70"黑鹰"用于执行运输任务。训练机包括48架皮拉图斯PC-7和PC-7MkII型、20架MD3-160，以及MB339A、"霍克"和"赛斯纳"402B型。无人机包括"鹰"和"阿鲁德拉"。导弹包括"白杨"、"射手"、"麻雀"、"响尾蛇"、"幼畜"和"鱼叉"。

马来西亚皇家海军

成立时间：1988年。

马来西亚皇家海军航空兵部队组建于1988年，使用12架韦斯兰公司"黄蜂"直升机，用于执行舰载反潜任务。此后，这支小型部队的"黄蜂"直升机增加到了17架，人员160人。再后来，"黄蜂"被6架AS555N"非洲狐"和6架"超级山猫"替代。两艘护卫舰可搭载直升机，另有两艘小型护卫舰也有直升机起降台。

马来西亚皇家陆军

组建时间：1977年。

1977年，马来西亚皇家陆军组建了一支小型航空兵部队，使用10架SA316B"云雀"III型直升机用于观察、联络和通讯。马来西亚陆军计划引进攻击直升机和运输直升机，决心将其打造成一支具备完全打击和运输能力的部队。马来西亚陆军在20世纪90年代中期选中了CSH-2，后因经济危机没有订购。此外，采购CH-47重型直升机的计划也遭遇了同样命运。今天，这支部队使用着11架A109和9架SA31"云雀III"直升机。

马尔代夫

- 人口：25万人
- 面积：298平方千米

马尔代夫国防军

如有需要，马尔代夫国防军可向马尔代夫国家航空公司租用飞机。此外，该军还租用了1架印度空军的米-8直升机。

孟加拉国

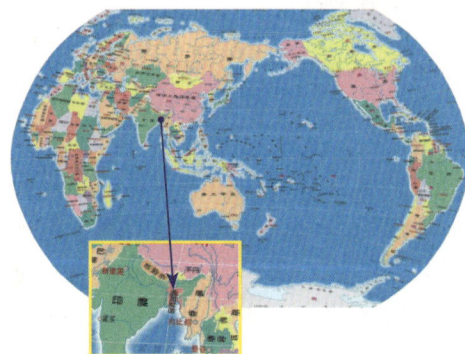

- 人口：1.56亿人
- 面积：142766平方千米
- GDP：891亿美元，人均571美元
- 国防经费：12.1亿美元
- 服役人员：现役157053人

队。1971年，印巴战争爆发后它才赢得独立。起初，其空军部队曾是巴基斯坦国防军的三个军种之一，他们乘印巴战争之际，驾驶飞机脱离巴基斯坦的控制。当时，绝大部分的巴基斯坦飞机已被印度空军击毁在地面上。起初，孟加拉国飞机采购仍然沿袭巴基斯坦的早期采办政策，主要从中国引

国防军空中联队

成立时间：1972年。

1972年之前，孟加拉国曾是东巴基斯坦的领土，参与巴基斯坦武装部

进，原因很简单，因为西方的武器装备价格昂贵。最近开始从俄罗斯引进装备，不过，其运输能力在购买了美军退役的"大力神"运输机之后，得到很大提高。

目前，孟加拉国防军空中联队有1.4万人，飞行时数很少，每年只有100~120小时，毫无疑问，这是由于经济微薄，无力支付燃料费用。担负战斗和地面攻击作战任务的主要有4个中队，共有6架米格-29"支点"战斗机，另有2架米格-29用于训练，此外还有10架歼-6（米格-19UT）、31架

中国成都飞机公司生产的歼-7MG/M歼击机、18架中国南昌飞机公司生产的强-5C强击机。这些飞机可以携带AA-2空对空导弹。飞行训练主要使用10架中国沈飞集团生产的歼教-6、8架L-39ZA"信天翁"和12架"赛斯纳"T-37B教练机。运输机有4架经升级的美国退役的C-130B"大力神"、3架安-26、3架安-32、17架米-17和11架贝尔生产的212直升机。此外，还有2架206型直升机用于飞行训练。

孟加拉国陆军有3架贝尔206型直升机。

缅甸

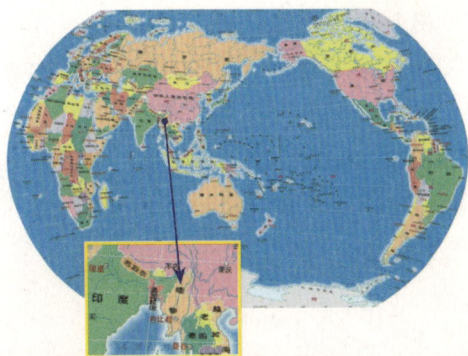

缅甸空军

成立时间：1955年。

1948年，缅甸脱离英国独立，

- 人口：4810万人
- 面积：676580平方千米
- GNP：267亿美元，人均555美元
- 国防经费：约70亿美元
- 服役人员：现役406000人

其空军1955年在英国的帮助下成立。英国送给缅甸一批前皇家空军的"喷火"Mk18战斗机、"蚊"式Mk6战斗轰炸机、空速公司的"牛津"和德·哈维兰公司的"虎蛾"教练机。不久后，这支部队新添置了"喷火"Mk9

战斗机、霍克公司的"海怒"FB11战斗轰炸机、布里斯托尔公司的170Mk31M"货船"、道格拉斯公司的C-47、比奇公司的D18和塞斯纳公司180型联络机，但这些飞机数量都很少。20世纪50年代，缅甸引进了30架亨特公司的T53"教务长"教练机、数架德·哈维兰的"吸血鬼"T55喷气式教练机。1960年，缅甸空军接收了DHC-3"水獭"和日本的川崎-贝尔47"苏族人"直升机，60年代末又引进了北美航空公司的F-86F"佩刀"战斗机和洛克希德公司的T-33A武装教练机、云雀III和卡曼公司的"爱斯基摩"直升机、DHC-1"花栗鼠"基础训练机。

1989年，缅甸从苏联获取了3架米-4直升机。1990年从中国获得了歼-6和歼-7M型机，从波兰获取了WZLW-3"索科尔"轻型直升机。

缅甸是一个饱受西方国家指责和非议的军政权，其军队享有最高特权以镇压国内动乱，但落后的经济条件意味着他们很难拥有现代化的军事装备，仅有苏联提供的少量米格-29战斗机。缅甸通过实物交易来换取飞机，1991年通过向南斯拉夫出口柚木购买了20架"超级海鸥"武装教练机，1998—1999年又引进了12架中巴合作生产的K-8教练机。

缅甸空军15000人，比1972年增加了2倍。其最先进的装备是8架米格-29B"支点"战斗机，另有50架F-7（米格-21）供2个中队使用；2个对地攻击中队使用22架A-5M型攻击机。有10架"超级海鸥"G4、16架PC-7和10架PC-9。运输机包括2架安-12"幼狐"、3架F-27、4架FH-227、5架PC-6B"涡轮·搬运工"和4架西安飞机制造公司出产的运-8Ds。直升机包括11架米-17、10架PZLW-3、18架米-2、12架贝尔205A、6架206型和9架SA316"云雀III"。训练使用武装教练机和12架K-8"喀喇昆仑山"教练机。

蒙古

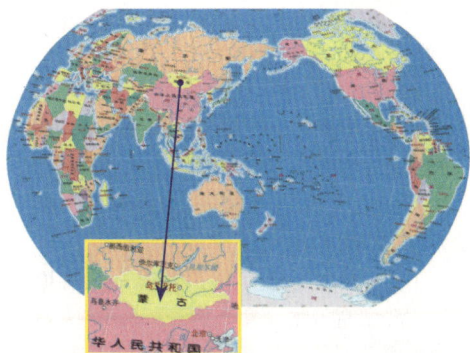

- 人口：300万人
- 面积：1564360平方千米
- GDP：47亿美元，人均1556美元
- 国防经费：5.13亿美元
- 服役人员：现役10000人，预备役137000人

蒙古空军

成立时间：1926年。

蒙古空军最初作为蒙古陆军的一部分成立于1926年，当时有4架苏联援助的飞机。1927年，蒙古建立了一所飞行学校。1933年，蒙古空军有大约100架苏联飞机在服役，此后整个30年代，苏联军援不断进入，以对抗日益严重的日本关东军的威胁。1938年，蒙古空军的力量达到顶峰，拥有450架飞机，包括I–15和I–16战斗机、TB–3轰炸机和R–5炮观机。二战期间，1个拉–5战斗机小队与苏军并肩作战，在苏联境内对抗德军。

战后，苏联提供的飞机包括波–2和安–2，50年代又有伊尔–14和里–2（C–47）运输机，以及雅克–11和雅克–18训练机。50年代末，米格–15喷气式战斗机也进入蒙古，但此时该型机显然已经过时。米–4直升机也获得引进。

苏联解体切断了蒙古空军主要的飞机来源。尽管与中国接壤，蒙古除了少量运输机，并没有选择中国作为其新飞机的供应国。目前，蒙古空军有800人，10架米格–21曾隶属于一个战斗机中队，但已公开废弃，使得蒙古空军目前仅为一支运输和通讯部队，此外还保留了一定数量的作战直升机。11架米–24攻击直升机据信处于备而不用的状态，其他飞机包括1架空客A310–300、1架波音737、6架安–2S和1架安–26，以及13架米–8和米–17直升机。

尼泊尔

- 人口：2860万
- 面积：141,414平方千米
- 国民生产：50亿美元,人均174美元
- 国防经费：2亿美元
- 服役人员：现役95753人,准军事人员 62000人

（备注：这是个临时数字，是在假定尼泊尔联合共产党的23500名军队并入现有军队的情况下，但实际进程要比预期缓慢很多）

尼泊尔陆军航空联队

成立时间：1971年

尼泊尔军事航空兵创建于1971年，当时的尼泊尔皇家陆军接收了首架飞机——肖特公司"空中货车"3M型机。不过，尼泊尔皇室早就有1架"云雀III"直升机，在1970年又购入1架"空中货车"VIP版。新成立的尼泊尔皇家陆军航空队接管了皇室这架"空中货车"，经过改进后将其用作通讯和运输工作。但是，随着尼泊尔共产主义运动不断发展壮大，空军发现这架飞机很难形成真正的作战能力。尼泊尔的高山地形使得地面通讯异常困难，建造大型机场代价高昂。2008年，尼泊尔共产党（毛主义）夺取政权，计划将其23500名人民解放军并入现有的武装部队。

目前，尼泊尔航空联队共有320人，比2002年增加了近一半。唯一的固定翼飞机是1架BAe748和1架"空中货车"。直升机包括3架米–17、3架AS332"超级美洲狮"、1架AS350"松鼠"、2架贝尔206L、2架SA316B"云雀III"和1架HAS315B"美洲驼"。

日本

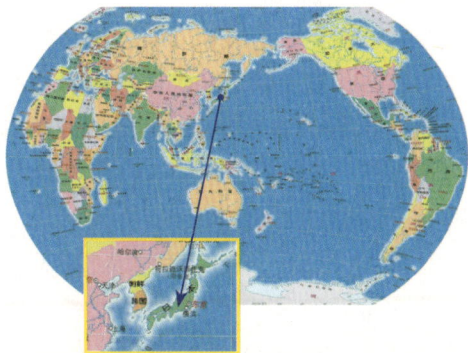

- 人口：1.27亿
- 面积：370370平方千米
- GDP：53000亿美元，人均41723美元
- 国防经费：526亿美元
- 服役人员：现役230300人，预备役41800人

日本空中自卫队

成立时间：1954年。

日本的军事航空始于1911年，日本陆军航空队和海军航空队均在这一年成立。日本陆军航空队最初只有3架"亨利·法尔曼"和2架"莱特"双翼飞机、1架"安托瓦内特"和1架"布莱里奥"单翼飞机。日本海军航空队有2架"莫里斯·法尔曼"和2架"柯蒂斯"水上飞机。此后不久，陆军航空队增加了日本自主设计的"横河"1型、"平泉"1型和2型双翼飞机，还有授权生产的"莫里斯·法尔曼"飞机，以及1架纽波特和1架兰普勒–爱特立克"鸽"式飞机，海军航空队则增加了"小谷"和"牛奥"双翼飞机，以及1架"布莱里奥"飞机。一战期间，日本作为协约国成员实际参与的战事很少，仅在占领德国在中国的势力范围——青岛时诉诸了一些武力，此外就是派遣部分飞行员参加法国陆军航空勤务队的飞行任务。一战结束前，日本海军航空队引进"肖特"水上侦察机、"索普维斯"水上战斗机和"德培杜辛"水上训练机，此外还有"横须贺"A型水上飞机。

一战后，日本三大工业巨头支撑起了日本的航空业，它们是三菱、中岛和川崎。法国航空代表团的到访，给日本陆军航空队在编制和发展方面提出建议，而海军航空队则得到英国航空代表团类似的帮助。上述两个代表团对日本军事航空业的影响巨大，促使日本对

航母产生兴趣。接下来，日本陆军航空队的飞机几乎全部更新，引进了斯帕德S13C和授权生产的斯帕德20C、纽波特24C和29C战斗机，50架前英国皇家空军退役的索普维斯"斯塔特"和"海豹崽"战斗机，布雷盖Br14B、法尔曼F50和授权生产的F60以及"歌利亚"轰炸机，萨姆森SA-2侦察机，纽波特81E、83E和24C型，昂里奥和高德隆C6训练机，以及中岛"五"式高级训练机。海军航空队引进的飞机包括：格罗斯特"食雀鹰"MarsII和II型，三菱"十"式战斗机以及同型侦察机和训练机，"肖特"F-5战斗机，施雷克FBA17和特里尔。阿弗罗504K和504L训练机，索普维斯、维克斯、布莱克本和"超级海上"系列飞机。1922年，日本在战列舰上试飞了一架格罗斯特"食雀鹰"MarsIV战斗机，此后拥有了首艘由油轮改装成的航空母舰"凤翔"号。该舰1923年开始服役，舰载机为MarsIV和三菱"十"式战斗机。

20世纪20年代末，日本帝国海军又装备了2艘航空母舰，一艘为由战列巡洋舰改装的"赤城"号，1928年开始服役，另一艘为战列舰改装的"加贺"号，1929年开始服役。为适应航母需要而研制和授权制造的飞机包括中岛A1N1"三"式战斗机、三菱B2M1"八九"式（基于布莱克本的设计）海军轰炸机和三菱C1M2侦察机。相继加入海上航空队的水上飞机和飞艇包括横须贺E1Y1和爱知"二"式（亨克尔HD25）水上飞机，HiroH1H1、H1H2和H2H1飞艇。30年代早期，新型飞机还包括中岛A2N1舰载战斗机和高级训练机、E4N1和川西E5K1水上侦察机以及HiroH3H1飞艇。

与此同时，日本陆军航空队装备了三菱"八七"式轻型轰炸机、川崎"八七"式(道尼尔F)重型轰炸机和"八八"式侦察轰炸机。到30年代，陆军航空队又装备了中岛"九一"式和川崎"九五"式战斗机，三菱"九二"式（容克斯G38）、三菱"九三"式和川崎"九三"式轰炸机，中岛"九四"式炮观机。

1931年，日本入侵中国东北，随后建立伪满洲国。1932年，日军袭击上海，海上航空队飞机从两艘航母上起飞，参与执行攻击任务。日本扩张领土的进程由此展开，进一步导致了二战在太平洋地区的爆发。英国和法国觉察到日本领土扩张的企图后，不再和日本进行军事合作。

日本飞机根据日本天皇纪年进行命名，因此，"七"式的意思是昭和七年。1932年，两架"七"式系列飞机、HiroG2H1"九五"式海军轰炸机和川西E7K1"九四"式侦察机投入生产。1934年开始，"九"系列飞机开始生产，包括三菱A5M1"九六"式战斗机、G3M1"九六"式陆基远程轰炸机、爱知D1A2和中岛B4Y1"九六"式航母舰载轰炸机、渡边E9W1和爱知E1A1"九六"式海上侦察飞机以及川西H6K1"九七"式四引擎飞艇，上述飞机均于1936年前后开始服役。此后，中岛C5M1"九八"式侦察机、HiroH5Y1"九九"式侦察飞艇也开始服役。

这一时期，日本陆军航空队同样挑选引进了一批新式飞机，包括川崎"九五"式、中岛Ki27a和Ki27b"九七"式战斗机，三菱Ki30、Ki21和川崎Ki48"九八"式轰炸机，中岛Ki34"九七"式运输机，立川Ki36炮观机，三菱Ki15和Ki51"九七"式侦察机，以及Ki51b对地攻击机。

1937年，日军全面侵略中国，当时的日军空中力量是中国的5倍。1937年年底到1938年年初，日军在中国快速推进，新飞机不断进入现役，最著名的就是三菱A6M2"零"式舰载战斗机。在此期间，新航母也开始服役，使得日本拥有一支强大的海军航空兵部队。到1941年，中国军队的抵抗受到日军的全面压制。

1941年12月8日，353架日本海上航空队飞机从6艘航母起飞，偷袭美军在夏威夷的海军基地珍珠港，使美军遭受重大损失。这次袭击取得了战术上的胜利，却在战略上铸成了大错——它把美国拉进了战争，日军并没有彻底瘫痪珍珠港，加之美国太平洋舰队航母此时正在海上航行，因此躲过了劫难。随后，日军入侵香港、泰国和马来半岛，占领新加坡，又开进荷兰殖民地东印度群岛和缅甸，最后在缅甸和新几内亚暂停脚步。日本陆军航空队和海军航空队的飞机参与了这次战争史上最快速和有效的协同进攻。法国维希政府允许日本使用其在印度支那的军事基地。1941年12月10日，日军岸基飞机在马来半岛外海追踪并袭击了英国"威尔士亲王"号战列舰和旧式的"反击"号战列巡洋舰，两艘舰在没有空中掩护的情况下被击沉。1942年4月5日，日军飞机从"苍龙"号航母起飞，追踪并击沉了英国"多塞特郡"号和"康沃尔"号重巡洋舰。几天后的4月9日，日军击沉了英国"竞技神"号轻型航母及其属舰，澳大利亚"吸血鬼"号驱逐舰也被击沉。此外，澳大利亚达尔文港和锡兰的军事基地也遭到日军飞机的轰炸。

美国海军太平洋舰队迅速开始反

击。舰载轰炸机袭击了东京和日本其他大城市，尽管造成损失不大，但无疑重挫了日本人的信心和日本陆军航空队的声誉。珊瑚海之战还不具决定性意义，但在1942年4月的中途岛之战中，日本帝国海军损失了参战的全部4艘航母——"赤城"、"加贺"、"飞龙"和"苍龙"。此后，日本帝国海军未能从这次惨败中恢复元气。

日本海军航空队战时使用的飞机包括对"零"式战斗机的改进型和各型水上飞机，同时使用的还有川西H8K2"二"式飞艇、中岛J1N1"二"式战斗侦察机、爱知D4Y1和D4Y2以及三菱G4M2轰炸机。与日本海军航空队一样，陆军航空队也是严重依赖战前设计的飞机及其改进型，新型飞机包括中岛Ki44"二"式、Ki84"四"式、川西Ki4和Ki61"三"式战斗机，中岛Ki49零式和三菱Ki67"四"式轰炸机，以及国际Ki49"零"式炮观机。

战争末期，日本陆军和海军航空队各自成立"神风"特攻队。特攻队最初使用的是标准的作战飞机，后来又研制了"樱花"炸弹——自杀式飞机，这种"炸弹"需要重型轰炸机进行近距离投送，虽然能够有效袭击包括护航航空母舰在内的盟军轻型军舰，但难以穿透密集的空对空火力，对英国新式航母

的装甲甲板也不构成威胁。整个战争期间，缺乏技术改进是日军的重大缺陷。随着美军向日本本土步步推进，美国空军可以使用太平洋上的基地起飞重型轰炸机，而日本陆军航空队飞机却无法飞抵这些基地实施轰炸。于是，日军再次祭出自杀式袭击的利器，日军飞行员驾驶不携带武器弹药的飞机去"撞击"美军轰炸机。1945年8月，美国向日本广岛和长崎投掷了两颗原子弹，日本宣布投降，盟军随即占领日本。

日本投降后，军队遭到解散。1950年，作为准军事部队的国家警察预备队，在美国的援助下成立，以缓解美军在朝鲜战争中的压力。1954年，日本陆上、空中和海上自卫队得以成立，尽管没有"陆军"、"空军"和"海军"的名称，但实质上重新建立起了三军部队。日本自卫队是在美国的协助下成立的，目的是对付临近的朝鲜和中国。

日本空中自卫队最初装备有北美公司T-6G"得克萨斯人"和比奇公司T-34"导师"训练机，以及部分洛克希德公司T-33A喷气式训练机和柯蒂斯公司C-46"突击队员"训练机。首批学员大部分是二战老兵，他们于1955年开始训练，同年底，首个北美F-86F"佩刀"战斗机中队得以建立。3年之内，空中自卫队装备了大约300

架"佩刀"战斗机、35架C-46"突击队员"运输机和约300架训练机，其中，有很多"佩刀"和T-33在日本本土制造。1959年，日本自主设计的"富士"T-1喷气式训练机开始服役。1960年，日本开始根据授权制造洛克希德公司的F-104J"星"式战斗机。1970年，在日本制造的麦道公司F-4EJ"鬼怪"战斗轰炸机也开始服役。到1970年，空中自卫队人员达到40000人，装备有首批"萨姆"导弹，成立了3个奈基-阿贾克斯导弹营。日本自主设计的飞机包括日本飞机制造公司YS-11运输机的改进型，大多数飞机由美国授权生产。日本引进的直升机主要用于执行搜救任务，包括西科斯基H-19、S-62和维托尔107。1972年，日本飞机制造公司C-1战术喷气式运输机开始服役，几年后，三菱T-2超音速训练机开始服役。80年代，日本自行设计的三菱F-1强击机开始服役，随后，麦道F-15J截击机也开始服役，再之后的三菱F-2A/B是F-16的改进机，增加了复合机翼，用以替代F-1。

鉴于亚洲邻国对日军扩张的敏感，日本尽力避免卷入地区性冲突，只是小规模参加了联合国的维和行动。目前，日本空中自卫队比较强大，拥有45600人，作战飞机主要是由150架F-15J型战斗机组成的7个中队，70架F-4EJ"鬼怪"II型战斗机组成的3个中队，以及40架三菱F-2型战斗机组成的2个中队。1个侦察机中队装备10架RF-4J型机。电子战任务由2个中队执行，装备1架川崎EC-1和10架YS-11E，预警任务由10架EC-2C"鹰眼"和4架E-767执行。搜救中队配备20架U-125A（"霍克800"）"和平氪"，后来增加30架UH-60J"黑鹰"和10架KV-107（BV-107）。加油机中队使用4架KC-767A型机。运输机部队包括10架C-130H"大力神"组成的1个中队、20架C-1组成的2个中队、10架U-4（湾流IV）组成的1个中队以及10架CH-47"支努干"组成的1个中队。训练使用的是170架T-4、20架三菱F-2B、30架T-7和10架T-400(比奇T-1A)。此外，6个防空导弹军团下辖24个"爱国者"防空导弹中队，空对地导弹包括ASM-1和ASM-2，空对空导弹包括"麻雀"和"响尾蛇"。

日本海上自卫队

成立时间：1954年。

1954年，日本海上自卫队在美国协助下成立，它主要是一支反潜部队。最初装备的飞机包括4架贝尔TH-13直

升机和一批北美公司SNJ-6训练机。随后一年，20架格鲁曼公司TBM-3W-2和TBM-3S"复仇者"、17架洛克希德公司PV-2"鱼叉"、10架康维尔公司PBY-6A"卡塔利纳"轰炸机，4架格鲁曼"鹅"水陆两栖飞机和西科斯基公司S-51直升机开始服役。很多二战日本老兵的加入，对海上自卫队军力的扩张起到很大作用。1956年，首批42架日本制造的洛克希德P2V-7"海王星"开始替代"鱼叉"，1957年60架格鲁曼S-2A"追踪者"反潜机替代了"复仇者"。

美国授权的飞机继续在日本制造，这加速了日本本土飞机的研制，46架川崎P-2J海上侦察机就是根据"海王星"改进而成，70年代初，川崎P-2J完成了对"海王星"的替代。36架日本自主设计的PS-1型涡轮螺旋桨飞机一次装备了3个中队，负责执行搜救任务。远程海上侦察任务由洛克希德公司P-3C"猎户座"执行。与大多数国家海军一样，日本海上自卫队的直升机也从舰艇上起降。近年来，随着部分驱逐舰可以承载3~4架直升机，日本直升机数量也得到大幅增加。日本海上自卫队的任务范围近年来不再局限于反潜作战，目前的"大隅"级虽被日本官方认定为运输舰，能够运输330名士兵，但其贯穿全舰的飞行甲板使其实质上成为一艘轻型直升机母舰。

目前，日本海上自卫队约44100人，其中10000人为航空人员。6个中队（其中1个是训练中队）装备有80架洛克希德P-3C/OP-3"猎户星座"海上侦察机。1个中队装备7架EP-3C、NP-3C和UP-3D"猎户座"，执行电子情报和雷达定标任务。搜救使用的是11架US-1/1A水上飞机和18架UH-60J"海鹰"直升机，而"湾流"IV型机则执行反海盗巡逻任务。9架MH-53J"海上种马"直升机执行扫雷任务。7个中队装备91架舰载SH-60J/K"海鹰"直升机。1个运输机中队有4架YS-11和5架LC-90。训练机包括9架OH-6D/DA（MD500）、38架T-5和6架YS-11。

日本陆上自卫队

成立时间：1954年。

日本陆上自卫队1954年从国家警察预备队分离，成为独立军种，其航空部队飞行员很多是1952年以后美国陆军训练出来的，使用的是派珀L-21和斯廷森L-5"哨兵"炮观机。这批飞行员后来构成了日本陆上自卫队空中力量的核心。直升机得以引进，包括日本制造的维托尔107（CH-46）、贝尔UH-1"易洛魁人"，47架"苏族人"、休斯OH-6A和西科斯基S-62，而更早的H-19"契卡索人"则直接由美国提供。20世纪60年代末70年代初，陆上自卫队的直升机数量大幅增加，由290架增至400架。武装直升机稍后也得以引入，包括富士-贝尔AH-1"眼镜蛇"。

日本陆上自卫队建立了1个空中机动旅。2000年，首次引进100架川崎OH-1武装侦察直升机，替代大批的OH-6D/J"印第安种马"。2004年，10架AH-64D"长弓阿帕奇"加入此前的70架AH-1F"眼镜蛇"直升机的队伍，此外还有20架OH-60（MD-500）。运输任务由50架CH-47J/JA"支努干"、30架UH-60JA和140架UH-1H/J"易洛魁人"执行。地对空导弹包括"霍克"和"短萨姆"。

上图：一个由3架C-1战术运输机组成的编队正在飞行。

上图：日本三菱公司生产的F-2A战斗机是洛克希德·马丁公司的F-16战斗机的改进型。

斯里兰卡

- 人口：2130万人
- 面积：65610平方千米
- GDP：443亿美元，人均2076美元
- 国防经费：15.7亿美元（10亿英镑）
- 服役人员：现役160900人，外加预备役5500人

斯里兰卡空军

建军时间：1950年。

斯里兰卡在战时主要担当英国的军事基地，其军事航空可上溯至1950年，那时的斯里兰卡刚从英国独立出来两年时间，在英国皇家空军的帮助下建立了锡兰皇家空军。直到1953年，斯里兰卡才获得12架DHC-1"花栗鼠"基础教练机和9架保罗公司的"贝列尔"教练机，之后又收到2架空速公司的"牛津"通信训练飞机。1955年，又得到1架德·哈维兰公司的"鸽子"轻型运输机、数架苏格兰航空公司的"开拓者"飞机和韦斯特兰公司的"蜻蜓"直升机。1958年，又得到数架"鸽子"轻型运输机、"开拓者"飞机以及8架汉

廷公司"院长"武装教练机。锡兰皇家空军最初的主要任务是打击非法移民和走私，维护国内安全。1971年，锡兰皇家空军的地位变得更加重要，苏联向其提供了6架米格-17战斗轰炸机，用于镇压国内的武装叛乱。

1972年，斯里兰卡共和国成立，尽管斯里兰卡仍然属于英联邦国家，但锡兰皇家海军去掉了前面"皇家"两个字，并改名为斯里兰卡空军。

斯里兰卡与苏联的协议持续了很短时间，20世纪70年代中期，斯里兰卡空军的任务重心重新回到运输和通信上，导致空军战斗力有所下滑。但是，由于斯里兰卡北部泰米尔人的自治诉求以及"泰米尔伊拉姆猛虎解放组织"的恐怖主义活动，国内安全成

为斯里兰卡空军面临的主要问题。1983年，斯里兰卡空军开始重新恢复战斗能力，起初主要通过武装教练机进行战斗训练。1991年，斯里兰卡从中国获得2架沈阳飞机制造厂的歼教-5教练机和4架歼-7M"空中警卫"战斗轰炸机。由于财政及人员限制，斯里兰卡只购买了少量战机。20世纪90年代，斯里兰卡空军的战斗力持续增长，购买了米-17运输机和米-24攻击直升机。相比之下，"泰米尔伊拉姆猛虎解放组织"在1995年引进地空导弹后依然缺乏空中支援能力。随着9架运-12运输机开始在3个HS748小型空运部队服役，斯里兰卡的运输能力得到极大提高。1998年，一架民用飞机被击落后，斯里兰卡空军不得不为本国民众提供民航航班，并为飞机加装红外预警系统和干扰物投放器，以防范地空导弹的威胁。1996年，随着从以色列空军购买了C2/CT2"幼狮"战斗机，以及从乌克兰获得米格-27战斗机，斯里兰卡空军的战斗力获得显著增强。从阿根廷购买的大量"普卡拉"反暴乱飞机很快变成一堆废铁，它们和歼-7战斗机一样因为机翼断裂而退役。发生在2000年的多次剧烈冲突，导致斯里兰卡空军损失了4架米-24和米-35攻击直升机，而在1996—2000年

期间，只购买了7架同类型直升机。国内安全形势迫使斯里兰卡空军在海外进行训练。不过，随着新型飞机的引进，训练活动逐渐转回国内。

如今，斯里兰卡空军人数达到28000人，是2002年的3倍多。空军的攻击能力主要依靠11架"幼狮"C2战斗轰炸机、9架成都飞机公司制造的歼-7战斗机和乌克兰的4架米格-27M战斗机。此外，还有13架米-24和米-35攻击直升机。运输机主要包括10架贝尔212和贝尔412直升机，2架洛克希德公司的C-130K"大力神"运输机，7架A-32B、3架Y-12、3架米-17以及6架贝尔206直升机。由于只有1架比奇公司"空中之王"200型机，贝尔412直升机有时也当作要员专机使用。还有1架塞斯纳公司421型机用于调查和观测工作。飞行训练主要使用8架K-8教练机和6架CJ-6（雅克-18）。

随着2009年与"泰米尔伊拉姆猛虎解放组织"战争的结束，斯里兰卡武装力量应该有所削减，但实际上，斯里兰卡空军目前继续要求扩张军力，以应对"泰米尔伊拉姆猛虎解放组织"以前控制地区的大量军事存在。

虽然，有1架"猎豹"直升机用于海军通信联络，但在斯里兰卡海军内建立海军航空队的计划似乎已经流产。

沙特阿拉伯

- 人口：2870万人
- 面积：2400930平方千米
- GNP：4100亿美元，人均14316美元
- 国防经费：412亿美元
- 服役人员：现役233500人（包括100000名国民警卫队人员）

沙特阿拉伯皇家空军

成立时间：1950年

沙特阿拉伯是由两大部落在1926年统一后建国的，其首架军用飞机由英国政府赠予，用来镇压持不同政见的部落。1931年，又引进了4架前英国皇家空军的威斯特兰航空公司"麋鹿"通用双翼飞机，由英国飞行员驾驶。1937年，沙特还接受了意大利的军事援助。随着第二次世界大战的爆发，沙特空军在接下来的十年几乎没有发展。1950年，一个英国代表团的到来唤醒了沙特空军的生机，协助其成立了沙特阿拉伯皇家空军，并提供了一些阿弗罗公司的"安森"轻型运输机和德·哈维兰公司的"虎蛾"教练机。1952年，沙特皇家空军进一步扩展，一个美国代表团向其提供了10架特姆科公司的TE-1A"牧童"和一批北美航空公司的T-6教练机以及道格拉斯公司的C-47运输机。1953年，18名沙特飞行员远赴英国接受训练。与此同时，沙特与埃及签署国防协议，一批沙特飞行员在埃及接受训练，埃及还提供了4架德·哈维兰公司的"吸血鬼"FB52战斗轰炸机，该协议到1957年结束。沙特皇家空军还获得了9架道格拉斯公司的B-26"入侵者"轰炸机和数架DHC-1"花栗鼠"基础教练机。20世纪50年代末到60年代初，沙特又引进了16架北美航空公司的F-86"佩刀"战斗轰炸机、洛克希德公司的T-33、比奇公司的T-34"导师"教练机、6架费尔柴尔德公司的

C-123"供应者"和4架洛克希德公司的C-130E"大力神"运输机。要员运输机包括1架威斯特兰公司的"野鸭"直升机和1架维克斯公司的"运动队"运输机。

20世纪60年代,随着中东紧张局势升级,为了与伊拉克、埃及和叙利亚划清界限,促使沙特走上强军之路。1966年,沙特订购了34架英国飞机公司的"闪电"F53多用途飞机,还订购了6架"闪电"T-55和24架BAC167"打击能手"教练机,标志着沙特采购现代飞机的开始。此后,沙特又购买了诺斯罗普公司的F-5战斗机。80年代末至90年代初,沙特成为英德意三国共同研制的"狂风"战斗机的重要客户之一,购买了48架该型拦截机和24架该型防空机。沙特防空力量的支柱是麦道公司的F-15"鹰"式战斗机、5架波音公司的E-3A"哨兵"预警机和8架KE-3A加油机。1990年8月,伊拉克入侵科威特,使得沙特空军处于高度警戒状态。沙特空军在解放科威特的战争中发挥了重要作用,在打击伊拉克时损失了至少1架"狂风"战斗机。美国空军加紧向沙特空军运送F-15"鹰"战斗机,额外向其提供了24架,并在沙特部署该型机。

沙特保持高昂的国防开支主要依赖原油出口。但在20世纪90年代末,随着原油价格的下跌,沙特空军一批现代化项目搁浅。

沙特空军拥有2万兵力,在过去30年里翻了两番。有9个战斗机中队,其中1个中队拥有15架"狂风"(防空拦截版)战斗机,5个中队共有84架F-15C/D"鹰"式战斗机,另外3个中队共有68架F/RF-5E"虎"II战斗机。沙特皇家空军有6个打击中队,其中3个中队共有85架"狂风",另外3个中队共有70架F-15S"鹰"式战斗机。预警机中队包括5架E-3A"哨兵",加油机有8架波音公司的KE-3A和8架洛克希德公司的KC-130H,还有6架A330即将服役以替换KE-3A。3个运输机中队共有38架C-130E型、H-30型和29架C-130H"大力神"机。2个直升机中队包括17架AB212、22架AB205、13架AB206A和16架AB412,后者除运输任务外,还可执行搜救任务。另有12架AS532A2"美洲狮"用于战场搜救任务。皇家飞行队使用的是2架洛克希德公司的"三星"和2架麦道公司的MD-11型、1架波音737-200、1架757-200、2架747SP、1架747-300和1架A340-200。另外,要员运输机包括4架VC-130H"大力神"、4架BAe125-800型、2架格鲁曼公司的"湾流III"和2架AS61A。教练机包括43

架Mk65/A"鹰"、45架皮拉图斯公司的PC-9、1架英国航宇公司的"喷气流"31和20架MFI-17"马沙克"，数架"飞行骑士"以及教练机的改进版用于作战。沙特有独立的空防部队，拥有"麻雀"和"响尾蛇"空对空导弹，空对地导弹包括"幼畜"、"海鹰"、AS-15和AS-30。

沙特皇家海军

沙特皇家海军发展航空力量，起源于其在两伊战争期间的反舰行动取得胜利。其下属的7艘护卫舰每艘均能部署SA365SA"美洲豹"飞机，该型机共有21架，主要部署在岸上，其中4架用

于搜救行动，其他则携带AS15TT反舰导弹。另有12架AS532AL"美洲狮"，其中6架能够携带法国"飞鱼"反舰导弹。沙特海军还订购了约50架直升机。

沙特皇家陆军航空司令部

沙特皇家陆军拥有一支小型现代化的航空部队。1993年采购的12架波音公司的AH-64A"阿帕奇"攻击直升机已升级至AH-64D，另有12架S-70A"沙漠之鹰"和15架贝尔406CS战斗巡逻攻击机装备有"陶"式反坦克导弹。其他直升机包括22架UH-60A"黑鹰"，其中4架用于医疗撤运，还有6架AS-365N"海豚2"直升机。

上图：沙特阿拉伯皇家空军的一架"台风"2000型欧洲战斗机。沙特阿拉伯是美国和英国武器装备的主要用户。

塔吉克斯坦

- 人口：730万
- 面积：144263平方千米
- GDP：46亿美元，人均635美元
- 国防经费：8000万美元
- 服役人员：现役8800人

斯坦政府与穆斯林反对派进行斗争。俄罗斯、哈萨克斯坦以及乌兹别克斯坦的军队都在塔吉克斯坦设有军事基地。塔吉克斯坦政府组建了一支拥有1500人的空军，使用装备包括4架米–24攻击直升机，12架米–8、米–17直升机和1架图–134A运输机。

塔吉克斯坦空军

塔吉克斯坦是独联体成员国，独联体向其提供军队和飞机以帮助塔吉克

泰国

- 人口：6600万人
- 面积：519083平方千米
- GDP：2590亿美元，人均3927美元
- 国防经费：51.3亿美元
- 服役人员：现役305860人，预备役200000人，以及准军事人员113700人

参加飞行训练，1913年回国时带回4架纽波特和4架布莱理奥特飞机。不久后，暹罗王国以协约国身份参加了第一次世界大战，并且把新组建的暹罗飞行部队的一个分遣队派往欧洲战场。尽管有100多名暹罗军官和军士在法国进行

泰国皇家空军

建立时间：1937年。

1911年，暹罗陆军军官前往法国

173

了飞行训练，实际上直到1918年暹罗王国才执行了第一次作战飞行任务。1919年，在协约国军队占领莱茵兰地区后不久，暹罗军士们就乘坐一些战时飞机回国了，这些飞机包括斯巴达SVII/SXIII型和纽波特-德拉热ND29战斗机、布雷盖Br14A2/14B2侦察轰炸机以及纽波特教练机。

1919年，暹罗飞行部队更名为暹罗皇家航空兵。1920年，部分Br14用于国内航班，剩下的用于侦察和通信。飞行员的训练在美国、英国、法国、意大利以及暹罗本土进行。1930年，暹罗购买了20架阿弗罗公司504教练机，另外50架在泰国国内制造。暹罗一直在对新飞机进行评估，直到1934年，才以许可证方式生产了72架沃特公司V935a"海盗船"观测飞机替换了老旧的Br14，并开始购买其他新飞机。之后，又购买了12架柯蒂斯公司"鹰"II和12架"鹰"III战斗机。此外，还在国内组装制造了25架"鹰"III战斗机。1937年，这支部队更名为暹罗皇家空军。1939年，暹罗王国更名为泰国之后，空军又更名为泰国皇家空军。1937年，泰国空军获得了6架马丁139轰炸机。1939年，又购买了25架柯蒂斯"鹰"75N战斗机和大量北美航空公司NA-69轰炸

机。1940年，购买了6架北美航空公司NA-68战斗机。但是，仅有"鹰"式飞机交付泰国，后来的飞机在菲律宾或夏威夷就从船上卸下来交给美军使用了。由于泰国部分社团支持日本，因此泰国从日本人手里获得了9架三菱重工Ki21型轰炸机和9架立川公司Ki55教练机。1941年1月，由于边界争端，泰国侵入法属印度支那地区，泰国和法国空军之间爆发了战斗，最后日本居中调停，5月份签署休战协定。之后，维希法国允许日本使用法属印度支那地区的军事基地。1941年12月，日本入侵泰国，泰国政府面临压倒性的失败，几天后就下令停火并投降。泰国因战败而成为日本的盟国，但泰国皇家空军只执行非战斗任务。有很多泰国皇家空军成员支持地下活动，积极运送盟国的特务进出泰国。泰国从日本额外获得了一些富士重工"斯巴鲁"公司Ki27和Ki43战斗机、三菱重工Ki30轰炸机以及曼殊公司Ki79型教练机。二战后，泰国皇家空军用的是一些被遗弃的日本飞机和部分幸存的泰国飞机。英国皇家空军也积极支持泰国皇家空军的重建工作，提供了30架超马林公司的"喷火"Mk14型和大量费尔雷公司"萤火虫"FR13型。之后是用于训练的20

架迈尔斯"大师"、42架北美航空公司的T-6G"得克萨斯"、德·哈维兰公司的"虎蛾"和DHC-1"花栗鼠"直升机。在1954年泰国成为东盟创始国之前，美国对泰国的军事援助就已经开始了。空军人员开始在美国进行训练，还有很多新飞机，包括50架格鲁曼公司的F8F-1、F8F-1B"勇士"战斗轰炸机以及另一批"德克萨斯"教练机。史汀生公司L-5"哨兵"、风笛手公司的L-18"超级幼兽"和塞斯纳公司O-1"鹰犬"飞机用来执行观测任务，仙童公司24W型、塞斯纳公司170型和比奇公司C-45型用于执行通信任务。其他机型还有：韦斯特兰公司的S51"蜻蜓"、西科斯基公司S-55型和希勒公司360型直升机；1957年，又获得75架"德克萨斯"飞机。首批喷气式飞机也于1957年进入泰国，主要是30架美国共和公司的F-84G"雷电"喷气式战斗轰炸机和洛克希德公司的T-33A教练机。1962年，"雷电"喷气式战斗轰炸机和"勇士"被北美航空公司的F-86F"佩刀"取代，1966年又额外获得一批"佩刀"飞机和首批诺斯罗普公司的F-5A/B战斗机。泰国空军也得到一些运输机，包括仙童公司C-123"供应者"和西科斯基公司

CH-34C直升机。塞斯纳C-37B教练机也由外国提供。20世纪60年代至70年代初，泰国的国际地位不断提升，由于越南战争扩散到老挝和柬埔寨，泰国是该地区相对稳定的国家。反暴乱变得日益重要，泰国皇家空军成为少数装备仙童公司OV-10C"野马"的国家之一。20世纪80年代，诺斯罗普公司的F-5E/F"虎"II和洛克马丁公司的F-16A/B战斗机开始在泰国皇家空军中服役，同时服役的还有洛克希德公司的C-130H"大力神"运输机。在过去40年里，泰国优先发展国防力量，大量外国过剩的飞机（主要来自美国）和新飞机使得泰国建立了一支现代化空军。20世纪90年代，亚洲金融危机严重影响了泰国的军购项目，包括购买F/A-18C/D"大黄蜂"战斗机的订单。过去40年内，泰国皇家空军人员数量几乎翻倍，从25000人增加到46000人。但飞行时数相对有限，平均只有100小时。在9个战斗机中队中，3个中队装备45架F-16A/B战斗机，4个中队配备47架F-5A/B战斗机，另外2个中队驾驶46架L-39ZA/MP武装喷气式教练机中的大多数以及22架AU-23A"调解者"飞机。电子侦察任务主要依靠3架"阿拉瓦"IAI-201和1架"里尔"35型喷气式飞机，空中早

期预警则使用1架萨伯340型飞机。空中运输由3个中队承担，其中1个中队装备了12架C-130H/H-30"大力神"运输机，1个中队配备了3架G-222型和6架BAE系统公司748型运输机，第3个中队拥有9架"巴塞尔"涡轮-67型和现役18架N-22B"流浪者"飞机中的一部分。要员专机包括1架空客A310-324型、1架空客A319CJ型、2架波音737-400型、1架波音737-200型、1架"空中之王"200型和2架"空中女王"，以及3架"指挥官"500型和3架仙童公司的"默林"IV型，外加3架AS532"美洲狮"、3架AS332L"超级美洲狮"和2架贝尔412型。泰国空军还有2个直升机中队，一个装备了20架贝尔UH-1H"易洛魁人"直升机，一个装备了30架贝尔212型机，此外，还有5架贝尔412型用于运输和搜救。训练则使用10架"阿尔法"喷气式飞机和23架PC-9、12架T-41D(塞斯纳172)、大量的L-39ZA"信天翁"以及29架CT-4空中教练飞机。

泰国皇家海军航空兵

最初，泰国海航兵是一支拥有格鲁曼公司S-2F"追踪者"军用侦察机和用于搜救的HU-16"信天翁"水陆两用飞机的滨海部队，20世纪70~80年代，获得了一批加拿大航空公司CL-215型水陆两用飞机、福克公司F-27型以及·批道尼尔公司Do22飞机，用于专属经济区和反走私巡逻。几艘能够搭载直升机用于空中早期预警的舰船也开始服役，并引进了贝尔212型和西科斯基公司S-70型直升机。洛克希德公司的P-3"猎户座"巡逻机也于20世界90年代开始服役，执行远程军事侦察任务。最近，又购买了西班牙建造的小型航母"差克里·纳吕贝特"号，搭载9架AV-8S"斗牛士"V/STOL战斗机和6架S-70直升机。不过，由于财政困难，导致航母服役一再延迟。现在，海航人员占泰国皇家海军44751名人员中的1940名。海航有7架AV-8S和2架TAV-8S"斗牛士"，岸基飞机包括3架P-3A/UP-3T"猎户座"军用侦察机、3架福克公司的F-27-200/400M型、5架Do228-212、2架CL-215水陆两栖飞机和5架GAFN24"搜索者"。直升机主要包括6架S-70B"海鹰"直升机、2架"超级山猫"直升机、5架贝尔212ASW早期空中预警机以及5架贝尔214ST，外加5架S-76N直升机。训练使用的是4架塞斯纳O-1"鹰犬"以及大量的TA-7教练机。

泰国皇家陆军航空师

虽然遭受到20世纪90年代亚洲金融危机的严重影响，泰国皇家陆军仍然坚持发展陆军空中机动分队。1990年，泰国陆军以8架AH-1F"眼镜蛇"直升机为主体建立了一支攻击直升机中队。目前，泰国陆军服役飞机包括1架C-212型、2架比奇1900C型、2架"空中之王"200型、2架"喷气流"41、2架肖特330以及4架O-1"鹰犬"。直升机包括5架AH-1F"眼镜蛇"、6架CH-47D"支奴干人"、54架贝尔212、89架UH-1H、10架S-70/UH-60L、3架贝尔206和6架米-17直升机。训练工作主要依靠15架T-41B、8架"星星火箭"和42架休斯300C型飞机。泰国皇家边境警察也拥有2架CN235型、1架福克50型、8架PC-6"涡轮搬运工"、3架"空中货车"、2架肖特330型以及大量直升机，直升机包括27架贝尔205A、14架贝尔206型、20架贝尔212型和6架贝尔412型。

上图：泰国空军的一架萨博"鹰狮"战斗机正腾空而起。

177

土耳其

- 人口：7680万人
- 面积：780579平方千米
- GDP：6580亿美元，人均8561美元
- 国防经费：99亿美元
- 服役人员：现役510600人，预备役378700人

土耳其空军

土耳其的军事航空业历史悠久，早在1912年就拥有了布里斯托尔、DFW、德培杜辛、"火星"、纽波特和REP等公司的飞机，但这些飞机由外国飞行员驾驶，并且是属于土耳其陆军的。1914年，在德国的支持下，土耳其组建了航空兵团。第一次世界大战期间，土耳其与同盟国集团合作，使用通用电力公司CIV型机和"信天翁"侦察机、"哈尔伯特塔特"DII型战斗机。为支援海上作战，还拥有一些WD13型水上飞机，这些飞机全部由德国飞行员驾驶，土耳其人只是以观察员身份参与飞行。

一战结束后，《凡尔赛条约》禁止同盟国及其盟国使用或建造任何军用飞机。不过，土耳其在1925年建立的航空联盟却避开了此项禁令，公开购买了1架高德隆公司教练机和1架"安萨尔多"A300型机。土耳其航空联盟得到法国的支持，其飞行员在英国进行训练。1926年底，一批莫拉纳-索尔尼公司MS53型教练机交付土耳其，但当时的土空军仍然隶属陆军。1928年，罗兰RoIII型飞艇开始服役，之后18架柯蒂斯公司"鹰"战斗机和一批"雏鸟"教练机也进入现役。20世纪30年代，土耳其空军开始快速发展，得到了20架布雷盖公司Br19B2侦察轰炸机和6艘超马林公司"南安普敦"军事侦察飞艇。随着熟练飞行员数量的增加，土耳其于1937年订购了一些新飞机，包括亨克尔He111D、布里斯托尔"布伦海姆"I和马丁139轰炸机各30架。还有少量的超马林公司"海象"水陆两用飞机、阿弗罗"安森"轻型轰炸机和伏尔特VIIG战斗轰炸机、昂里奥公司182和韦斯特兰公司的"莱桑德"陆军联合飞机、迈尔斯"鹰"II型、柯蒂斯-莱特CW22教练机以及福克-沃尔夫Fw58"风筝"通信飞机。第二年，土耳其又订购了霍克公司的"飓风"和额外一批"布伦海姆"飞机，还有一些德·哈维兰公司的"龙"和"迅龙"轻型运输和导航教练机。特许生产的哥达教练机也开始服役，但另外40架哥达G23战斗机的订单从未实现交付，因为这批飞机最终被西班牙接收了。

二战期间，土耳其保持中立，与德国签了一项互不侵犯条约，并从交战双方获得了一些飞机，这些新飞机基本都是土耳其现役飞机的改进型，包括柯蒂斯公司"战斧"IIB、费尔雷公司"战斗"、空速公司"牛津"、莫拉纳-索尔尼MS406型和福克公司Fw190A型。事实上，德国与土耳其签订互不侵犯条约，旨在稳定土耳其，使其不至于参加盟国一方。倘若进攻苏联的"巴巴罗萨"计划没有失败的话，德国人下一个侵略目标必然会是土耳其。当时，土耳其的确从交战双方那里捞到了不少的好处，例如，德国人向其出售He111战斗机，而英国皇家空军甚至向其提供他们缴获的He111飞机的零部件，还向其出租其他多型飞机，包括"飓风"、"布伦海姆"、超马林公司"喷火"VB、布里斯托尔"漂亮战士"、马丁公司"巴尔的摩"和联合飞机公司的"解放者"等。

二战后，土耳其空军获得了大批战后多余的飞机，包括德·哈维兰公司的"蚊"FB6战斗轰炸机和T3教练机、美国共和公司的F-47D"雷电"战斗轰炸机、北美航空公司T-6"哈佛"和比奇T-11B"堪萨斯"教练机、道格拉斯公司的B-26"侵略者"轰炸机、比奇公司的C-45和道格拉斯公司的C-47运输机。1952年，土耳其加入北约组织，符合美国提出的军事援助项目的条件，美国于是开始提供飞机援助，并派遣美国飞行员担任教练。1952年，土耳其获得了首架喷气式飞机，即300架美国共和公司F-84G"雷电"喷气式战斗轰炸机中的第一架，与此同时，24架比奇公司T-34"导师"教练机也在土耳其组装完成。1953年，土耳其又引进了加拿大航空公司F-86E"佩刀"Mk2型和Mk4型战斗机，还生产了首架土耳其

自行设计的"百灵鸟"基础教练机。20世纪60年代，美国继续向土耳其交付飞机，包括北美航空公司的F-100C"超级佩刀"战斗轰炸机、康维尔公司F-102A"三角剑"和洛克希德公司F-104G"星"战斗机、RT-33A战术侦察机和T-33A教练机、C-130E"大力神"运输机以及塞斯纳公司T-37教练机。其他飞机还包括道尼尔公司的Do27和Do28通信飞机、风笛手公司的L-18观测飞机和诺斯罗普公司的F-5A战斗轰炸机。尽管土耳其在冷战期间的战略地位十分重要，但为了避免土耳其与希腊之间的紧张局势升级为局部战争，西方国家的飞机交付工作时不时中断。造成希土两国局势紧张的主要原因是爱琴海的领土主权争端，以及塞浦路斯岛上的土耳其民族与希腊民族之间的冲突，后者要求塞浦路斯与希腊实现合并，遭到前者的强烈反对。最终，土耳其于1973年入侵塞浦路斯，土空军进入塞浦路斯岛，部分人员空降登陆。由于希腊空军需要飞经土耳其才能到达塞浦路斯，土耳其与希腊之间的直接军事冲突才得以避免。北约的应对政策是确保提供给希腊和土耳其两国的装备质量彼此平衡，这使得部分新型飞机和过剩的老式飞机流入其他的北约成员国。

土耳其F-5A战斗机部队获得一批原属于荷兰皇家空军的飞机，F-4"鬼怪"战斗机部队也得到一些原美国空军的飞机。1975年，土耳其空军接收了海军的33架岸基格鲁曼公司S-2A/E"追踪者"军用侦察机，这批飞机于1993年退役。1990年8月，伊拉克入侵科威特之后，北约开始使用土耳其的部分基地，并在此后的"北方观察"行动中，位于伊拉克北部建立起一个禁飞区以保护库尔德人。20世纪90年代，土耳其开始了宏大的飞机扩充计划，购买了240架洛克希德-马丁公司的F-16C/D战斗机，但增购32架飞机的计划受到2001年3月金融危机的影响而取消。与此同时，土耳其以许可证方式生产了50架西班牙航空公司的CN235M中型运输机。此外，F-4"鬼怪"战斗机和F-5A/B战斗机也由以色列进行升级，其中一部分是在土耳其升级的，但用的仍是以色列的设备。土耳其当前的核心计划是购买4架波音737早期空中预警控制飞机，但最初计划是购买6架。土耳其也正在计划购买空中客车A400M型运输机，并对C-130E进行升级。土耳其空军共有60000人，在过去40年内只是小幅增加，年度飞行时数人均180小时，从而保持良好的战备状态。土耳其有15个战斗机中对和对地攻击中队，其中8个中队装备243架F-16C/D战斗机，大部分飞机升级到了Block50标准；5个中队使用135架F-4E"鬼怪"战斗机，但都升级到了"鬼怪"2020标准；剩下2个中队拥有87架F-5A/B战斗机，其中一大部分升级成为无线电教练机。土耳其的一个侦察机中队拥有35架RF-4E"鬼怪"战斗侦察机。新组建的一个早期空中预警与控制中队装备了4架波音737型机。此外，还有一个拥有7架升级版波音KC-135R的加油机中队。运输机中队则有5个，其中1个中队装备13架洛克希德公司的C-130B/E"大力神"运输机，还有1个中队配备17架C-160T型运输机，2个中队使用41架CN-235型机。1个要员专机中队装备2架CN235、2架塞斯纳"奖杯"II型和2架"奖杯"VII型以及3架"湾流"IV型。还有10架A400型尚未交付，另外2架用于电子战的CN235型。运输直升机主要包括65架UH-1H型直升机和20架AS532AL型"美洲狮"直升机（其中14架也可用于搜救），还有1架"空中之王"200用于通信联络。训练主要使用40架SF260D、60架T-37B/C"鸣叫"、69架T-38"魔爪"和28架塞斯纳T-41D"梅斯卡勒罗人"。空军使用的导弹主要有"麻雀"、"阵风"和"阿姆拉姆"空对空导弹、高速反辐射导弹和波拜I空对地导弹，以及4个中队的"胜利女神"和2个中队的86枚"长剑"地对空导弹。无人机则包括"昆虫"750和"苍鹭"。

土耳其海军航空兵

1975年，土耳其海军将其33架格鲁曼公司的S-2A/E"追踪者"移交空军，但保留了对飞机部署的控制权。移交之后，土耳其海军航空兵成为一支完全的直升机部队，随后又获得了9架西班牙航空公司CN235MPA"游说者"侦察机以取代"追踪者"飞机，因此重新拥有了固定翼飞机。土耳其海军拥有17艘可以搭载早期预警直升机的护卫舰，所搭载的是19架西科斯基公司S-70B"海鹰"早期空中预警直升机。根据计划，这些S-70B型机最终数量将达到30架，逐步取代11架AB212和3架AB204AS早期空中预警直升机。训练主要依靠索卡塔TB20"特立尼达"教练机。

土耳其陆军航空兵

土耳其陆航最初是一支运输与通信联络部队，在1983年接收了一批携带"陶"式反坦克导弹的贝尔AH-1"眼镜蛇"直升机。20世纪90年代，大量的S-70A"黑鹰"直升机保证了陆军充足的运输能力，但陆军还需要一架重型运输直升机。目前，土耳其陆军航空兵还有4架用于侦察的"空中之王"200型以及3架塞斯纳410型侦察机。直升机主要是37架贝尔AH-1P/S/W"眼镜蛇"反坦克攻击直升机。运输机包括56架S-70A"黑鹰"直升机，最终数量将达到200架，届时现有的69架AB205中的大部分以及85架UH-1H直升机都将被取代。此外，还有2架AB212型和16架AS532UL型用于运输，另外10架AS532UL型用于搜救任务。观测任务主要由3架OH-58B"基奥瓦"直升机和98架塞斯纳U-17B型机承担。训练使用24架T-41D"梅斯卡勒罗人"、30架"贝兰卡避难所"和28架休斯300型、10架AB204B型和22架AB206B"突击队员"教练机。隶属土耳其陆军的宪兵队也装备了一些直升机，主要执行运输任务，包括19架米-17、14架S-70A以及8架AB204B、6架AB205A、8架AB206A和1架AB212，此外，还有2架道尼尔公司的Do28D型机。

右图：土耳其空军的一架波音KC-135加油机正在为F-16"战隼"战斗机进行空中加油。

左图：一架CN-235战术运输机正排队起飞，在其后面的是一架C-160运输机。

土库曼斯坦

土库曼斯坦空军

建立时间：1993年

直到苏联解体两年后的1993年，土库曼斯坦利用苏联遗留的武器装备建立空军的计划才得以实现。与其他苏联解体后独立的国家不同，土库曼斯坦仍然接受了俄罗斯的军事援助，很可能是因为前苏联的大部分作战训练活动都是在土库曼斯坦境内进行。新空军的核心力量是一个综合兵团的米格–29和苏–17战斗机，经费来自售卖的200多架先进战斗机。土库曼斯坦空军有3000人，建制还是依据苏联模式。至少有2个战斗机

- 人口：490万人
- 面积：491072平方千米
- GDP：118亿美元，人均1546美元
- 国防经费：8400万美元
- 服役人员：现役22000人

或对地攻击中队，装备22架米格–29、65架苏–17和2架苏–25MK，随后还将接收4架苏–25MK以取代部分苏–17。此外，还有10架米–24攻击直升机。土库曼斯坦空军还有1个运输直升机中队，装备1架安–26"卷发"和8架米–8直升机。只有2架L–39"信天翁"教练机。导弹主要有50枚"指标"、"果阿"导弹和"甘蒙"地空导弹发射台。

文莱

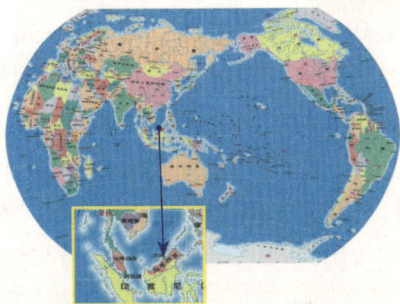

- 人口：388190人
- 面积：5765平方千米
- GDP：145亿美元，人均37937美元
- 国防经费：3.95亿美元
- 服役人员：现役7000人，预备役700人

文莱皇家空军

文莱皇家空军是文莱国防军的一部分，其职责是支援地面部队，现有1100人。固定翼飞机包括3架CN-235海上侦察机、4架PC-7和2架SF-260W教练机。拥有2个直升机中队，其中1个中队有5架Bo-105直升机，配备81毫米火箭弹，另1个中队有贝尔公司生产的10架212型和1架214型搜救直升机，以及西科尔斯基飞机公司生产的4架S-70A和1架S-70C型要员运输直升机。

乌兹别克斯坦

- 人口：2760万人
- 面积：412250平方千米
- GDP：274亿美元，人均991美元
- 国防经费：9400万美元
- 服役人员：现役67000人

乌兹别克斯坦空军

建立时间：1991年。

苏联解体后，乌兹别克斯坦利用前苏联留在其境内的300架飞机组建了乌兹别克斯坦空军，实际上只有200架飞机可以使用。乌兹别克斯坦加入独联体之后，形势更加复杂，独联体国家，主要是俄罗斯，仍然可以使用乌兹别克境内的军事基地。据传，乌兹别克斯坦空军派遣包括战斗直升机在内的部队前往塔吉克斯坦平息反政府暴乱。

现在，乌兹别克斯坦空军共有17000人，编制体制参考苏联模式，共有7个航空团。其中，战斗机团装备30架米格-29UB战斗机和25架苏-27/27UB战斗机。2个战斗轰炸机航空团之中，

1个装备了20架苏-25/25BM和26架苏-17MZ/UMZ战斗轰炸机，另1个装备了23架苏-24和11架苏-24MP战斗轰炸机。直升机团装备了29架米-24攻击直升机，其中一部分进行了升级改造，还有52架米-8运输直升机、26架米-6和1架米-26。还有1支运输机部队，装备2架伊尔-76运输机、1架图-134和安-24运输机。飞行训练主要使用14架L-39"信天翁"，其中9架存放在机库中。乌兹别克斯坦空军使用多种型号的导弹，包括"白杨"、"射手"和"蚜虫"空对空导弹，"克伦人"、"基尔特"、"击球手"、"克里牛"和"海峡"空对地导弹，"基尔特"和"击球手"反雷达导弹和大约45具"果阿"和"甘蒙"地空导弹发射器。

新加坡

- 人口：470万人
- 面积：580平方千米
- GNP：1700亿美元，人均36454美元
- 国防经费：82.3亿美元
- 服役人员：现役72500人，预备役 312500人

新加坡共和国空军

成立时间：1965年。

新加坡于1965年脱离马来西亚联邦取得独立，很快建立了自己的国防部队，同时与马来西亚继续保持紧密的防务联系。刚成立的空军被称为"新加坡空防司令部"，其初期装备包括20架霍克公司的"猎鹰"FGA9对地攻击机和16架BAC167"打击能手"武装教练机，以及"云雀"III直升机和塞斯纳公司172型联络机。后来加入的有诺斯罗普公司的F-5E/F"虎"式II战斗机、道格拉斯公司的A-4S"天鹰"战斗轰炸机，其中首批47架"天鹰"在美国升级，接下来的86架在新加坡升级。海上巡逻机包括5架福克公司"执法者"2型，预警机包括4架格鲁曼公司的E-2C"鹰眼"。1984年，新加坡空军订购8架洛克希德公司的F-16A/B"战

隼"战斗机，如今已拥有60多架F-16C/D。1986—1989年，新加坡将其"天鹰"战斗机升级为"超级天鹰"。1997年，F-5被升级至F-5S。

鉴于新加坡领空有限，其空军人员训练大部分在境外进行，主要是在澳大利亚和美国。新加坡空军的一个"天鹰"中队曾一直在法国驻训至2001年。训练设施的可利用性对新加坡空军订购飞机计划造成了影响。

新加坡空军的直升机队伍实力强大，包括波音公司的CH-47D"支奴干人"、"长弓阿帕奇"、"超级美洲豹"、"易洛魁人族人"和"非洲小狐"。加油机和运输机的作战半径也远远超出了这个国家的领空。最初，新加坡空军飞行员在澳大利亚的飞行训练中心接受训练，2000年，新加坡加入了北约位于加拿大的飞行训练项目。

新加坡空军有13500人，其中有3000名应征士兵。在2000年时仅有6000

名空军，其中一半是应征士兵。扩充兵力和装备的主要原因在于周边地区的政局不稳。

　　新加坡空军有6个中队担负战斗和地面攻击任务，其中3个中队装备60架F-16C/D"战隼"，部分F-16D的油箱适用于远征打击；2个中队装备28架F-5S/T"虎II"战斗机，即将被24架F-15SG替换；另有1个中队拥有8架RF-5S侦察机。5架福克公司的50MPA"执法者"2型机担负反潜巡逻和专属经济区巡逻任务。预警机包括4架格鲁曼公司的E-2C"鹰眼"。运输机包括4架50UTA和5架C-130H"大力神"。加油机包括5架KC-130B/H和4架KC-135R。直升机包括16架波音公司的CH-47D/SD"支奴干人"（其中几架基地在美国）、18架AS332M/UL"超级美洲豹"和12架AS532UL"美洲狮"、5架贝尔205和1架贝尔412。教练机包括27架S211（基地在澳大利亚）和几架F-16D（基地在美国）。目前，新加坡空军负责所有军种的航空作业，必要时为海军和陆军提供飞机，其中有6架S-70B直升机进入新加坡海军服役，部署在6艘"无畏"级护卫舰上。

　　无人机包括"竞技神"和"搜索者"。导弹包括高级中程空对空导弹，"麻雀"和"响尾蛇"空对空导弹，"百蛇鸟"、"地狱火"、"鱼叉"和"飞鱼"空对地导弹。

叙利亚

- 人口：1970万人
- 面积：184434平方千米
- GDP：553亿美元，人均2448美元
- 国防经费：18.7亿美元
- 服役人员：现役325000人，预备役314000人

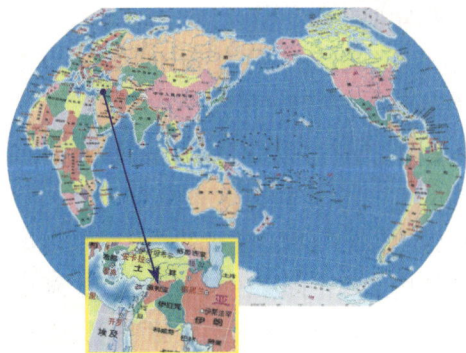

叙利亚空军

建立时间：1946年

　　叙利亚于1943年独立，此前曾属于法国托管地。但直到1946年，外国军队才从其领土上完全撤离。1946年，叙利亚空军成立，第一批飞机直到1949年才开始真正服役，包括菲亚特公司的

G46型和G59型、DHC-1"花栗鼠"教练机、比奇公司C-45型和道格拉斯公司C-47型以及Ju52/3M运输机。此外，叙利亚还把前陆军基地改作空军基地使用。1951—1953年，叙利亚遭受英国武器禁运，叙空军还是从意大利获得了30架德·哈维兰公司的"吸血鬼"FB52喷气式战斗轰炸机，不过，这些飞机不久后送给埃及。叙利亚的第一批作战飞机直到1953年才服役，包括23架格罗斯特公司"流星"F8战斗机、NF13型夜间战斗机和T7型教练机，以及40架超马林公司"喷火"22战斗机。

1955年，苏联开始向叙利亚提供援助，包括25架米格-15战斗机，并派人帮助叙利亚训练飞行和地勤人员。这些飞机送到了叙利亚，但在1956年苏伊士危机爆发时，以色列通过对地攻击摧毁了全部25架米格-15战斗机。后来，叙利亚又获得一些米格-15以及60架米格-17战斗机。1958年，埃及和叙利亚曾计划组建一个联合阿拉伯共和国，最后由于叙利亚突然改变主意，这个打算很快被迫取消了。20世纪60年代，叙利亚空军获得了米格-21拦截机、伊留申设计局伊尔-14运输机、米里设计局的米-1和米-4直升机以及雅克-11、雅克-18教练机，但其中的75%都毁于1967年6月的阿以战争。苏联弥补了叙利亚的损失，并增强了叙空军的力量，

向其提供了90架米格-21拦截机、80架米格-15、米格-17和苏霍伊设计局的苏-7B战斗轰炸机，以及一些运输机、直升机和教练机。之后，叙利亚继续接受苏联的庇护，20世纪70年代后期及80年代引进了一批新飞机，包括米格-23、米格-25以及1989年引进的米格-29拦截机，此外还有苏-20、苏-22和苏-24攻击机。叙利亚还抽出部分空军人员组建了一个小规模的海军航空队。其运输机仍遵循苏联模式，数量很少，但直升机数量充足，拥有至少超过100架的米-8和米-17运输直升机以及36架米-24攻击直升机。

叙利亚反对伊拉克1990年入侵科威特，派出部队前往沙特阿拉伯帮助解放科威特，但只派遣了直升机和运输机，却没有参加任何战斗任务。

叙利亚空军数量在过去40年内增加了3倍，目前拥有40000人，还有60000人单独隶属于防空司令部，主要负责防空任务。叙利亚空军的飞行时数很少，平均每年20小时，只能保证最低的战备状态。叙利亚共有11个战斗机中队，其中4个中队使用40架米格-25"狐蝠"，4个中队使用80架米格-23MLD，另外3个中队使用48架米格-29"支点"。此外，还有15个中队担负战斗打击任务，其中5个中队使用69架苏-24"击剑手"，2个中队使用60架米格-23BN，

1个中队使用20架苏-24，剩下7个中队使用的是159架米格-21H"鱼窝"。4个侦察中队使用40架米格-21H/J和8架米格-25R。3个攻击直升机中队使用36架米-24、35架SA342L"瞪羚"、100架米-8和米-17运输直升机、20架米-2和10架米-6重型直升机。叙利亚空军运输机包括6架安-26、4架伊尔-76M以及作为要员专机的6架雅克-40和2架"猎鹰"20F型机。训练则使用70架L-39A/ZO"信天翁"、30架米格-17F、15架米格-15UTI、6架米格-29UB、35架MBB"火烈鸟"和6架MFI-17"穆什沙克"飞机。导弹主要有"白杨"、"环礁"、"毒辣"、"顶点"和"蚜虫"空对空导弹，以及"霍特"空对地导弹。

叙利亚海军航空兵

叙利亚海军航空兵拥有14架米-14和2架卡-25早期空中预警直升机，飞行员全是濒海基地的叙利亚空军人员。不过，能够搭载直升机的护卫舰和导弹艇则不属于海军航空兵。

伊拉克

- 人口：2890万人
- 面积：435120平方千米
- GDP：760亿美元，人均2627美元
- 服役人员：现役191957人（主要是应征入伍人员），内务部队386312人

伊拉克空军

组建时间：1931年。

1931年，随着第一名伊拉克飞行员从英国受训归国，伊拉克皇家空军随即成立，最初拥有5架德·哈维兰公司"吉卜赛蛾"训练机，不久后又有4架该型机加入。1932年，4架配备炸弹架的"舟蛾"抵达伊拉克，用于镇压叛乱。1934年，伊拉克空军进一步扩张，除引进"舟蛾"外，还有德·哈维兰公司"虎蛾"、"龙客车"等机型。

布雷达公司Ba65战斗轰炸机和萨伏亚-马彻蒂公司SM79B轰炸机于1937年被引进伊拉克。1938—1940年，格罗斯特公司"角斗士"战斗机、道格拉斯公司DB-8A型机也获引进，此外还有"龙客车"和"蜻蜓"轻型运输机。刚开始，伊拉克并未受到二战的影响，但1941年德国支持的一场叛乱导致伊拉克空军与英国皇家空军发生交战，伊空军损失了绝大部分飞机。

伊拉克空军在1946年重振旗鼓，30架霍克"愤怒"战斗轰炸机获得引进。1948年，4架布里斯托尔公司"货船"和部分德·哈维兰公司"鸽"式、奥斯特AOP6型和T7型相继加入。作为"巴格达条约"组织创始国之一，伊拉克在整个50年代早中期获得了更多的英国军备援助，新飞机包括：1951年的20架DHC-1"花栗鼠"T20训练机，1953年的首批喷气式飞机，12架德·哈维兰公司"吸血鬼"FB52战斗轰炸机和6架T55训练机，1955年的首批2架韦斯兰"蜻蜓"（S-51）直升机。1956年，2架德·哈维兰公司"苍鹭"轻型运输机运抵伊拉克。1957年伊拉克空军组建1个霍克"猎手"F6战斗机中队。1958年，伊拉克皇室被推翻，伊拉克随即成为共和国，空军前的"皇家"二字被取消。伊拉克脱离"巴格达条约"组织，伊空军转而寻求苏联的帮助。

苏联马上抓住这个机会。首批米格-15战斗轰炸机于1958年10月抵达伊拉克，苏联教官和伊尔-28喷气式轰炸机相继到来。接下来，苏联的军援源源不断，包括米格-17、米格-19和米格-21战斗机和截击机、安-12运输机以及米-1和米-4直升机，但由于1965年和1966年出现米格-21飞行员驾机叛逃事件，苏联军援暂时中止。伊拉克再次倒向英国，购买霍克公司"猎手"FGA9、FR10和T66/9，韦斯兰公司"威塞克斯"（S-58）直升机和英国飞机公司的"教务长"T52喷气式训练机。1967年，阿以战争爆发，苏联恢复了军事援助，供应了苏-7B对地攻击机等装备。伊拉克空军成为本地区一支不可小觑的空中力量，拥有60架米格-21、50架米格-19和米格-17、50架苏-7B、36架"猎手"FGA9、10架伊尔-28和8架图-16，此外还有各型运输机，包括安-2、安-12、安-24和伊尔-14，训练机包括雅克-11、雅克-18以及L-29。导弹也来自苏联，例如SA-2地对空导弹。

伊拉克空军在后来十年里继续扩张，人数增加了一倍。利用丰富的石油财富，购买大量的苏联先进装备。米格-23和随后的米格-25相继抵达伊拉克，大量成都飞机公司制造的歼-7也获得引进。1979年爆发的两伊战

争一直持续到了20世纪80年代，伊拉克逐渐改善和西方的关系，其空军从法国、美国和德国引进直升机，并引进了"幻影"F1EQ攻击机。

两伊战争结束后，伊拉克将目光投向了被其长期视为自己一个省份的邻国科威特。1990年，伊拉克悍然入侵科威特。在联合国的支持下，多国部队在中东地区集结，首先解除了伊拉克对沙特的威胁，随后解放了科威特。多国部队在出动地面部队之前，首先进行了空袭，伊拉克空军的抵抗仅仅持续不到一天的时间，其大量飞机，包括所有的图-16，要么被击落，要么还没起飞就被炸毁。很多幸存下来的飞机前往伊朗保护起来，数量大约有100~120架，后来作为战争赔偿被没收。

2003年3月20日，美英两国以伊拉克拥有大规模杀伤性武器为由，再次携澳大利亚、波兰等国军队以及伊拉克的库尔德人，大规模入侵伊拉克。到5月1日伊拉克彻底沦陷时，有36个国家参与了联军的行动。当时，拥有35000人的伊拉克空军完全没有招架之力，其大部分飞行员的年均飞行时间仅为20小时。伊拉克军队随后被解散，随着伊拉克国内政局的持续动荡，恐怖袭击不断，伊拉克政府试图重建其军队。

目前，伊拉克空军不足2000人，只能执行侦察和运输任务。侦察任务由1个拥有8架赛斯纳208B"大篷车"的中队和1个拥有8架SB7L-360"探索者"无人机的中队执行。1个运输机中队拥有3架C-130E"大力神"和1架"空中之王350"要员机。直升机包括28架米-17、2架PZLW-3W和36架UH-1H。飞行训练依靠8架"赛斯纳"172型机。

以色列

以色列国防军空军

成立时间：1951年。

以色列空军成立于1951年，最初作为统一的以色列国防军的一部分。以色列军事航空史始于以色列还处于国际联盟的托管期间。地下犹太复国主义

- 人口：720万人
- 面积：25740平方千米
- GDP：1980亿美元，人均27390美元
- 国防经费：97.8亿美元
- 服役人员：现役176500人，预备役465000人

运动组建了航空部，使用"奥斯特"和"泰勒"轻型飞机执行任务，这些飞机利用英国陆军二战期间淘汰的飞机拼装而成。1948年以色列独立后，航空部暂时成为以色列空军。

1949年，埃及使用"喷火"战斗机袭击了以色列，这使得以色列意识到需要更多的飞机。当时，以色列空军被迫再次拼装在前英国皇家空军基地找到的废弃飞机，包括"喷火"和德·哈维兰"蚊"式战斗轰炸机，随后又购买了约300架上述两型飞机，以及部分阿维亚公司的C210战斗机。此后，波音公司的B-17G"堡垒"重型轰炸机，柯蒂斯公司C-46、道格拉斯C-47和C-54运输机，波音-斯蒂尔曼公司PT-17"西点学生"、北美公司T-6"哈佛"、阿弗洛公司"安森"和空速公司"哈佛"训练机相继引进，1951年，部分前瑞典空军的北美公司F-51D"野马"战斗轰炸机得以引入。部分运输机被改装为轰炸机，执行空袭埃及首都开罗的任务，部分"哈佛"经改装后用于执行对地攻击任务。当时，以色列空军飞行员来自很多不同的国家。

以色列国防军空军于1951年组建。其首批喷气式飞机——15架格罗斯特公司"流星"F8战斗机于1953年引进，不久后，6架"流星"NF13全天候战斗机和T7训练机得以引进。1955年，30架新达索"暴风雨"战斗轰炸机运抵以色列，随后45架前法国空军"暴风雨"再次抵达。8架北方公司2501"诺拉特拉斯"运输机和41架福克公司S-11型机进入以色列空军服役。1955年，就在埃及接收新型装备的同时，以色列也订购了24架CL-13"佩刀6"和24架达索公司"神秘"战斗机。当"佩刀"受到禁运限制后，以色列将"神秘"订单增加到了60架。1956年苏伊士运河危机期间，以色列空军取得全面空中优势，以损失11架飞机的代价，战胜了拥有绝对飞机数量优势的埃及空军。"野马"继续服役，用于执行对地攻击任务，但其水冷式发动机极易遭受地面炮火的攻击，因此在50年代后期，被波特兹公司"教师"训练机所取代。同期，24架南方公司"瓦图尔II"轻型轰炸机和大量达索公司"超级神秘"截击机也获引进。

60年代见证了60架达索公司"幻影"IIICJ型战斗轰炸机进入以空军服役，该型机在1967年6月的阿以战争中出尽风头，彻底击溃了埃及和约旦空军。以色列再订购了50架该型机，但遭到法国政府的禁运。此后，以色列开始更多地从美国进口军备，同时自行研制出了"幻影"的仿制机——"幼狮"。

60年代末70年代初，以色列引进的美国飞机包括50架麦道F-4E"鬼怪"战斗轰炸机和85架A-4E/M"天鹰"强击机。同一时期，以色列空军还引进了大量直升机，包括25架AB205、20架"云雀III"和12架"超黄蜂"，以及8架CH-53"海上种马"和15架H-34"乔克托人"。

1973年10月6日，犹太人赎罪日，阿拉伯军队选择这一天再次攻击以色列。阿拉伯军队吸取以往失败的教训，一方面出动大量飞机制衡以色列空军，另一方面使用SA-2、SA-3、SA-6、SA-7和SA-9地对空导弹，形成对付以色列空军的空防网络。以色列空军仅熟悉SA-2导弹，对于其他导弹缺乏防范。最终，以色列空军损失了115架飞机，但美国认为实际损失接近200架。为应对阿拉伯军队的空防力量，以色列空军发起更大规模的袭击，以中队为单位频频出动飞机作战。10月22日战争结束，但以色列直到24日仍在进行军事行动，后来在美国的压力下才停止。

尽管来自美国的军事援助并不稳定，但以色列空军的整体实力仍然得到加强。以色列和埃及在80年代关系缓和，以色列空军的活动因此大幅减少。不过，以色列和叙利亚的关系却日趋紧张，黎巴嫩经常成为两国交战的战场。以色列空军飞机不断获得技术革新，还

利用本国先进的航天技术为旧飞机更新换代。随着4架格鲁曼公司E-2C"鹰眼"的交付使用，以色列拥有了空中预警能力。同时，以色列空军还是F-15系列截击机的主要买家，大批洛克希德公司F-16战斗机也得以引进，其攻击直升机则依靠AH-64"阿帕奇"。

以色列空军没有卷入1991年的海湾战争，原因是美国向以色列强力施压要求其保持中立，目的是换取阿拉伯国家对多国部队的支持。近年来，以色列空军也并未过度卷入与巴勒斯坦在约旦河西岸和加沙地区的冲突。

以色列空军拥有34000人，战时可动员到89000人。大量飞机被储备起来，没有加以使用，作为备用或等待淘汰。2个战斗机和强击机中队拥有44架F-15A/C战斗机，1个中队拥有25架F-15I战斗机，8个中队拥有142架F-16A/C"战隼"，4个中队拥有102架F-16I；此外还有大约200架A-4N、F-4E2000和"幼狮"储备未用。波音707预警机已被5架"湾流"G550型机所替代。运输任务由11架C-130E/H、20架"比奇200"和15架Do28完成。加油机包括5架波音707和5架KC-130H。4个中队拥有45架AH-1E/F"眼镜蛇"、30架AH-64A"阿帕奇"和18架"萨拉人"（AH-64D"阿帕奇"）。海

上侦察任务由3架IAI-1124执行。7架AS565"黑豹"直升机用于执行反潜任务，运输支援依靠41架CH-53D和48架UH-60A/L或S-70（"黑鹰"），55架"贝尔212"和34架"贝尔206"执行多

用途任务。训练使用40架"超级教师"教练机，不过，该型机将被26架TA-4H/J型机和17架"格鲁普"120型机替代。以色列空军拥有约50架"搜索者"无人机，更多该型机储备未用。地对空导弹包括"霍克"和"爱国者"，空对空导弹包括"阿姆拉姆"、"麻雀"、"响尾蛇"、"蟒蛇"III和"蟒蛇"IV，此外还有"地狱火"、"百舌鸟"、"白星眼"、"幼畜"、"标准"和"突眼"导弹。

左图：当今时代，空军、陆军甚至海军都开始大量使用无人机，图中所示的是以色列国防军空军的"苍鹭"无人机。

下图：以色列国防军空军的"海鹰"信号侦察机从"湾流"550型飞机改装而来。

伊朗

- 人口：6640万人
- 面积：1626520平方千米
- GDP：3590亿美元，人均5418美元
- 国防经费：96亿美元
- 服役人员：现役523000人，预备役350000人

1979年以来，伊朗摆脱与西方的密切关系，成为一个政教合一的国家，人民不清楚谁是这个国家真正的主宰，而军队也分裂为一部分归国家所有，一部分属于革命卫队。伊朗发展核武器，支持极端伊斯兰势力，尤其是支持邻国阿富汗的塔利班势力，这导致西方和伊朗的关系很不稳定，即便伊朗大部分武器装备的可用性值得怀疑，据信只有不到60%的美式装备和不到80%的苏式装备可以使用。2009年，总统大选的争议演变为国内动荡，但目前看来，伊朗安全部队有能力把局面控制下来。

在可预见的将来，伊朗似乎是中东地区最不稳定的因素。俄罗斯有意协助伊朗的核计划，同时向伊朗提供武器援助，这被视为冷战的翻版。此外，中国也向伊朗提供一定程度的武器援助。一个不祥的预兆是，革命卫队控制着这个国家的"战略"导弹。

伊朗伊斯兰共和国空军

组建时间：1932年。

伊朗军事航空始于1922年，当时的伊朗陆军建立了一个航空办公室，一度是中东地区最现代化和最强大的空中力量。伊朗购买了1架"容克斯"F13型机，雇用了1名德国飞行员。次年，又购买了1架AeroA30型飞机用于执行炮火观测任务，1924年再次引进4架DH4、DH9以及1架F13。第一名伊朗飞行员于1924年在法国训练，同年，航空办公室变成伊朗空军，但仍然隶属于伊朗陆军。

1932年，伊朗空军变成伊朗帝国空军，成为独立的军种。空军的现代化起源于18架德·哈维兰公司"虎蛾"训练机，1933年引进霍克公司"愤怒"战斗机，此后又引进了霍克公司"雄鹿"轻型轰炸机和32架"奥戴克斯"炮火观测机，指导人员则来自瑞典皇家空军。伊朗空军1938年订购了38架霍克公司"飓风"战斗机和部分柯蒂斯公司75A"鹰"式战斗轰炸机，但由于二战在欧洲爆发，最终只有2架"飓风"战斗机抵达伊朗。1941年，伊朗被英国和苏联军队占领，以确保陆上运输线的畅通。二战期间，伊朗空军的发展陷入停滞，在伊朗1943年对德国宣战后，才有少量的阿弗罗公司"安森"和一些"虎蛾"飞机运抵伊朗。

战后，伊朗接收了34架"飓风"战斗机，包括稀有的双座战斗机。不久，首批美国飞机加入伊朗空军行列，包括共和公司F-47D"霹雳"、道格拉斯公司C-47运输机、派珀公司L-4、北美T-6G"德克萨斯人"和波音斯蒂尔曼PT-13"西点学生"训练机。1950年之前，所有飞行员都在美国或联邦德国接受训练。作为"巴格达条约"（后更名为"中央条约组织"）的发起国，伊朗整个50年代都在接受美国的军事援助，包括共和公司F-84F"雷闪"和北美公司F-86F"佩刀"战斗轰炸机，以及洛克希德公司T-33A训练机。60年代到70年代早期，F-5A和F-4D"鬼怪"战斗机作为更新换代产品进入伊朗空军。洛克希德公司C-139E"大力神"运输机也加入伊朗空军，直升机包括16架CH-47"支努干"、40架贝尔UH-1D、40架贝尔205型以及100架206A、16架"超黄蜂"和大量的HH-43B"爱斯基摩人"。虽然陆军和海军有着自己的航空兵部队，但很多直升机还是以陆军和海军的名义展开行动。准军事的伊朗帝国宪兵队也有5架奥古斯塔"贝尔205"直升机。截至当时，伊朗空军拥有17000人。

70年代见证了伊朗空军的持续扩张，伊朗用飞涨的石油财富购买先进的飞机，包括79架格鲁曼公司F-14"雄猫"截击机和诺斯罗普公司F-5E"虎"II战斗轰炸机。伊朗购置"海王"反潜直升机用于海军任务，此外还有用于扫雷的"海上种马"和海上侦察用的洛克希德公司P-3F"猎户星座"。"大力神"和"支努干"也在增加。1979年，伊朗国王被罢黜，伊朗伊斯兰共和国宣告成立，伊朗空军变成了伊朗伊斯兰共和国空军。狂热的新政权袭击了美国大使馆，将使馆工作人员作

为人质扣留，加上其他一系列过激行为，导致伊朗与西方外交关系的决裂，苏联成为伊朗主要的军事援助者。同一时期，海军和陆军的航空兵部队也从空军分离出去。

伊朗还与周边国家关系紧张。1979年到整个80年代，伊朗和伊拉克持续交战，有史学家将其称为"第一次海湾战争"。战争使得伊拉克得到很多西方国家的军事援助，而伊朗与苏联的关系也更为紧密。苏联飞机，包括苏-24Mk强击机、伊尔-76和安-74运输机，以及1990年的米格-29A，纷纷进入伊朗空军服役。两伊战争在1988年结束，双方胜负未定。随着1990年伊拉克入侵科威特，两伊关系从势不两立变为亲密合作。在随后的"第二次海湾战争"中，伊拉克曾把很多飞机疏散到伊朗，免遭多国部队的空袭，据统计，共有100~120架伊拉克飞机进入伊朗。

在过去20年间，伊朗与西方和邻国的关系都较紧张，苏联的解体也使得伊朗和俄罗斯的关系不如以前那样紧密。伊朗也做出一些举措，尝试着缓和与世界其他国家的关系，但由于美国对独联体国家的施压，伊朗无法从独联体获得新式装备，这使得伊朗把目光转向中国，包括沈阳飞机公司制造的歼-6、歼-7N和大量运输机。

尽管摆出了一副积极备战的姿态，伊朗空军的规模在过去8年间仍然有所缩减，人员减少了1/3，目前有30000人，其中12000人负责空防任务。飞机的可用性也逐渐成为问题，很多飞机的部件被拆卸下来，用于修理其他可以飞行的飞机。

伊朗空军的战斗主力为：2个拥有25架F-14A"雄猫"的中队；1个拥有17架A-7和18架F-6的中队；2个拥有25架米格-29A的中队，其中部分飞机原属伊拉克所有；1个拥有30架苏-24和25架苏-2的中队；4个拥有60架F-5E的中队；4个拥有65架F-4D/E的战斗机中队；1个拥有6架RF-4E的侦察机中队。这些飞机的可用性必定很低。伊朗空军还有5架洛克希德P-3F"猎户星座"海上侦察机。运输机包括5个中队，拥有17架洛克希德C-130E/H"大力神"和2架RC-130H，还有4架波音747F、1架波音727和3架波音707，以及13架F-27"运兵船"、10架PC-6和9架Y-12。据称伊朗空军拥有53架米-17直升机，此外还有部分CH-47、30架AB-214和几架贝尔206A。训练机方面，除了改装机外，还有20架比奇"富源"、15架巴西航空工业公司EMB321"啄木鸟"、15架JJ-7和40架PC-7。"霍克"、"毒刺"、"短剑"和"虎猫"地对空导弹据信仍在部署，SA-7也在部署，空对空导弹则包括AIM-7、AIM-9、AA-8、AA-10和AA-11。

伊朗革命卫队空军

成立时间：1979年。

伊朗伊斯兰革命爆发时，对革命最为忠诚的前帝国军队人员成为伊朗革命卫队。这支部队当时就组建了一个航空兵部队，使用部分前帝国空军的飞机，但考虑到外界对伊朗军事的真实情况知之甚少，一些飞机可能既被算在伊朗空军的名下，又被算在革命卫队空军的名下。革命卫队超过125000人，其中100000人为地面部队，20000人为海军，5000人为海军陆战队，而航空兵部队人数鲜为人知，只知道航空兵部队司令是少将军衔。飞机据信包括：20架用于防暴和训练的PC-7和20架米-8直升机，还有1个固定翼运输机部队，包括6架安-74和20架沙赫德-5（CASA-IPTNCN212）。

伊朗伊斯兰共和国海军

虽然伊朗伊斯兰共和国空军仍然使用着固定翼海上侦察机，伊朗海军却拥有固定翼海上侦察直升机的控制权，尽管没有舰船能够起降这些直升机。伊朗海军有18000人，其中2600人为海军航空人员。伊朗海军拥有3架西科斯基RH-53D"海上种马"扫雷直升机和数架SH-3D"海王"反潜直升机，10架奥古斯塔贝尔AB212AS也用于反潜，5架AB205用于运输，2架AB206"喷气突击队员"用于联络。固定翼飞机包括5架Do228、4架F-27"友谊"和4架"空中指挥官500/690"联络机。

伊朗伊斯兰共和国陆军

伊朗陆军拥有自己的飞机，但大部分是西方飞机，因此其可用性就很低。伊朗陆军曾经拥有20架CH-47C"支努干"直升机和100架AH-1J"眼镜蛇"攻击直升机，但现在后者剩下不到50架。还有25架米-17"河马"、50架贝尔AB214A/C型和87架AB205A-1通用直升机。40架AB206A/B"突击队员"飞机用于执行观察和通讯任务。此外，还有2架"猎鹰20E"要员机、5架用于通讯的"空中指挥官500/690"和10架用于联络的赛斯纳公司185型机。

印度尼西亚

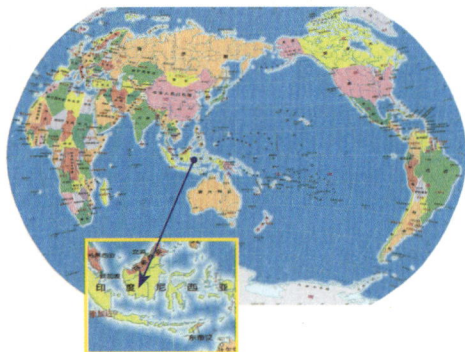

- 人口：2.403亿人
- 面积：1907566平方千米
- GDP：5590亿美元，人均2328美元
- 国防经费：35亿美元
- 服役人员：现役302000人，预备役400000人

印度尼西亚国防空军

组建时间：1949年。

印度尼西亚军事航空业在1949年实现独立。1945年12月，就在日本投降后到荷兰军队次年春天返回之前这段时期，印尼人民和平维护军成立了1个航空师，这支新的航空部队仅有5名飞行员，使用的是废弃的日本飞机。很快，在荷兰军队的空中打击下，印尼航空部队完全失去了战斗力。虽然印度在印尼独立前后为其提供了军事援助，不过，印尼空军真正得以成立归功于荷兰的军事援助，其从荷兰得到的飞机包括北美公司F-51D/K"野马"战斗轰炸机和B-25"米歇尔"轰炸机、康维尔公司PBY-5A"卡塔利纳"水陆两用飞机、洛克希德12A型运输机、派珀L-4J"小熊"和"奥斯特"III型。印度提供了自主生产的HT-2训练机。印尼国土横跨3000多英里，岛屿众多，"卡塔利纳"水陆两用飞机非常重要。在印尼国家航空公司建立前，洛克希德12A型运输机从1950年开始为印尼航空业提供空中服务。

1955年，印度空军人员前来协助建设印尼空军，此时，印尼空军人员在美国、英国和荷兰培训。同年，第一批喷气式飞机——由英国援助的德·哈维兰公司"吸血鬼"战斗轰炸机抵达印尼。50年代末，印尼被纳入苏联势力范围，1958年，捷克斯洛伐克向印尼提供60架米格-17战斗机、大量的米格-15战斗轰炸机和40架伊尔-28轻型轰炸机，印尼飞行员则在埃及进行培训。西方飞机同样继续进入印尼空军，包括DHC-3"水獭"、赛斯纳公司180型、格鲁曼公司HU-16型水陆两用飞机、费尔雷公司"塘鹅"AS4反潜机、T5训练机、洛克希德C-130B"大力神"运输机和西科斯基S-58直升机。

到了1960年，印尼政策走向激进。1962年，印尼入侵伊里安岛（前荷属新几内亚岛），导致印荷两军爆发冲突，次年该岛仍被并入印尼。这段时期，印尼还和英国、澳大利亚、新西兰和马来西亚爆发军事对峙，起因是马来西亚联邦的成立以及马来西亚和新加坡从英国殖民统治中独立。西方援助由此中断，苏联向印尼援助了35架米格-19和15架米格-21战斗机、25架图-16轰炸机以及伊尔-14和安-2运输机。印尼空军在与马来西亚的对峙中处于全面下风，直到独裁者苏哈托倒台后，对峙才戛然而止。

1975年，印尼夺取了葡萄牙殖民地东帝汶。东帝汶试图独立，印尼空军投入战斗，国际社会在是否向印尼出售武器的问题上出现争议。在联合国的调解下，东帝汶1999年独立，印尼空军也改名为印尼国防空军。同时，印尼的外交开始摆脱对俄罗斯的过度依赖，并再次向西方国家订购飞机，包

括F-5E/F、A-4"天鹰"、霍克公司的训练机和攻击机、部分OV-10"野马"防暴飞机，以及后来的F-16A截击机。此外，C-130"大力神"运输机的各机型也相继引入印尼。

经济问题使得印尼国防空军近年来有所萎缩，目前人数为24000人，不到20世纪70年代的一半。1998年，印尼取消了米-17直升机和苏-30K的订单。F-16和F-5仅维持最低限度的升级。印尼目前在自行制造飞机，其中包括和西班牙合作研制的通用运输机——CN235。未来，印尼国防空军将大力加强自身的防暴力量，因为在这个种族纷杂的庞大国家里，很多人在寻求更大的自治权利。此外，印尼空军还需在灾难救援中担当更重要的责任。

印尼国防空军分为东部行动司令部和西部行动司令部，以及1个训练司令部，据信只有不到一半的飞机可以使用。其作战飞机包括：1个拥有10架F-16A/B的中队；1个拥有12架F-5E/F的中队；2个共拥有35架"霍克109/MR209"的中队；1个拥有11架A-4E/J/TA-4H"天鹰"的中队；以及1个拥有4架苏-27/-30"侧卫"的中队。1个拥有5架OV-10F"野马"防暴飞机的小队据信已经无法使用。海上侦察任务由3架737-2X9"监视者"执行。此外还有

5个运输机和加油机中队，拥有1架波音707、2架KC-130B、15架C-130B/H/L-300-30、4架F27-400M"运兵船"、3架F28-1000/3000、1架VIP波音707-320C，以及10架NC212-100/200s。1架"空中货车3M"用于航空勘查。

通讯任务由2架"赛斯纳172"和4架"赛斯纳207"执行。直升机包括3个中队，拥有10架S-58T救援机、5架NAS332"超级美洲豹"和11架NAS330"美洲豹"，其中2个中队用于执行要员机任务。训练机包括20架T-34"涡轮导师"、6架T-41（"赛斯纳172"）、39架AS-202。2003年，12架EC120替代了10架贝尔47G"苏族人"。导弹包括"幼畜"空对舰导弹和"响尾蛇"空对空导弹。

印度尼西亚国防海军

印尼海军一度使用米格-19和米格-21截击机，但近年来，印尼海军更加关注运输、通讯、救援和反潜，海上侦察任务则交由空军执行。印尼海军的发展既受国民经济的影响，又受西方制裁的掣肘。在遭到制裁前，印尼海军曾

引进前澳大利亚陆军的"牧民"飞机，用以执行各种任务，如运输和海上侦察。与他国合资建造的CN235运输机也已进入印尼海军服役。

目前，印尼海军共有45000人，其中1000人为航空兵部队人员。巡逻机包括2架235MPA和25架"搜索能手"（"牧民"），运输机包括1架CN-235M、4架C-212-200型、2架DHC-5"水牛"和大量赛斯纳和派珀公司的飞机，直升机包括3架NAS332L"超级美洲豹"、8架米-2、4架"贝尔412"、5架Bo105和3架C120B。各型训练机包括6架"战斧"、4架"塞内卡人"、2架比奇公司"富源"和1架TB9"坦皮科"，以及2架"云雀"II型直升机。

印度尼西亚国防陆军

印尼陆军航空部队最初仅执行运输和联络任务，近年来，尽管国家经济困难，仍开始购置作战直升机。

目前的直升机部队的先头部队是6架米-35"雌鹿"作战直升机，由16架米-17提供支援，还有8架"贝尔205A"、12架NB-412、17架Bo105以及12架"休斯300C"训练机。

印度

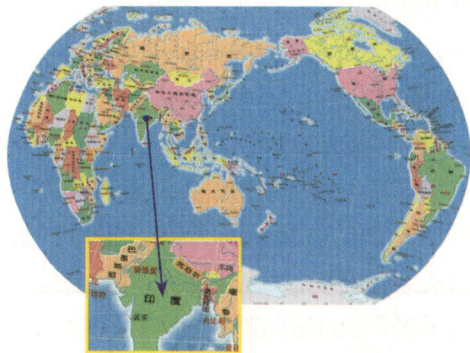

- 人口：11.57亿人
- 面积：3268580平方千米
- GDP：13000亿美元，人均1124美元
- 国防经费：3590亿美元
- 服役人员：现役1325000人，预备役1155000人

在21世纪初爆发全球性经济危机之前，印度是世界上发展最快的经济体之一，它摆脱了多年来的衰退状况，尽管将这个国家形容为繁荣昌盛或许有些夸大其词，但其的确正在经历独立以来最强大的一个阶段。虽然伊斯兰武装分子始终是个问题，但过去十年来，印度与邻国巴基斯坦的关系也确实有所改善。

印度维持了一支强大的武装力量，其背后是稳步增长的工业基础，因此，目前印度正在建造的一艘4万吨左右的航空母舰，与使用英国淘汰下来的军舰相比，可以视为一种理所当然的进步。由于与邻国中的关系不佳，因此，保持一支强大的军事力量，对印度而言也是必然。由此产生一个问题，经济的繁荣和军事力量的强大，是否会使印度成为下一个地区性大国？

这个世界上人口最多的民主国家已经拥有了核武器，战略部队司令部负责指导核武器的使用，政治委员会和执行委员会对核武器负有管理之责，政治委员会的主席是总理，执行委员会对政治委员会有建议之责。只有政治委员会才可以授权使用核武器。人们只能期望核武器潜在的巨大破坏力，可以和冷战一样，给南亚及更多地区带来和平稳定。

印度空军

成立时间：1933年。

印度军事航空始于1933年，在英国皇家空军的控制下，印度组建了空

军，最初仅有4架韦斯兰"麋鹿"通用飞机，用于执行协同陆军作战的任务。直到1940年，印度空军才具备1个中队的实力，而其大幅发展则是在二战期间。1941年，韦斯兰"莱桑德"替代了"麋鹿"。印度空军扩展至7个霍克"飓风"战斗机中队和2个伏尔提"复仇"俯冲轰炸机中队。飞行员按照《帝国空军训练方案》进行训练，训练地点主要在澳大利亚和加拿大，也有少数在印度和英国。"超级海上喷火"战斗机于1944年进入印度空军服役。整个二战期间，印度空军主要作为一支战术空中力量，对地面部队实施密切支援。1945年，印度空军的称谓前也被冠以"皇家"二字，作为对其在战时的优异表现的奖赏。二战末期，1个印度中队作为英联邦占领军的一部分被部署到了日本。

1947年印度独立，同时被分割为印度和巴基斯坦两个国家。皇家印度空军也一分为二，印度分得7个拥有"超级海上喷火"、"飓风"和"暴风"的战斗机中队，以及1个道格拉斯C-47运输机中队。此外，印度飞机制造部门还重修了被英军淘汰的B-24"解放者"轰炸机，建立了一个小型的轰炸机部队。此后，第一批喷气式飞机也进入印度空军，包括德·哈维兰公司"吸血鬼"F3喷气式战斗机和FB9战斗轰炸

机。德·哈维兰"鸽"式轻型运输机也加入印度空军，在印度制造的HT-2训练机服役之前，"学徒"训练机也在印度开始生产。1950年，印度成为英联邦体系中的共和国，空军前的"皇家"二字被废弃。

1953年，印度空军购买了100多架达索"暴风雨"喷气式战斗轰炸机，下一年，又引进26架C-119G"班轮"运输机。1955年，印度空军购买了"维克斯子爵"700型和第一批苏联飞机——伊尔-14运输机，以及奥斯特AOP9飞机。1956年，印度空军订购了超过100架达索公司"神秘"IVA战斗机，同时获得授权生产的"弗兰"和"蚊蚋"轻型战斗机也开始服役。整个50年代后期，印度空军一直在大行扩张，引进霍克"猎手"F56战斗机和T7训练机、英国"电子堪培拉"B8喷气式轰炸机、德·哈维兰"吸血鬼"T55喷气式训练机、德·哈维兰DHC-3"水獭"运输机，以及贝尔47G"苏族人"和西科斯基S-55直升机，且引进的数量都较大。北美公司T-6G"得克萨斯人"训练机则授权印度进行生产。

整个60年代以及之后的20年，印度的国防采购十分依赖苏联的武器装备。印度的整体国防力量得到大力发展，原因是在边境地区和巴基斯坦的冲突不

断，甚至常常演变为战争，另外与中国在边境地区也发生多次摩擦。米格-21截击机得以授权生产，印度自行研制的HK-24"风神"战斗轰炸机和"克萨克"炮观机也投入生产。"蚊蚋"轻型战斗机重新投入生产，原因是它在实战中非常有效，在与巴基斯坦的一次战争中，它甚至赢得了"佩刀杀手"的绰号。1971年的印巴之战使得东巴基斯坦从西巴基斯坦独立出来，前者成为一个新的国家——孟加拉国。60年代，印度空军引进的还有安-12运输机、米-4直升机和DHC-4"北美驯鹿"运输机。在印度独立后的25年里，印度空军人数增加到9万人。这个时期，印度空军还为印度陆军提供炮兵观测掩护。

70年代见证了印度空军对苏联武器装备一如既往的青睐。此外，他们还购买了英法合作研制的"美洲虎"强击机，并获授权在本国生产，部分该型机用以执行岸基反舰任务。80年代，印度空军购买了达索公司"幻影2000"截击机，加入此前的米格-23、少量米格-25以及此后的米格-27。直升机部队同样发展迅速，包括米-8、米-17运输直升机以及米-24和米-35攻击直升机。"云雀"III型在印度本土制造，"猎豹"也是如此，印度自行研制的ALH目前也已开始服役。大型运输机部队包括安-32和伊尔-76。近来，印度空军从俄罗斯购得米格-29A截击机，苏-30MKI攻击机和截击机则获授权生产。

近年来，尽管偶有零星摩擦，印度和巴基斯坦间已经很少爆发边境冲突，最近的一次是1999年，印度空军击落进入印度领空的2架巴基斯坦海上侦察机。印度2001年的国防预算比2000年增加了30%，在此基础上，2002年又比上一年增长13%，此后更是不断增长。

目前，印度空军拥有127200人，年平均飞行时数近年来也不断增加，从150小时增加到180小时。印度空军分为5个地区空军司令部，分别是驻地在阿拉哈巴德的中央司令部、驻新德里的西方司令部、驻西隆的东方司令部、驻特里凡得琅的南方司令部以及驻地在甘地纳格尔的西南司令部。印度空军拥有35个战斗机和对地攻击机中队：3个中队使用48架苏-30MKI"侧卫"，3个中队使用48架米格-29"支点"，6个中队使用98架米格-27ML"鞭挞者"，16个中队使用213架米格-21bis/FL/M/MF"鱼窝"（其中半数已经升级），加上3个共拥有36架"幻影"2000H/TH型机的中队（其第二职责是执行电子对抗任务），以及4个拥有80架"美洲虎"S（I）的中队，其中16架用于携带"海鹰"空对地导弹实施反舰打击。空中预

警和控制由1个拥有3架伊尔-76TD的中队完成，侦察任务则交给1个拥有3架"湾流"IVSRA型机的中队。1个拥有7架伊尔-78"大富翁"的加油机中队负责上述飞机的燃料补充。对地面部队的战术支援则依靠2个拥有40架米-24/-35"雌鹿"的中队。此外还有5个"搜索者"无人机中队。

空中运输任务由至少16个中队和部分小队执行。其中至少7个中队使用84架安-32"萨特莱杰"；另外2个中队使用24架伊尔-76；1个中队拥有6架波音-737；2个中队拥有印度制造的Do228；1个中队使用EMB145，1个小队使用EMB135；此外还有20架BAe748仍在服役。运输直升机包括：15个共拥有174架米-8和米-17"河马"的中队；1个拥有8架米-26"光环"重型直升机的中队；以及2个共拥有20架ALHDruv的中队，该型直升机的中队未来将扩展到8个，拥有150架该型机，替代6个拥有"印度豹"（SA315B）和"猎豹"（SA316B）的中队。

印度空军的训练工作主要由作战飞机改装而成的训练机来完成，米格和苏式的改装训练机的型号会加上后缀字母"U"，"幻影"的改装训练机则会加上"TH"，尽管绝大部分两座米格-21正在遭到弃用。高速喷气式训练

使用的是25架霍克，未来还将有80架印度自行制造的飞机加入其中。此外还有162架HJT-16"光线"和16架HJT-36。8架"超级迪莫纳"电动滑翔机于2000年引入印度空军。

印度空军使用的导弹包括AS-7"克里牛"、AS-11B反坦克武器、AS-12和AS-30、"海鹰"和AM39"飞鱼"，以及执行空对地攻击任务的AS-17"氪"（也称为"克雷普顿"）。空对空导弹包括AA-7"尖顶"、AA-8"蚜虫"、AA-10"白杨"、AA-11"射手"、R-550"魔术"，以及"超级"530D。地对空导弹由共装备有280个发射器的31个中队和10个小队使用，它们包括"神曲"（SA-2）、"朝伯拉"（SA-3）、SA-5和SA-10。"搜索者"无人机在服役中。

印度海军航空兵

成立时间：1950年。

印度海军航空部队最早于1950年出现，作为一支舰队需求小队，负责执行通讯和目标牵引任务，装备飞机包括几架"短海陆"水陆两用飞机、5架费尔雷"萤火虫"目标拖拽飞机和3架印度自行制造的HT-2训练机。直到1961年，改装后的英国"尊严"

级轻型航空母舰"大力神"号被运送至印度，印度将其命名为"维克兰特"号航母。总共35架"海鹰"战斗轰炸机装备为2个中队，此外还有10架布雷盖Br1050"信风"反潜机、6架韦斯兰SH-3D"海王"直升机和10架"云雀III"直升机。"维克兰特"航母能够一次搭载16架"海鹰"、4架"信风"和2架"云雀"。最终，"海王"的数量增加到31架，后来的"海王"Mk42A/B既能携带反舰鱼雷，又能携带"海鹰"反舰导弹。

"维克兰特"航母上的飞机在1971年的印巴战争中起到了重要的作用，最终导致东巴基斯坦分离成为孟加拉国。"海鹰"战斗轰炸机从航母上起飞，轰炸当时东巴基斯坦的吉大港和考斯巴萨，在战争末期彻底压制住了巴基斯坦的空中力量。

80年代中期，"维克兰特"号航母被前英国航母"竞技神"号所替代，后者在印度被更名为"维拉特"号。"维拉特"号有一个上翘的甲板，可以同时起降"海鹞"FRS51V/STOL战斗

机和T60/T4改装训练机。印度正在建造一艘新的航母，称为"维克兰特"级，标准排水量为4万吨，预计将于2015年开始服役，并取代"维拉特"航母。之后，该级航母的第二艘也将进入印度海军服役。据称米格-29将可能成为新航母上的舰载机。

今天，印度海军共有55000人，其中航空部队有7000人。印度海军下辖1个拥有13架"海鹞"FRS51的中队，岸基飞机包括8架远程海上侦察图-142M"熊"、10架道尼尔Do228、17架BN2A/B"防御者"，以及10架BAe748，其中Do228和N2A/B"防御者"的一部分已经升级为涡轮引擎。直升机：包括35架"海王"Mk42/A/B/C，用于执行反潜、反水面舰、搜救和运输任务；12架卡-28"蜗牛"、7架卡-25"激素"和9架卡-31"蜗牛"B，这三种飞机作为舰载机执行反潜任务。

右图：印度空军装备大多是从俄罗斯购买，而购自BAE公司的"霍克"教练机则是一个例外，该型机有望在印度境内以许可证方式进行生产。

"卡莫夫"高级轻型直升机将增加到40架，用以执行反潜和轻型运输任务。印度海军也部署有"搜索者"无人机。训练使用3架"鹞"T60和2架T4，以及12架"光线I/II"和8架"迪帕克"，同时50架"猎豹"（SA–316B）担负训练和通讯的职责。印度海军控制着印度海岸警卫队的行动，后者还拥有6200人。海岸巡逻的任务由2个共拥有24架Do228的中队完成，还有1个中队拥有15架"猎豹"直升机，"猎豹"将会被40架高级轻型直升机替代。

印度陆军航空队

印度陆军拥有110万人，是世界上第二大陆军。印度陆军航空队相对年轻，80年代才从印度空军接收炮观机和联络机，此后在攻击能力上发展迅速，拥有120架"枪骑兵"飞机、在喜马拉雅山脉执行防暴任务的"印度豹"直升机的武装版以及60架用于执行观察和联络任务的"猎豹"（"云雀"III型），后者将被高级轻型直升机替代。"曙光"和"搜索者"无人机也在印度陆军航空队服役。

上图：印度空军苏–30"侧卫"战斗机正在进行编队飞行。该型机使得印度空军成为亚洲地区最强大、装备最精良的空中力量。

约旦

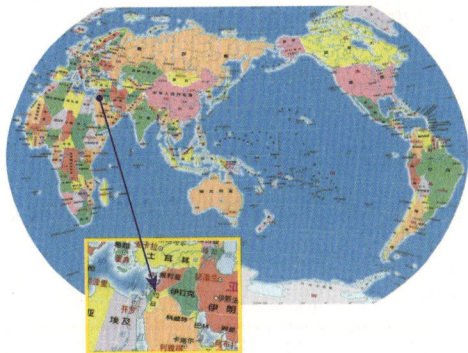

- 人口：630万人
- 面积：101140平方千米
- GDP：210亿美元，人均3347美元
- 国防经费：23.1亿美元
- 服役人员：现役100500人，预备役65000人

约旦皇家空军

成立时间：1956年。

第一次阿以战争爆发后，英国人在1949年建立了阿拉伯联盟空军，最初仅为一支陆军运输小队，使用2架陈旧的德·哈维兰公司"客车"双翼飞机。英国皇家空军人员占据着这支部队的关键职务。第一年，阿拉伯联盟空军接收2架德·哈维兰"虎蛾"和4架彼西华尔公司"代理人"训练机。1950年，英国皇家空军开始对阿拉伯人员进行训练，使用"奥斯特"轻型飞机。50年代初，4架德·哈维兰"鸽"式轻型运输机、1架维克斯"海盗"飞机和1架亨德利·佩奇"马拉松"通讯机开始服役。1955年，英国将9架德·哈维兰"吸血鬼"FB9战斗轰炸机和2架T55训练机赠送给约旦，成为约旦的首批喷气式飞机。1956年，前埃及的FB52型机也获得引进。3架前英国皇家空军的北美T-6"哈佛"训练机于1955年交付约旦。

1956年，阿拉伯联盟空军成为独立的约旦皇家空军。50年代末60年代初，12架霍克"猎手"F6战斗机、1架韦斯兰"侦察兵"和4架"云雀"III直升机、部分"鸽"式和1架比奇"双富源"飞机交付约旦使用。在1967年6月的阿以战争中，约旦皇家空军飞机几乎损失殆尽。在英国、美国和巴基斯坦的帮助下，约旦皇家空军重新装备，其中，巴基斯坦提供了4架租借的北美F-86F"佩刀"。70年代初，约旦皇家空军增至2000人，2个中队使用共36架洛克希德F-104A"星"式战斗机，1个中队拥有18架霍克"猎手"FGA9战斗轰炸机，此外还有1架韦斯兰"旋风"（S-55）、4架"云雀"III型直升机以及道格拉斯

C-47和德·哈维兰"鸽"式和"苍鹭"运输机。飞行员则在美国受训。

约旦没有参加1973年的赎罪日战争，也没有参加1991年的海湾战争。"猎手"被诺斯罗普F-5E/F"虎"式替代，F-104被达索"幻影"F1B/C/E型截击机替代。同时，大量的贝尔UH-1H/L"易洛魁人"直升机为约旦提供了完整的战术空中机动能力。反坦克直升机——贝尔AH-1F"眼镜蛇"也获得引进。过去30年，约旦皇家空军大幅增强实力，目前拥有12000人，比2002年时的15000人减少一些。

1个战斗机中队拥有15架F-16A/B，1个对地攻击中队拥有12架F-16AM/

BN，30架"幻影"F-1CJ/BJ/EJ型机分属2个中队，3个强击机中队使用30架F-5E/F"虎II"，有2架RU-38A型机用于监视。1个运输机中队使用4架C-130H"大力神"、2架CN-235和2架C-212"空中货车"。攻击直升机包括20架升级后的AH-1F"眼镜蛇"，运输直升机包括12架AS332M-1"超级美洲豹"、13架EC635和36架贝尔UH-1H/L"易洛魁人"。训练则使用16架T67M"萤火虫"训练机，以及11架C101"航空喷气"和6架"休斯500D"直升机。另有6架"搜索者"无人机。导弹方面，"响尾蛇"、"麻雀"和"魔术"空对空导弹以及"幼畜"空对地导弹均在约旦空军服役。

越南

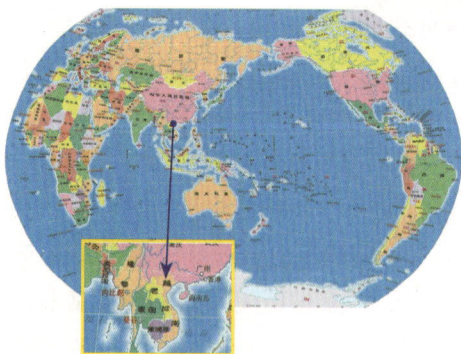

越南人民军空军

- 人口：8860万人
- 面积：335724平方千米
- GDP：940亿美元，人均1061美元
- 国防经费：28亿美元
- 服役人员：现役455000人，预备役500万人

后，越南分裂成南北两部分，直到1976年才再次统一。大多数时间，苏共支持的北越部队不断向美国支持的西南部越南渗透。两个越南都保留自己的空中部队，不过，他们主要还是依靠地面部队

1954年，法国从印度支那撤军之

对抗对方的进攻。越战期间，南越空军驾驶由美国提供的诺斯罗普F-5A/B战斗机、塞斯纳A-37B武装教练机以及道格拉斯A-1"空中袭击者"，这些飞机被当作战术战斗轰炸机使用。此外，还有很多直升机和C-47运输机。越南人民军空军则驾驶苏联提供的米格-15、米格-17和米格-21战斗机，以及少量的伊留申设计局伊尔-28轰炸机。南越空军主要从事反暴乱作战和地面部队战术支援，北越空军则专注于防空。

统一后，越南军队开始干涉柬埔寨内政，后来又支持泰国共产党游击队。美国遗弃的飞机一直使用到零部件出现故障为止。苏联继续提供装备，开始包括40架米格-23ML拦截机和30架米-24攻击直升机，还有来自苏联和朝鲜的军事顾问。1994年和1997年，苏-27战斗机开始服役，取代了老旧的米格战斗机，但是，随着苏联的解体，新飞机的交付数量急剧减少。越南仍然使用俄制造飞机，获得了一些米格-21飞机零件，2000—2002年期间进行了升级。尽管越南人民军空军将要裁军，目前仍然需要支付近期交付的新型飞机。

越南空军人数保持了2002年的30000人，依据俄罗斯编制模式组建，组建了飞行团而非飞行中队。有7个战斗机团，共装备了140架米格-21"鱼窝"L/N，还有2个团装备了53架苏-22M-3/-4"装配匠"、7架苏-27SK"侧卫"和19架苏-30MKK。越南人民军空军也向人民军海军提供部分飞机，搜救和早期空中预警主要依靠1个飞行团的3架卡-25"荷尔蒙"和10架卡-28"螺旋"，还有4艘Be-12邮政飞艇在一个军事侦察团服役。1个攻击直升机团装备了26架米-24"雌鹿"。3个运输机团配备12架安-12"柯尔特"、12架安-26"卷发"、4架雅克-40"幼鳕"要员专机、30架米-8和米-17"河马"、4架米-6"吊钩"和2架卡-32以及12架UH-1H"易洛魁人"直升机。飞行训练主要使10架BT-6（雅克-18）、18架L-39"信天翁"以及米格和"苏"式战斗机改装的教练机。

导弹主要包括"白杨"、"蝮蛇"、"环礁"和"蚜虫"空对空导弹，以及"小锚"、"克雷布顿"、"卡苏"和"海峡"空对地导弹。

Oceania

大 洋 洲

澳大利亚

- 人口：2130万人
- 面积：768.23万平方千米
- GDP：11190亿美元，人均56632美元
- 国防经费：242亿美元
- 服役人员：现役54747人，预备役19915人

澳大利亚是南半球最繁荣和最稳定的民主国家，在国防上长期过度依赖英国，近期又过度依赖美国。历史证明，依赖他国是行不通的，尤其在二战期间，英国未能履行其派遣一支强大舰队保护新加坡的承诺，应当给澳大利亚以足够的教训。尽管如此，在过去60年里，澳大利亚的国防实力却一直在减弱，包括航母力量的撤编。

现在的情况有所变化，新政府在2008年至2009年的预算中给武装部队增加了6.4%的经费，并承诺将在2017年的同期再增加3%。在此基础上，还将把向中国出口矿石所得的部分额外税收作为澳大利亚国防部储备基金。2008年至2009年，来自这项基金大约有10亿澳元，用于澳大利亚参与在阿富汗、伊拉克、东帝汶和所罗门群岛的军事行动。

未来几年，澳大利亚将再次把自己的空军力量投送至海外战场，为此，专门购买了西班牙建造的排水量2.7万吨的两栖登陆舰、24架波音公司的"超级大黄蜂"战斗机另外可能还购买的100架洛马公司的F-35战机。与此同时，陆军从6个营增加到10个营。从更长远来看，第3艘两栖攻击舰将会服役，新潜艇马上下水，加上更多水面舰船装备澳大利亚皇家海军，引进可垂直起降的F-35战机。尽管国防预算增加了，但也许不够用。

澳大利亚空军

成立时间：1921年。

澳大利亚航空部队最早可追溯到1913年的澳大利亚飞行队，当时只有

2架皇家飞机生产厂制造的BE2a和2架"迪普达鑫"飞机。1914年，第一次世界大战爆发后不久，其中1架BE2a和1架法尔曼公司水上飞机随同澳大利亚分遣队，前往德国控制下的几内亚作战。1915年，在美索不达米亚平原上组建一支小型的皇家飞行队，对抗土耳其部队。1916年和1917年，澳大利亚飞行队继续服役，当时有4个中队分别在埃及和英国服役，拥有FE2b和SE5a两种机型。战后，澳大利亚飞行队解散。

澳大利亚1920年重建飞行队，1921年改组为澳大利亚空军。同年6月，开始独立执行作战任务，并获得了"皇家空军"的称号。它利用战争剩余飞机组建了这支空军，共有100余架飞机，包括若干架DH9、若干架SE5a和10架"索普维斯"战斗机、26架爱芙罗公司504K教练机以及6架费尔雷公司IIID型水上飞机。1925年成立2个中队，主要配合陆军作战。当时，空军人员部分来自正规军，部分来自预备役。之后，又有英国海上飞机公司生产的"南安普敦"水上飞机、澳大利亚本土生产的德·哈维兰公司的"卷云蛾"教练机、"斗牛犬"战斗机（布里斯托公司研制）以及28架维斯特兰公司"麋鹿"通用双翼飞机加入澳大利亚空军的战斗序列。之后，澳大利亚经历了经济大萧条，在此期间没有购买飞机，直到1934年澳大利亚购买霍克公司"恶魔"战斗机、海上飞机公司"海象"水陆两用飞机、爱芙罗公司的"军校学员"教练机和"安森"侦察机。最后一批飞机直到1937年澳大利亚实施三年扩充项目时才得以交付，除了德·哈维兰公司外，澳大利亚商人还在1936年成立了英联邦飞机公司，研制了NA-33型教练机，这是澳大利亚人所熟悉的"维勒威"战斗机。

二战爆发时，澳大利亚空军共有32个中队，但只有12个能执行作战任务，共有164架飞机，3500人，其中包括一个新成立的装备洛克希德公司"哈德森"轰炸机的中队。此外，还有一个由9架肖特公司"桑德兰"四引擎水上侦察机组成的中队，经过改编后加入澳大利亚空军。到最后，澳大利亚空军发展成13个中队，包括驻扎在地中海地区的战绩最好的第3战斗机中队。澳大利亚空军也参加了帝国空军训练计划，每个月能训练280名飞行员、184名观测导航员和320名无线电报员兼空中机枪手。在此基础上，还为其他人员提供基本训练，主要使用"维勒威"和"虎娥"双翼教练机。此外，还有200架澳大利亚设计研发的CA-2"瓦特克"战斗教练机。英国人也送来了数百架"安森"侦察机和费尔雷公司研制的"战斗"轰炸机。

自日本入侵荷属东印度群岛后，澳大利亚空军接收了一些荷兰空军退役的飞机，包括柯蒂斯公司研制的俯冲轰炸机和伏尔提公司生产的"复仇"飞机，共和飞机公司的P-43、道格拉斯公司的C-47以及多尼尔公司的Do24水上飞机。作战飞机包括德·哈维兰公司生产的"蚊子"轰炸机和"虎蛾"教练机、"迅速龙"直升机、布尔顿-波尔公司生产的"无畏"战斗机、布里斯托尔公司的"博福特"战斗机、联合公司生产的"解放者"轰炸机、柯蒂斯公司的A-40"小鹰"战斗机、道格拉斯公司的"波斯顿"轰炸机、亨德里·佩奇有限公司的"汉普敦"和"哈利法克斯"中型轰炸机、霍克公司生产的"飓风"战斗机、洛克希德公司生产的"闪电"和"文图拉"战斗机、北美公司生产的"米切尔"重型轰炸机，以及海上飞机公司生产的"喷火"战斗机。1942年，日本飞机轰炸了达尔文市。由于当时澳大利亚战斗机的作战半径无法覆盖这座城市，致使其开始研制和生产CA-12"回旋镖"战斗机。该型战机作战半径大，具有高效的战斗力，并在之后的对地攻击中得到了充分检验。澳大利亚空军参加了所有战区的作战行动，作战

人数（包括女兵）最多时达到20万人。

战后，人员实力按照最多1.5万人设置。澳空军参与了在日本举行的英联邦职业部队培训。换装开始时，联邦飞机公司制造了100架北美P-51"野马"战斗机。此时，澳政府飞机制造厂生产了75架爱芙罗公司的"林肯"重型轰炸机。之后，德·哈维兰公司生产了"吸血鬼"喷气式战斗机来替换"野马"。道格拉斯公司生产的C-47参与了"柏林空运"行动。驻日本的格罗斯特公司"流星"战斗机中队编入了驻韩美空军第5航空联队，驻马来西亚的"林肯"轰炸机中队和1架C-47运输机与英军一道共同抵抗"共产主义扩张"。

20世纪50年代初，北美公司F-86"佩刀"战斗机列装战斗机中队，同时，轰炸机中队也接收了电气公司"堪培拉"喷气式轰炸机和"吸血鬼"教练机，这三种机型均在澳大利亚生产。"佩刀"不同于标准型飞机，因为它采用了劳斯莱斯公司的"艾芬"发动机。另外，用于执行海上侦察任务的"林肯"轰炸机被洛克希德公司生产的P2V-5"海王星"战机所取代。1955年，澳大利亚成为"东南亚条约组织"创始国之一。

接下来的十年是澳空军继续发展的十年，它在达索公司和马基公司授

权下，分别生产了100架"幻影"和75架MB326H，还从洛克希德公司引进了C-130"大力神"运输机，从德·哈维兰公司的加拿大分部引进了DHC-4"驯鹿"战机。20世纪70年代初，"堪培拉"战机作为一种过渡机型，被麦克唐纳–道格拉斯公司的F-4E"鬼怪"战斗机所取代，之后又替换成通用动力公司生产的F-111战斗机，同时，"猎户星"开始替换"海王星"侦察机。另外，从贝尔公司引进了2个中队的UH-1"易洛魁人"直升机，这些直升机从1966年起开始随同澳大利亚军队配合美军发动的越南战争，直到1970年才从越南撤军。"幻影"中队曾驻扎在马来西亚数年。2000年，澳空军协助联合国占领东帝汶，监督印尼军队撤军，并提供空中运输支援。澳大利亚空军现有14056人，年平均飞行时数达175小时，F-111战机或许达到了200小时。曾落在2个经升级的F-111C、RF-111C、F-111G中队身上的打击和侦察任务的担子，现在转交给24架F/A-18F"超级大黄蜂"战斗攻击机身上。3个F/A-18A"大黄蜂"中队共有55架战机，主要提供战术空中掩护职能，每个作战中队有16架F/A-18B战机。同时，33架英国航宇公司的"鹰"式战斗教练机装备了2个战术训练中队。到2001年，MB-326H教练机取代了"鹰"式教练机。3架PC-9A型飞机主要执行空中火力导引任务。侦察机中队2个，共有19架AP-3C型机担任海上侦察任务。有6架波音737"楔尾"机载预警指挥机编入澳空军服役。执行运输加油任务的中队有2个，共有12架C-130H和12架C-130J型飞机，1个C-17"全球霸王"II型运输机中队，同时，5架"空中巴士"KC-30B加油机已经交付使用，替代原来的5架波音707加油运输机。1个要员专机服务中队，共有3架CL-604"挑战者"和3架"空中之王"350运输机。执行训练任务的飞机有64架PC-9教练机。导弹包括AIM-7"麻雀"、AIM-9"响尾蛇"和"阿姆拉姆"中程空对空导弹，还有AGM-84A和AGM-142空对地导弹。

未来装备采购中，很可能会有洛马公司生产的空对地远程导弹等进攻武器和一些无人机。

皇家澳大利亚海军舰队航空兵武装

成立时间：1948年。

二战进入后期，澳大利亚皇家海军在全面开放基地支援英国太平洋舰队的同时，也一直打算成立自己的舰队航空兵部队，但直到1948年才做出最终决定。在此之前，澳大利亚皇家空军的水陆两用飞机是从"信天翁"巡航飞机和水上飞机改造过来的。刚开始，只够装备2个中队，所有的霍克公司"海怒"战斗轰炸机和费尔雷公司"萤火虫"反潜飞机都驻扎在悉尼附近诺拉空军基地和轻型舰队航母"悉尼"号上，1953年澳大利亚租赁了第二艘航母"复仇"号，1956年第3艘航母"墨尔本"号（"威严"号）交付使用。

1948年交付使用的"悉尼"号在朝鲜战争中发挥了重要作用，与英国航母并肩作战。在"海怒"和"萤火虫"战机之后，德·哈维兰公司生产了"海毒液"喷气战斗机，费尔雷公司生产了"塘鹅"反潜飞机。同时，澳大利亚海军还采购了"吸血鬼"喷气式教练机和布里斯托公司生产的"大枫树"直升机。"墨尔本"号航母服役后，"悉尼"号航母退居二线，成为一艘训练航母，后来在越战期间成为澳大利亚海军的快速运兵船。"墨尔本"号航母舰载机有麦道公司的A-4G"天鹰"战斗轰炸机、格鲁曼公司生产的S-2E"跟踪者"反潜机、27架维斯特兰公司S-58"威赛克斯"反潜直升机以及9架贝尔UH-1H"易洛魁人"直升机。在1970-1971年间，"吸血鬼"教练机被马基公司生产的MB326H喷气式教练机所取代。澳大利亚海军最初采取皇家海军700/800中队编制计划，之后转而使用美国海军的配置计划。

澳大利亚计划购买英国皇家海军"勇敢"号航母和"海鹞"舰载机，用来替换"墨尔本"号航母，但后者在马岛战争后英国决定保留这艘航母，因此，澳大利亚的购买计划被迫放弃。"威赛克斯"直升机被"海王"直升机所替换，部署在岸基阵地和航母之上。1982年6月，澳海军决定裁撤"墨尔本"号航母，此举标志着澳大利亚海军航空兵固定翼飞机时代的终结，只留下直升机部署在8艘MEKO200级驱逐舰和4艘美国造的护卫舰上。

澳大利亚海军航空兵共有990架飞机，服役人员达13230人，但随着2艘"堪培拉"级两栖攻击舰的服役（可能还要购买第3艘），未来的规模也许会增加。澳大利亚海军航空兵只有1个反潜直升机中队，装备16架S-70B2"海鹰"直升机和6架Mk50"海王"效用直升机。此外，还有6架AS350B"松鼠"直升机担任训练功能，同时，有6架NH90加入服役。据推测，"堪培拉"级两栖攻击舰有可能搭载可垂直起降的F-35舰载机。

左图：波音公司出品的F/A-18"大黄蜂"战斗机是澳大利亚皇家空军执行防空和空中打击任务的中流砥柱。

澳大利亚陆军航空兵

成立时间：1968年。

作为一个独立兵种，澳大利亚陆军航空兵于1968年建立，共装备了50架贝尔公司生产的47G"苏安人"直升机和少量"云雀"Ⅲ型直升机，用于空中作战和通信。此后不久，又有12架波音公司生产的CH-47D"支奴干人"重型直升机和贝尔公司生产的OH-58A"卡俄瓦人"轻型直升机列装。1966—1970年，陆军直升机加入澳大利亚分遣队参加越南战争，陆军航空兵发展到了顶峰，成为澳大利亚陆军第5大力量。为

合理调配澳大利亚的国防力量，"易洛魁人"直升机从澳大利亚空军分派到了陆军，并安装机枪。西科尔斯基公司生产的S-70A-9"海鹰"直升机的加入，使得澳大利亚陆军的战场机动能力大大提升。此外，还引进了欧洲直升机公司生产的AS350B"松鼠"直升机作为训练直升机。

澳大利亚陆军航空兵拥有22架"虎"式武装直升机（代替贝尔206"卡俄瓦人"直升机）、13架CH-47D"支奴干人"重型直升机、34架"海鹰"直升机、14架OH-58和40架NH90直升机（替换贝尔UH-1H直升机）。训练使用的是AS350型直升机和13架OH-58直升机。此外，还有一些无人机在服役。

右图：澳大利亚陆军拥有40架图中所示的NH90运输机。

左图：澳大利亚皇家空军使用"鹰"喷气式教练机进行飞行训练，该型机由英国BAE系统公司出品。

巴布亚新几内亚

巴布亚新几内亚国防军

成立时间：1975年

巴布亚新几内亚在1975年独立之前一直由澳大利亚托管。独立以后，为了维护国家安全，成立了巴布亚新几内亚国防军，其下属的空军分队担负着海岸和边境巡逻任务，拥有4架配备搜索雷达的GAF公司"牧民"通用飞机和5架前澳大利亚空军的道格拉斯C-47型运输机，执行与印尼接壤的新几内亚岛边境巡逻任务。后来，又引进了3架以色列飞机工业公司"阿拉瓦201"军用轻型运输飞机。1989年，澳大利亚向其提供了4架UH-1H直升机。1998年，巴布亚新几内亚在遭受海啸袭击后，巴国

- 人口：590万人
- 面积：461693平方千米
- GNP：63亿美元，人均1076美元
- 国防经费：5000万美元
- 服役人员：现役3100人

防军积极执行救灾任务。

现在，巴布亚新几内亚国防军有3100人，其中有200名航空兵。目前，仅有1架"牧民"通用飞机，还有3架"阿拉瓦201"、2架西班牙航空制造有限公司和印尼航宇公司联合研制的CN235M海上巡逻机、1架西班牙航空制造有限公司的C-212运输机和4架担负搜救任务的UH-1H"伊洛魁人"直升机。1999年，又从澳大利亚接收了1架Bo105轻型直升机。

斐济

斐济陆军空中联队

成立时间：1989年。

斐济岛屿众多，1970年脱离英国殖民统治独立，随即建立了一支小型的

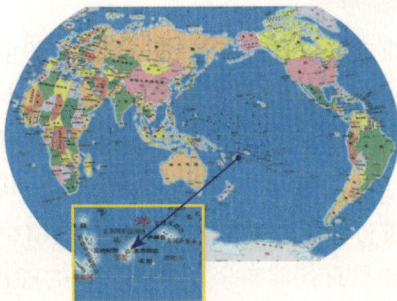

- 人口：944720人
- 面积：18272平方千米
- GDP：27亿美元，人均2897美元
- 国防经费：5200万美元
- 服役人员：现役3500人，预备役6000人

陆军和海军力量。1989年，斐济群岛从法国手中获得一架AS355"松鼠"II型直升机，从此，一支空中兵力就在斐济陆军中诞生了。2000年，这架直升机连同一架SA365"海豚"直升机一起被卖掉，这支空中兵力随之解散。

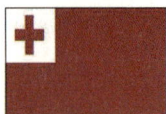

汤加

汤加国防军空军联队

建立时间：1996年。

汤加国防军于1996年组建一支空军联队，拥有1架比奇G18S型飞机用于南太平洋150个岛屿的专属经济区巡逻和搜救工作。1999年，汤加获得1架美国飞机用于飞行训练，之后就再也没有汤加空军联队的任何消息了。

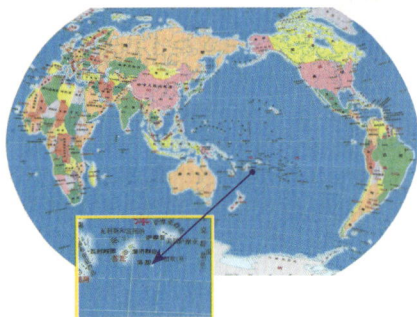

- 人口：90000
- 面积：699平方千米

新西兰

- 人口：420万人
- 面积：268676平方千米
- GNP：1320亿美元，人均31412美元
- 国防经费：20.7亿美元
- 服役人员：现役9702人

新西兰皇家空军

成立时间：1937年。

新西兰在第一次世界大战中与英国皇家空军一起并肩作战，发挥了重要作用。新西兰在1923年成立陆军和临时

空军之前没有任何军用飞机。1920年，英国曾计划赠予新西兰100架皇家空军过剩的飞机。但当该计划最终落实时，新西兰只接收了不到一半的飞机。其中一部分被租借给商业公司，最后留给军队的只有10架布里斯托尔公司的F2B战斗机、10架DH4和9架DH9轰炸机、4架阿弗罗公司的504K教练机。新西兰空军也可以使用这些飞机，但名义上隶属

于预备役。

20世纪20年代，受经济萧条的制约，新西兰采购的新式飞机很少，仅购买了5架格罗斯特公司的"格利伯"和少数德·哈维兰公司的"舟蛾"和"蛾"教练机，增加了几架504K教练机。30年代的军备扩张也很有限，购买了1架桑德罗公司的"卡迪萨克"水上飞机和10架费尔利公司IIIF型机。1935年，加入了12架霍克公司的"维尔德比斯特"鱼雷轰炸机和一些"阿弗罗"626型教练机。1936年，新西兰临时空军改称"新西兰皇家空军"，但仍属于陆军的一部分，直到1937年听从1名前英国皇家空军官员的提议后才正式成为一个独立军种。第二次世界大战爆发前夕，新西兰空军实施了一次重大的武器扩充计划，预备役中队获得了前英国皇家空军的布莱克本公司"巴芬"舰载鱼雷机，常规中队也增添了新式飞机，教练机占多数，包括空速公司的"牛津"、费尔利公司的"戈登"、霍克公司的"雄鹿"和维克斯公司的"文森特"型机。他们还从维克斯公司订购了30架"惠灵顿"轰炸机，本应在战争前夕交付，最后转让给了英国皇家空军。新西兰皇家空军战时的主要作用是为"帝国空军训练项目"训练飞行员等机组成员，但也派遣了27个作战中队，包括：12个战斗机中队，先后使用了柯蒂斯公司的"小鹰"和钱斯沃特公司的

FG1"海盗"；6个轰炸机中队，使用的是洛克希德公司的"哈德逊"和"文图拉"；2个水上飞机中队，使用肖特公司的"新加坡"，之后替换它的是联合公司的PBY-5A"卡特琳娜"和肖特公司的"桑德兰"；2个侦察机中队，使用维克斯公司的"文森特"；1个俯冲轰炸机中队，使用道格拉斯公司的"无畏"式轰炸机；1个格鲁曼公司"复仇者"中队。运输机中队使用道格拉斯公司的C-47和洛克希德公司的"北极星"运输机。新西兰空军主要部署在太平洋战区，战后成为英联邦驻日部队的一部分。

随着和平的到来，新西兰也开始大幅裁军，空军只留下5个常规中队和4个预备役中队，后者装备北美航空公司的F-51"野马"战斗机。20世纪50年代，有1个中队配备德·哈维兰公司的"吸血鬼"FB9喷气式战斗轰炸机；2个中队拥有德·哈维兰公司的"蚊"式轰炸机，后改为1个中队，使用英国电子公司的"堪培拉"B1轰炸机；第4中队使用的是肖特公司"桑德兰"海上巡逻机，1967年替换为洛克希德公司的P-3B"猎户座"巡逻机；第5中队是运输机中队，所用飞机包括道格拉斯公司的C-47、布里斯托尔公司的170M"货船"和哈德利佩奇公司的"黑斯廷斯"C3运输机。预备役中队在1957年解散前仅剩下德·哈维兰公司的武装教练机。新西兰还从英国皇家空军租借一支"毒液"战斗轰炸

机中队。后来，这批飞机被麦道公司的10架A-4K"天鹰"战斗轰炸机替换，并引进其他一些飞机。运输机中队的飞机也进行了更新换代，新引进飞机包括洛克希德公司的C-130H"大力神"、贝尔公司的47G"苏族人"和UH-1H"易洛魁人"直升机。基础和高级教练机包括：BAC167"打击能手"和维克多的"空中观光者"以及TA-4K型"天鹰"教练机版。

新西兰很早以前就是"东南亚条约组织"的成员之一，该组织还包括英国、美国、法国、巴基斯坦、菲律宾和澳大利亚。20世纪60到70年代，新西兰曾派遣一个飞行中队部署在新加坡。"东南亚条约组织"是远东地区的"北约"组织，但它从未完全实现自己的政治承诺，缺乏一个正式的指挥架构。后来，澳大利亚和美国与东南亚国家签署了一系列双边协议，逐步取代了这一联盟。所以，新西兰皇家空军后来从新加坡撤出，但仍在悉尼附近的瑙拉驻留了数架"天鹰"，为澳大利亚皇家海军提供海上防空训练。

20世纪80年代后期，两个"天鹰"中队得到升级。90年代，马基公司的MB339C武装教练机取代了近距离支援的"打击能手"。前英国皇家空军的"安多佛"运输机替换了布里斯托尔公司的"货船"运输机。

1999年，新西兰决定用租借的28架前英国皇家空军的F-16"大黄蜂"替换"天鹰"，但随着政府换届，这一计划被搁浅。2001年，新西兰决定将一个中队与17架MB339CB武装教练机一起退役。其"猎户座"巡逻机已经得到升级，主要用于监视任务。

现在，新西兰皇家空军有2504人，执行搜救、专属经济区巡逻和运输任务，有5架SH-2G"海妖"直升机可上载至海军2艘护卫舰和1艘新型支援舰上飞机；1个巡逻机中队，含6架升级过的P-3K"猎户座"飞机；1个运输机中队，含2架波音公司的757-200和5架C-130H"大力神"运输机；1个直升机中队，曾有14架UH-1H"易洛魁人"，用于执行搜救和支援陆军的任务，后被8架NH90替换。教练机包括"空中训练者"CT-4E和"比奇200"以及5架AW109。

新西兰皇家海军

二战期间，许多新西兰人在英国皇家海军舰队航空部门服役。直到20世纪60年代，新西兰引进2架韦斯特兰公司的"黄蜂"直升机部署在其新型护卫舰上，这才有了海军航空兵的概念。新西兰海军护卫舰最多时曾达到4艘，拥有7架"黄蜂"直升机，但当局认为这一规模太小，不足以成立一个独立军种。目前，新西兰皇家海军有5架SH-2G直升机部署在2艘护卫舰上。